江戸前の海の物語

魚類学者が語る東京湾の歴史と未来

河野博

原書房

江戸前の海の物語

目次

第二期　飛鳥時代から戦国時代まで――資料から読み解く江戸前の海

はじめに
私たちの江戸前の海
——前書きにかえて

東京都北区 JR 王子駅前の「北とぴあ」から南西を望む
右手の飛鳥山から中央に向けて武蔵野台地の波蝕崖が連なり、その左には東京低地が広がる

山手線内回りの崖

ＪＲ日暮里駅に入ってくる山手線内回りの電車は崖スレスレにホームに滑り込んでくる。今から四十数年前、愛媛県の高校を卒業した私は東京水産大学（現在の東京海洋大学）に入学するために上京してきた。入学式直前に上京したため、急遽葛飾区の堀切菖蒲園にあるアパートに居を構え、毎朝日暮里駅で京成線から山手線に乗り換えて、品川まで通っていた。その時にいつも感じていたのが山手線内回りの崖である。時には帰りに日暮里の駅前で食事をとることもあったが、駅前のある東側に行くには階段を下りることになる。つまり東から「駅前―駅―崖―何があるかは知らないが崖の上」となっているのである。

事情があって、一か月も経たないうちに世田谷区の千歳烏山に引っ越し、今度は新宿駅で京王線から山手線内回りに乗り換えて品川に通うこととなった。今度は品川駅に着く前に崖スレスレを走るが、電車が左にカーブを切って北上するようになると、東側に視界が開けてから品川駅に滑り込む。こちらは単純に東から「大学から駅―崖―崖の上」となっている。

こうした地形は、百五十年以上前の明治維新の後に外国から東京にやってきた人たちの目にも印象深いものだったらしい。今や東京の地形学のバイブルともいえる『東京の自然史』（貝塚爽平著）でも、お雇い外国人教師のドイツ人地質学者であるブラウンス（David Brauns）が横浜から東京に来る際に「まず眼に上がるものは、いわゆる沿岸の峭壁《しょうへき》にして」と山の手の台地（峭壁は崖という意味）のことを明治十四（一八八一）年に書き記していることが紹介されている。その四年前に、やはり横浜から上京する際にモース（Edward Sylvester Morse）が線路左側（西側）に貝殻が露出している場所を発見した。日本の考古学揺籃《ようらん》の地、大森貝塚である。

崖の上の山の手台地は、南は多摩川、北は荒川に囲まれた広大な場所で「武蔵野台地」とよばれる。つまり、私が気になっていた二つの崖も、明治の初めにやってきた外国人教師たちが注目した崖も、武蔵野台地の東の端に位置しているのだ（四頁の図参照）。

縄文海進と奥東京湾

一方、日暮里駅前から東に広がる低地は「東京低地」とよばれ、武蔵野台地と現在の千葉県北部から埼玉県東部に広がる「下総台地」に囲まれている。さらに東京低地は、下総台地に沿って北上すると「中川低地」に、荒川に沿って武蔵野台地を左に見ながら西にいくと「荒川低地」に続く。中川低地と荒川低地を隔てているのは「大宮台地」である。なお、品川の駅から東に広がる平地は、ほとんどが埋立地である。

私が通っていた小学校の中庭にはコンクリートで作られたわが故郷・宇和島市の地形模型があった。三方を山に囲まれ、狭い平地にはお城山があり、九島が宇和島湾の天然の防波堤になっている美しい地形は、半世紀を経た今でも脳裏に浮かぶ。宇和島湾は水色に塗られ、ほどよく水が張られていた。ところがいったん雨が降ると、宇和島湾の水が溢れ出し、狭い平地が水であふ

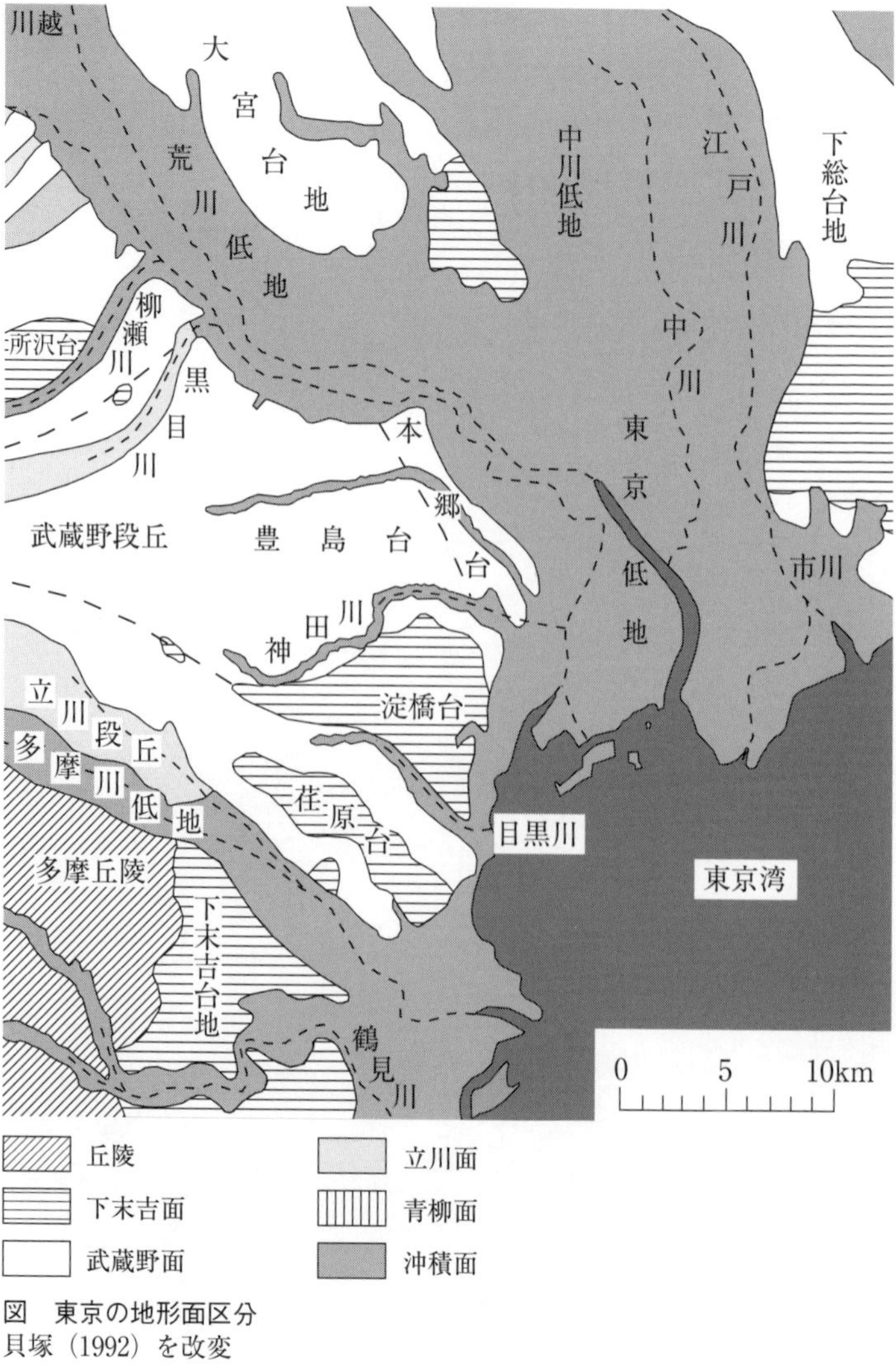

図　東京の地形面区分
貝塚（1992）を改変

れ、お城山が島になり、港に近いわが家の周辺も水浸しになるのが、子ども心にも悲しかった。

　その大雨状態が東京湾周辺に最後におきたのが縄文海進とよばれる海水面の上昇である。原因は大雨ではなく、七万年前からおよそ一万二千年前まで続いた最終氷期が終わって気温が上がり、それにともなって海水面が上昇したためで、そのピークは六千五百年から六千年ほど前とされている。ピーク時には、今よりも気温が二℃ほど、海面が三から五メートルほど高くなり、東京低地だけではなく荒川低地も中川低地も海水に覆われた。つまり私たちの見ている現在の東京湾よりもずっと広い東京湾がかつては広がっていたことになる。「奥東京湾」である。

私たちの江戸前の海

　ここで「私たちの江戸前の海」を、「縄文時代の奥東京湾から現在にいたる東京湾の内湾まで」と定義しよう。

　東京湾は、広義には房総半島先端の洲崎《すのさき》と三浦半島の剱崎《つるぎざき》を結んだ線よりも北、狭義には房総半島の富津岬と三浦半島の観音崎を結んだ線よりも北の海域である。ただし、後者を内湾とよぶこともあり、その場合には二本の線に囲まれた海域を外湾とよぶ。「湾口」といった場合、富津岬と観音崎の間のくびれた狭い海域をさすこともあれば、房総半島の先と三浦半島の先の間の広い海域をさすこともあるので注意が必要である。外湾と内湾はさまざまな面で異なるので、六頁の表にまとめておく。

本書の構成

私たちの江戸前の海を五期に分けよう。

第一期は縄文時代から古墳時代の、文字で書かれた資料のない時代、

第二期は資料によって垣間見ることのできる有史時代、とくに飛鳥時代から戦国時代まで、

第三期は資料を選択できる江戸時代、

第四期は明治維新の前後から戦前まで、

第五期は主に数値で眺める戦後、

「おわりに」では最近の江戸前の海についても少し紹介するので、第六期といっていいかもしれない。

	内湾	外湾
広さ (最長の幅×長さ)	1,000 km^2 (30km × 50km)	300 km^2 (10 数 km × 30km)
深さ	平均 15 m (深くてもせいぜい 50 m)	最深は 1,000 m 以上 (東京海底谷)
底質	平坦 砂泥	急に深くなり 岩場、岩盤
流入河川	大きな河川が流入 (淡水の影響が大きい)	小さな少数の 河川が流入
外洋の影響	ほとんどない	黒潮の 影響がある

表　東京湾の内湾と外湾の比較

第一期

縄文時代から古墳時代まで

――状況から思いを馳せる江戸前の海

埼玉古墳群
稲荷山古墳の上から丸墓山古墳（右上）を望む

縄文海進——海退研究の中心地

有楽町海進

縄文海進は「有楽町海進」ともいわれる。これは、明治の末に当時の麴町區丸ノ内有樂町（現在の千代田区丸の内二丁目）の三菱ビルの第十二號及第十三號建築地から報告された貝殻混じりの地層が、東京低地を広く覆っていることから「有楽町層」とよばれるようになり、さらにこの地層が縄文海進によって堆積した地層であるとわかったことに由来する。そもそも縄文海進の研究は、江戸前の海をふくむ関東平野を中心にしておこなわれてきた。その理由は主に二つある。一つは地質学的な必要に迫られたことであり、もう一つは多くの貝塚が知られていることである。

沖積層の研究

日本の地質学は、先にあげたブラウンスの先代教授であったナウマン（Edmund Naumann）が明治十二（一八七九）年に発表した『江戸平原論』によって本格的に始められた。その江戸平原を揺さぶったのが大正十二（一九二三）年の関東大地震である。その復興や防災のためにボーリング調査がおこなわれ、さらに都市化や地盤沈下にともなってあちこちを掘り返した。その結果、東京低地を中心とした関東平野の地質学的な研究がすすんだことから、関東平野が国内の沖《ちゅう》積《せき》低地の基準となり、さらに世界的にも沖積低地研究の先駆的な場所となった。なお、「沖積」という言葉には、河川による低地の堆積物という意味と、時代的におよそ一万千七百年前から始まった沖積世（最近では完新世といわれる）に堆積した地層という意味がある。かつての奥東京湾や現在の東京湾内湾は、堆積作用で形成されたという意味でも、今からおよそ一万二千年前からできたという意味でも、沖積平野である。

豊富な貝塚遺跡

一方、貝塚のほうはモースによって大森貝塚が発見されて以来、考古学が発展してきた。貝塚は、そもそも人が捨てた貝殻が堆積したものであるが、少し広く解釈すると貝の堆積した層をともなう遺跡のことを指す。遺跡となると、人々が生活した跡も残されているわけで、住居跡だけではなく、食べたものの跡である動物の骨や生活用品の跡である土器、骨角器などが出土する。貝塚は全国に広がっているが、かつての江戸前の海は温暖で広大な干潟が発達し海の生産力が高かったために、沿岸に多くの貝塚が形成された。日本全国に二千三百か所あるといわれる貝塚のうちおよそ六百か所、四分の一が江戸前の海の沿岸にあるといわれている。

縄文時代の一般的な特徴と時代区分

一般的な生活様式

縄文時代の一般的な特徴は、縄の文様が入った土器を使い、竪穴式の住居に住み、狩猟や採集によって食料を得ていたことである。気候は厳しい寒さから急速に温暖化にむかった。今よりもおよそ七℃低い寒さから二℃ほど高い暖かさに変化した。周りの植物も亜寒帯の針葉樹林から温帯性の落葉広葉樹林へと移ることで、森や林の中でドングリなどの木の実といった山の幸を採集することも可能になった。さらに暖かい土地では、穀類や豆類、野菜類などを採集したり、活動的なシカやイノシシを捕まえたりすることもできるようになる。海の水も暖かくなると、魚を獲ったり貝を採ったりすることも、そんなに苦ではなくなる。こうして縄文時代の狩猟採集社会が形成されていった。もっとも、最近の研究では、少なくとも縄文時代の後期には穀類などの農耕がおこなわれ始め、重層的ではあるが徐々に狩猟採集社会から農耕社会へと変化していったのではないかと考えられている。

関東は人口の密集地

縄文時代を通して関東地方では人口が多かった。具体的には、八千～三十万人（初期や終期）から十万～七十万人（中期）が住んでいた、あるいは住むことが可能であったと見積もられている。見積もりにはかなり幅があるが、少ないほうは遺跡の分布様式に、多いほうは採集や狩猟によって生活できる最大の許容人口にもとづいている。

遺跡の分布様式で見積もった縄文時代の日本全国の人口は、時期によって二万人（初期）から二十六万人ほど（中期）の変化がある（弥生時代になると六十万人近くになる）。そのうち関東は、割合では縄文早期の五割弱（人口は約一万人）が最も高いが、人口では中期の約九万五千人（割合は三分の一ほど）が最も多い（図1-1）。最も少ないのは晩期で、人口は七千七百人に、割合は一割にまで減っ

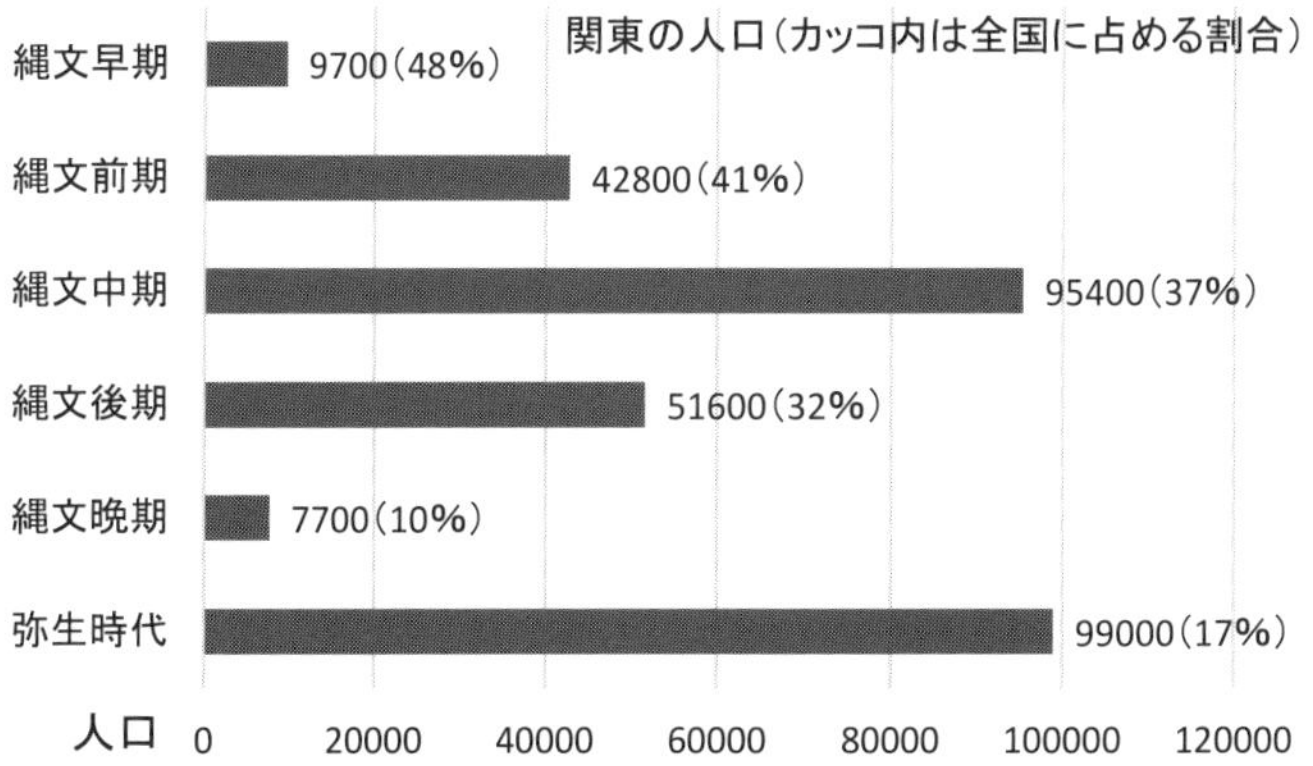

図1-1　縄文時代と弥生時代の関東の人口
小山（1984）と鬼頭（2007）を参考にして作成

てしまう。

海の水準による三期

縄文時代は一万年も続いたため、初めの頃と中頃、終わりの頃では生活様式もかなり変化したことは想像に難くない。考古学でも、土器の型式や生活様式にもとづいて、縄文時代をふつう六期（草創期、早期、前期、中期、後期、晩期）に分けている。しかし、ここで江戸前の海をみていく上では、次の三期に分けよう。

一、縄文海進期（ほぼ一万一千年前から七千年ほど前まで）。海面が急上昇し、江戸前の海が形成され、さらに奥東京湾にまで海水が入り込んだ時期。縄文時代草創期と早期にほぼ該当する。土器型式では神奈川県横須賀市の夏島式や茅山《かやま》式に代表される。

二、海面安定期（七千年ほど前から五千五百年ほど前まで）。奥東京湾が存在したままで、海水面が現在よりも二、三メートル高い状態で落ち着いた時期。安定期は千五百年ほど続いた。ほぼ縄文時代の前期にあたり、代表的な土器型式は埼玉県春日部市の花積《はなづみ》下層式および埼玉県蓮田市の関山式や黒浜式などである。

三、海面海退期（五千五百年ほど前から三千五百年ほど前まで）。海退期ではあるが、縄文海進のような急激な変化ではない。千年ほどの間に一メートルほど下がり、続く千年ほどは安定した時代であった。縄文時代の中期から後期にあたる。千葉県千葉市の加曽利《かそり》E式や堀之内式、加曽利B式、あるいは埼玉県川口市の安行式《あんぎょう》などがよく知られている土器型式である。さらにこの後、縄文時代の晩期が五百年から千年ほど続き、その間に海面がさらに一、二メートル下がって二千数百年前の弥生時代に突入する。

図1-2　水子貝塚公園（埼玉県富士見市）の復元された竪穴住居

縄文海進期——江戸前の海の出現と広がり

七号地海進

縄文海進の前に、実は「七号地海進」とよばれる海水面の上昇があった。ほぼ二万年前には最終氷期で海水面は低く、私たちの江戸前の海は陸化し、東京湾内湾のやや西寄りに大きな河川が流れていた。「古東京川」である。古東京川の河口は外湾のほぼ中央にある東京海底谷の北の駆け上がりで、今の東京湾のどまん中の水深九十メートルあたりにあった。一万五千年ほど前に、温暖化とともに海水が古東京川とその支流である大地に深く刻まれた谷に浸入したが、これを「七号地海進」という。海水が浸入した谷が埋積されて七号地層が形成された。この「七号地」というのは東京湾の第七号埋立地、現在の江東区辰巳に由来する。

今では、東京低地の沖積層は、七号地層の上に有楽町層が覆っている「二段重ね構造」であることが知られている。その後、一時「寒のもどり」のような寒冷化によって再び海退がおこったが、この間に七号地層が浸食されて広く浅い谷が形成された。しかし残念ながら、七号地海進の時代の貝塚は発見されていない。

そしていよいよ始まるのが、縄文海進である。

急速な縄文海進

縄文海進によって、本格的に江戸前の海が出現し始めたのは、一万一千年ほど前からである（図1-3）。海進のスピードはきわめて速く、羽田や浦安あたりでは一万年ほど前にすでにカキ礁が形成されていたことがわかっている。カキ礁が形成されるということは、河口域のように淡水が少し流入する甘い（塩分のやや少ない）きれいな汽水域の環境にあることを示している。こうしたカキ礁は、九千年～八千年前の埼玉県三郷市から川口市にかけてもみられる。

一万一千年前から七千年前の四千年ほどの間に、海進が急な時期、緩やかな時期、そして再び急な時期があったとされているが、この間の海水面の平均的な上昇速度は

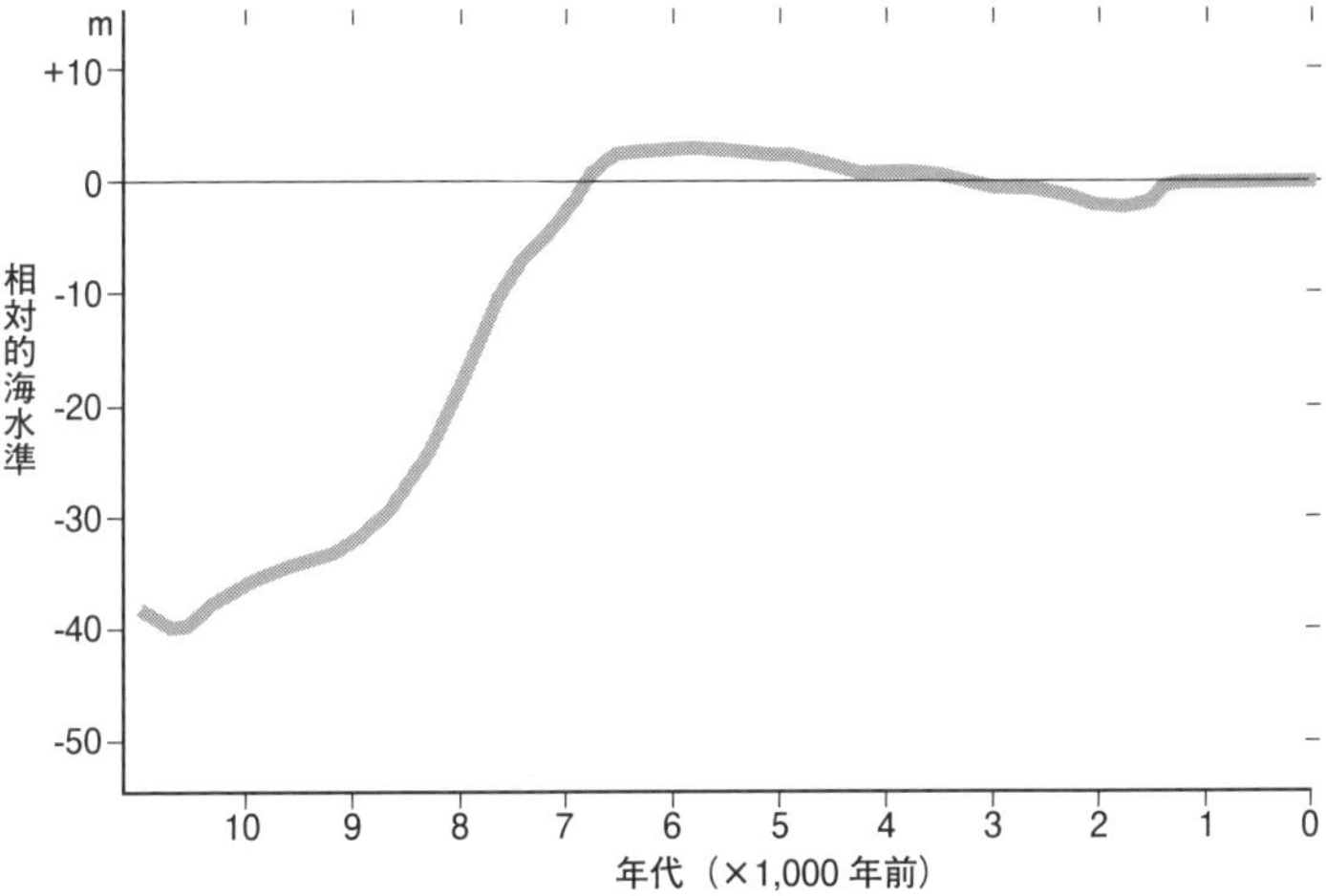

図1-3　江戸前の海の相対的海水準変動曲線
遠藤ほか（1989）から相対的海水準変動曲線を抜粋　表記を日本語に変更
　海水準0mと年代は西暦1950年に相当

一年に一センチメートルほどと見積もられている。そして江戸前の海は、最終的に七千年ほど前には茨城県の古河市あたりにまで、あるいは埼玉県の川越市の北あたりにまで広がった。現在の海岸線から六十〜七十キロメートルほど奥まった場所である。

波蝕崖と波蝕台

こうした海進とそれに続く安定期の間に、流れや波によって台地が削られる。削られてそそり立った部分は波蝕崖《はしょくがい》になり、その前面で水平に削られた部分は波蝕台になる。かつては蝕《むしば》まれるという意味で波蝕と書いたが、最近では波食、あるいは海食と書かれたりする。

山手線の日暮里で見られた崖は縄文時代に形成された武蔵野台地の東端の波蝕崖である。実はこの台地（上野台地）は、今よりも東や南側にも広がっていた（図1-4）。それが海進期と安定期の間に台地が削られて広い波蝕台となった。さらにその西側の本郷台地の南側、日本橋から銀座にかけてもかつての台地が削られた波蝕台の日本橋台地があった。上野台地と本郷—日本橋台地の間には昭和通り谷といわれる古東京川の支流が流れていた。さらに本郷—日本橋台地の西側には皇居のある麴町台地があり、その間には丸の内谷が横たわっていた。後に日比谷入江といわれる場所である。

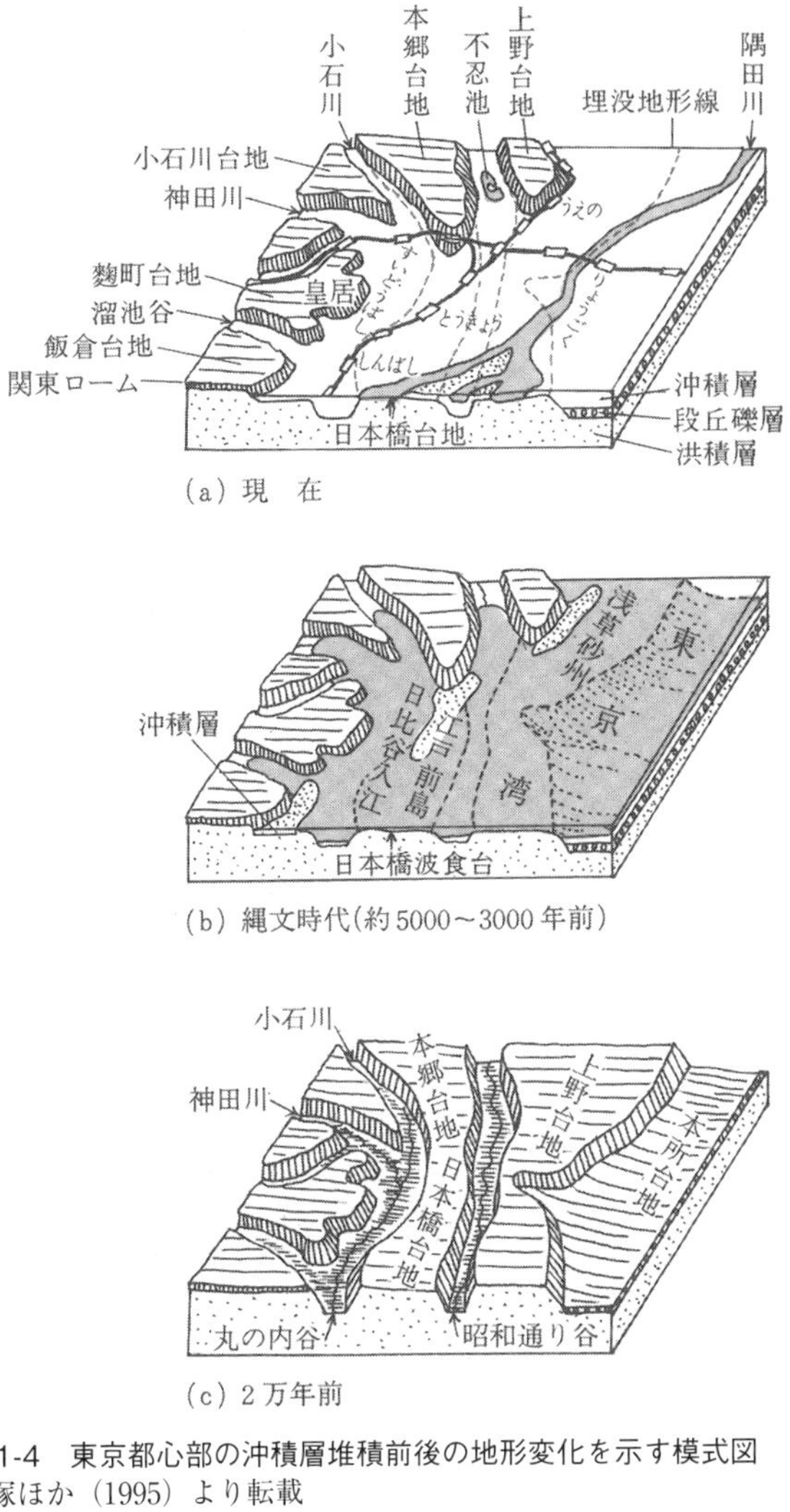

(a) 現　在

(b) 縄文時代(約5000～3000年前)

(c) 2万年前

図1-4　東京都心部の沖積層堆積前後の地形変化を示す模式図
貝塚ほか（1995）より転載

半島部の高度な海洋漁撈集団

縄文海進の海水面上昇期には、江戸前の海からは貝塚があまり知られていない。急な海水面の上昇のために、貝塚があったとしても、海底に水没したり流されて消失したりした可能性もある。

それでも海水面の急上昇期の前期あるいは後期に、いくつかの貝塚が形成されている。前期としては三浦半島の夏島貝塚が、また後期としては同じく三浦半島の吉井貝塚と茅山貝塚が知られ、マガキ主体の貝層からなっている。これらの貝塚からは、ボラ類やブリ類、マグロ類、スズキ、マダイ、クロダイの骨も出土している。このうちボラ類とスズキ、クロダイは塩分のやや甘い汽水域にも出現する。しかし他の種は海水魚で、やや沖合いや岸寄りに生息する運動能力の高い魚類である。一方、急上昇期の後期に形成された房総半島の館山市沖ノ島遺跡からはイルカの骨が大量に出土している。さらにこれらの貝塚や遺跡からは、石や角でできた矢尻や銛先、あるいは釣針なども出土している。

したがって、縄文海進期に現在の東京湾の湾口部にあたる両半島の先端部に住んでいた人たちは、かなり高度な海洋漁業を営んでいたものと考えられている。しかしこれらの地域は、私たちの江戸前の海ではなく、その玄関口にあたる場所である。

江戸前の海の形成と貝塚

陸化していた現在の東京湾内湾にあたる場所にも海水が急速に浸入し、江戸前の海が形成され始めた。しかも先ほど述べたように、海岸線も北に向かって急速に広がった。それにともなって貝塚も北上したことが知られているが、数的には少ない。

海進期に貝塚の数が少ない理由の一つは、地形によると考えられる。台地に刻まれた開析谷《かいせきこく》とよばれる深い谷に海水が入り込むと、いわゆる「溺れ谷」を形成する。溺れ谷は、地形としてみれば樹枝状で複雑ではあるが、入江には堆積がほとんどないために干潟が発達しない。加えて海岸線が急勾配のため、海岸に下りるのも大変である。しかも眼前の海は水深が深いとなれば、魚介類の採捕もままならない。実際に、骨角器や錘《おもり》などの漁具が出土する貝塚は、この時代の総数の一割ほどである。そのくらい、漁業が営まれていなかったことになる。もっとも、人口もまだ少なく、関東でもこの時代には一万人未満であったとされている。

出てくる貝類も単純で、ほとんどの貝塚ではハイガイとマガキが主体で、淡水が流れ込む汽水域ではヤマトシジミが主体となる。したがって、縄文海進期の江戸前の海の周辺に住む人たちにとって、魚介類は主要な食料資源ではなく副次的なものであったと考えられる。

海面安定期――内陸の奥に広がる江戸前の海

急激に上昇した海水面も七千年ほど前には落ち着き、江戸前の海が最も広がった時期をむかえた。

最も広い江戸前の海

ここでは、奥東京湾を二つの入江に分けておこう。一つは今の中川低地にあたる「埼玉の入江」で、最奥部である古河市あたりから、西は大宮台地の先端の草加あたり、東は下総台地の北部の流山あたりを結んだ線までである。「古埼葛《さいかつ》湾」とよばれることもある。もう一つは武蔵野台地と大宮台地にはさまれた荒川低地にあたる「豊島の入江」で、こちらは「古入間《いるま》湾」ともよばれる。

埼玉の入江と豊島の入江を除いた奥東京湾を、ここでは「古湾口部」としよう。古湾口部は東京低地にあたり、武蔵野台地の東岸と千葉県の流山あたりから南に広がる下総台地の西岸との間に位置する。

安定期の江戸前の海は、したがって、埼玉の入江と豊島の入江、古湾口部からなる。これらに加えて現在の内湾にあたる海も、もちろん形成されている。

干潟の形成と砂泥の堆積

海水面が高めで安定したこの時期には、河川からの土砂が大量に流れ込むことで奥東京湾には砂や泥が堆積していった。埼玉の入江の奥には古利根川が、豊島の入江の奥には古入間川が主な河川として大量の土砂を供給し、広大なデルタが形成されていった。さらにこれらの湾の奥だけではなく、入江を隔てる武蔵野台地、大宮台地、それと下総台地の入り組んだ小さな湾である溺れ谷にも干潟が発達した。これは、海進期から安定期にかけての波蝕によって海岸線が削られて土砂が排出されたことによる。後背台地の土質によって、下総台地では砂質の、また大宮台地や武蔵野台地では泥質の土砂が排出され、堆積した。

こうした干潟の形成によって、これまで近寄りにくかった海岸線に容易にアプローチすることができるようになった。当時の人たちにとっては、海という存在がかなり身近になったことであろう。

水深と塩分

水深は、埼玉の入江の奥では五メートルくらい、中央部になると五から十メートル、さらに古湾口部の深いところでも十メートルを超えるぐらいであった。河川から流入した土砂でも、砂（直径が六十二・五マイクロメートル以上）や礫（二ミリメートル以上）は重いためにすぐに沈んでしまう。そのため湾の中央部は砂より細かい泥やシルト（四マイクロメートル以下）からなっている。

海水が入り込んでくると当然塩分が高くなるが、奥東京湾のほとんどの水域で塩分は二十六から三十五‰（パーミル）であったと考えられている。これは、いわゆる海水であり、湾内を十分に循環するほどの流れがあって、海水が行き渡っていることを示している。しかし、埼玉の入江や豊島の入江の奥では、河川が流入していることもあり、五から十二‰といった低い塩分であった。これは、いわゆる汽水域であり、河川を少し遡ると淡水域になる。

増加する貝塚と出土する魚貝類

河川の流入は、土砂だけではなく陸地からの有機物あるいは栄養塩も江戸前の海にもたらしてくれる。とくに干潟域では、貝類が生息することのできる砂泥底が形成され、さらに栄養塩によってプランクトンが増殖すると、それを餌にする貝類の資源も豊富になる。それに加えて海岸へのアクセスが簡単になれば、海の幸を利用するのは当然の成り行きである。それにともなって貝塚の数も急増した。縄文早期に比べて三・五倍になったという報告や、約四十貝塚から二百貝塚に五倍に増えたという報告もある。

貝塚から出土する貝類は、その環境によって種類が変わってくる。まず河川が流入する埼玉の入江や豊島の入江の湾奥では、淡水の影響が強く、汽水性のヤマトシジミが主体となる。それに加えてカキやハマグリが出てくる。泥質の干潟ではマガキとハイガイが主体で、砂質の干潟ではアサリやハマグリが多くなる。

Box 1

ハイガイ

シジミやカキ、アサリ、ハマグリは私たちにもおなじみの貝であるが、ハイガイというのはあまり聞かない貝である（図Box1）。ハイガイは、フネガイ目フネガイ科に属するアカガイやサルボウなどの仲間で、熱帯から亜熱帯性の貝である。

図Box1　西久保八幡貝塚（港区）から出土した貝類とハイガイ

江戸前の海が最も広がった時期には、太平洋側の暖流である黒潮がかなり勢いを増し、南関東では水温が二〜三℃も高かったとされている。さらに江戸前の海には遠浅で砂泥底の広大な干潟が形成され、ハイガイが流れ着き、生息し、繁殖する条件が整っていたといえる。ハイガイは、太平洋側では仙台湾を越えて三陸海岸の南部に達したとされている。一方この時代には、黒潮だけではなく日本海側の対馬暖流もかなり勢いを増した。その結果ハイガイは、秋田県から津軽海峡を越えて青森県の八戸まで達し、本州の北の端まで、分布域を広げることに成功した。

しかしハイガイは今、絶滅危惧種として知られている。すでに千数百年前からその兆候はあらわれており、南関東からは消滅してしまう。その原因は、水温の低下に加えて、広大な干潟やちょっとした小さな泥干潟といった生息場所が消失してしまったからともいわれている。絶滅が確認されている愛知県三河湾では、昭和三十(一九五五)年ごろから急激に減少し、昭和三十八年以降は確認されなくなった。また岡山県でも、少なくとも児島湾が閉め切られる昭和三十年代の半ばまでは生息していたらしい。今では有明海の周辺で細々と生息しているが、その一方で熱帯のタイやマレーシアでは重要な食用貝として養殖もされているという。

貝塚からは、魚類の骨や漁具も出てくる。しかし、魚類の骨が出てくる貝塚の数は調べた貝塚の半分ほどであったり、骨や角でつくられた釣針や銛先あるいは錘としての土器や石器といった漁具も出土数はかなり少なかったりする。

ほとんどの場所で出現する魚類は、汽水性のクロダイとスズキである。さらにキスやコチ、カレイの仲間といった砂泥底に生息する種も多く出土する。これらは、砂泥底の内湾に生息する典型的な魚種である。古湾口部ではさらにマダイも出土するが、これはある程度外洋水が入り込んでいた結果であろう。

水産資源は主な食料資源かどうか

安定期になると、貝塚が増えたことは確かである。しかし水産資源、とくに貝類が重要な食料資源であったかどうかについては、判断が分かれているようだ。

貝塚の急増から、干潟に面した集落では貝類が当然のように、ごく一般的に利用されていたという形跡もある。さらに、貝類に依存する度合いが増えて、捕獲圧の影響から資源量が低下したのでは、という意見もある。つまり、貝類がかなり重要な食料資源である、という見方である。

その一方で、貝塚のほとんどは遺構内の貝塚、いわゆる地点貝塚であり、小規模である。さらに、貝塚がまったく形成されていない集落の遺跡も多く知られていることから、貝類が恒常的に利用される資源ではなかった、あるいは貝類を採集・利用するということは生業の中では不安定な位置にあった、という見方もある。たとえば、豊島の入江に面する武蔵野台地の水子貝塚（現在の埼玉県富士見市、写真は一三頁〈図1-2〉）では、貝塚全体の貝層の体積などから計算した一人あたりの年間消費量は、可食部にして二キログラム、熱量では千キロカロリー、タンパク質では百四十グラムであるが、これは大人が一日に必要な二千キロカロリーの熱量と五十グラムのタンパク質のそれぞれ半日分と三日分にしかならないという計算もある。規模が少し大きい埼玉の入江の最奥に位置する古河市原町西貝塚では、貝殻の総重量から推定されるカロリーは、一人が摂取すると六十日分に相当するという。

したがってこの安定期には、一般的に水産資源は重要な食料資源ではなく、目の前の干潟や浜で魚介類を細々と採捕していたというのが実態だろうか。人口も縄文海進期に比べれば増えたが、それでも関東全体で四万人ほど（全国の四割）である。

海面海退期——江戸前の海の繁栄

縄文中期の小海退

安定していた海水面は、五千五百年前から四千五百年ほど前の千年の間に、一、二メートルほど下がった。縄文中期の小海退である。

すでに干潟が形成され浅海化のすすんでいた奥東京湾では、海退が始まると、わずか一、二メートルの海水面の低下でも海岸線はかなり後退する。水平距離にすれば二十五キロメートルくらいの海退で、毎年二十五メートルくらい海岸線が移動したことになる。

その結果、埼玉の入江と豊島の入江のほとんどが消滅してしまった。消滅とはいっても完全な陸地化ではない。河川の影響の強い場所では、流されてきた土砂が洪水などの時に河道に沿って堆積し、自然堤防ができ、その背後には後背湿地が形成される。また、海岸線には干潟域が広がるとともに、河口からの土砂が砂州を形成してその内側には潟《かた》とよばれる湿地帯ができる。

台地の縁辺でも、とくに溺れ谷には小さな河川からの泥が堆積して干潟を形成する。さらに谷の出口で岬のような突出部のあるような場所では、波蝕によって削られた台地の砂礫が堆積して砂州が発達する。

この時代には、海退とともに貝塚も移動していったことが指摘されている。その一方で、貝塚の数は激減し、さらに貝塚をともなわない一般的な集落跡もほとんど確認されなくなる。海退とともに遺跡が見つかりにくい状態となっているのかもしれないが、この時代は海面の小海退だけではなく、貝塚の数の方もちょっとした衰退期である。貝塚が爆発的に増えるのは、この後の海面の安定した時代である。

漁業のための環境と貝塚の形成

海面低下がひとまずおさまり、海水面は今よりも一メートルほど高い状態で安定し、埼玉の入江と豊島の入江には前述したような広大な湿地帯ができた。さらに海岸線あるいは台地の縁辺には干潟や砂州が発達した。こうした環境は、まさに漁業を営むには絶好の環境である。いよいよ江戸前の海にもっとも多くの貝塚が発達した時期がやってきたのだ。今から四千五百年前から三千五百年前の千年ほどの間で、縄文時代の中期の終わりから後期にかけてである。

縄文時代後期の貝塚の数は、江戸前の海では二百近くにまで達したという報告もあれば、関東地方の貝塚は五百弱を数えるという報告もある。いずれにしても縄文時代をとおして最も貝塚が増えた時代であり、とくにそのピークは縄文時代後期の前葉であるとされている。しかも、これまでのような小規模な貝塚だけではなく、規模の大きな貝塚が中期の終わりから後期にかけて出現したことも特徴的である。大型貝塚としてよく知られているのは、東京都北区の中里貝塚と千

図 1-5　大森貝塚遺跡庭園（東京都品川区）
写真中央の木々のある場所で、電車はJR京浜東北線

葉市の加曽利貝塚である。小規模貝塚では、大森貝塚（大田区）を始め、伊《い》皿子《さらご》貝塚（港区）、西ヶ原貝塚（北区）、延命院貝塚（荒川区）、あるいは千葉市や市原市を流れる都川と村田川の流域の貝塚群がよく知られている。

　これらの貝塚はバラバラに存在するのではなく、ある程度まとまっている。たとえば古湾口部西側の武蔵野台地では、北東端にあたる地域（現在の東京都北区を中心とした地域）や古川（東京都港区のJR山手線浜松町駅と田町駅の間に今も河口が開いている）の流域に集中している。大宮台地にはこの時代の貝塚は少ない。古湾口部東側の下総台地では北部の古流山湾から南に、河川ごとにかなりまとまった貝塚が出現する。

貝塚から出土する貝

　貝塚から出土する主な貝はかなり少なく、ふつうはヤマトシジミやハイガイ、アサリ、ハマグリ、イボキサゴなどの数種類に限られる。しかし、全体の数パーセントや数個体しか出現しない貝を丹念に同定していくと、百種類以上の貝が江戸前の海の貝塚から出土している。なかには伊皿子貝塚でみられたコウダカチャイロタマキビやマキミゾスズメモツボのように、海藻に付着する貝であるため、海藻を採集していたのではないかと想像力をかきたてるような貝類も出土している。

貝塚の分布域は江戸前の海の沿岸全体に広がっているが、出土する貝には地域の特徴がみられる。

豊島の入江では、砂質の干潟と淡水の影響からハマグリとヤマトシジミが多く出土する。さらに南にくだると、ハイガイやマガキ、オキシジミが多く出土する。これは、泥分に富む武蔵野台地が削られたことと大きな河川の影響がないこと、および溺れ谷では砂が入り込むのが遅れて泥質の干潟が発達したことなどによる。

一方、下総台地の西岸では、埼玉の入江から南の都川や村田川沿いにかけて、イボキサゴとハマグリが主に出土する。とくにイボキサゴは圧倒的に多く、貝塚によって八割から九割を占める。イボキサゴは日本全国に分布する直径二センチメートルほどの小さな巻貝の一種で、東京湾では今でもふつうに見られる。食べられなくはないが、小さすぎて身を取り出すのに手間がかかることから、あまり食用とされることはない。しかし貝塚からは大量にでてくるため、その用途がいろいろと議論されている。有力な説は、ドングリなどの木の実を煮るときの味付け用の調味食材である。もう一つは、砕かれた貝が出土することから、釣りの餌としての利用も考えられている。

貝塚から魚類を採集する

貝塚から出土する魚類の採集方法としては二つある。一つは発掘現場で目視によって採集する方法で、当然、大形の魚類が多くなる。もう一つは採集した貝層のサンプルを水洗し一ミリメートルや二ミリメートルあるいは五ミリメートルといった網目のフルイにかけて魚の骨を採集する方法である。この方法だと、かなり小さな個体も採集できるが、たとえば脊椎骨であれば一個一個がバラバラになるため、個体数を算出するのが大変である。そこで、同じある種の顎などのような特定の骨の数を計数したり、脊椎骨であれば計数した総数をその種の脊椎骨の数で割ったりして、「最少個体数」を算出する。あるいは、出土したある種の骨をすべて数える「同定資料（標本）数」を用いて、ある種の魚が多いとか少ないとかの比較をおこなう。

貝塚から出土する魚類

貝塚から出土する魚類はクロダイとスズキが主体でボラやアジ、イワシの仲間も多く出土する。しかし貝類と同じように、少数派の魚種を数えると、少なくとも五十種類以上が江戸前の海から知られている。その中には、サメやエイの仲間のほか、マグロ類やソウダガツオ類、カツオといった外洋性の魚類もみられる。

武蔵野台地の北東端、古湾口部の北西の隅にあたる西ヶ原貝塚（東京都北区）では、エイ類やカレイ類といった砂泥底にすむ種やウナギ類などの汽水から淡水にすむ種が多く出土している。これらの種は、すでに豊島の入江に砂泥が堆積して干潟が広がっていることと、そこを河川が貫いているといった、河口干潟域の環境を示している。さらに回遊性のイワシの仲間やアジ類も多い。少し南にさがった延命院貝塚（荒川区）では、小形標本ではアジ類が多くなる。さらに大形標本では、アジ類に加えてクロダイとスズキが出現し、しかもこれら二種で大形標本の半分以上を占めている。さらに南には伊皿子貝塚（港区）があるが、ここではアジの一種とボラの一種、クロダイが多く出土している。ボラについては鱗しか出土していない点で特異的であるが、これは居住地が少し離れた高い場所にあるためであろうとされている。さらに南に下がると貝塚研究発祥の地である大森貝塚（大田区）がある。大森貝塚では、アジとサバ、クロダイ、スズキが多く、またトビエイも出土している。

下総台地では、一般的に西岸一帯にわたって、大形標本ではクロダイが圧倒的に多く、次いでスズキが出土する。小形魚で最も多いのはカタクチイワシやコノシロ、マイワシなどのイワシ類で、アジも多い。下総台地の中でも都川水系の矢作貝塚と村田川水系の木戸作貝塚と小金沢貝塚では魚類相がよく研究されているが、矢作貝塚と木戸作貝塚ではヘダイとマダイが、また小金沢貝塚ではコチが多く出土している。他にも、フグの仲間やボラ、マダイ、ダツやハゼ類、キス、サバなども出土している。

魚類を漁獲するための道具

魚類を獲るためには漁具が必要である。貝塚から出土する漁具は、動物、とくに鹿の角や骨で作った骨角製の漁具と、土や石で作った錘とに大別できる。骨格製の漁具はさらに「突く」ための刺突具《しとつぐ》と「釣る」ための釣針の二つに分けられる。また、錘を使うのは網漁であるが、網の材料は植物の繊維であるため、網地そのものが残ることはほとんどない。

こうした漁具は、縄文時代の後期になるとかなり出土している。東京湾と現在の霞ヶ浦を拡大した古鬼怒湾《きぬ》では、一つの遺跡あたりに平均して四個の骨格製漁具と六個の錘が出土するという報告もある。しかし場所によって、その出土量はまちまちである。たとえば、都川沿いの矢作貝塚では刺突具も釣針も多く出土しているが、上流の加曽利南貝塚や村田川沿いの木戸作貝塚では釣針がほとんど出ないという。

出土する魚類からわかること

出土したいろいろな部位の骨から、その魚類の大きさも推定されている。たとえば、上顎の骨から推定されたクロダイの全長で最も多いのは四十センチメートルくらいの大きさで、最も大きいものは五十五センチメートルほどである（加曽利南貝塚）とか、下顎の歯骨や胸鰭を支える肩甲骨の大きさからスズキの体長は二十五センチメートル以下が主体で中には六十センチメートルほどの個体もふくまれている（伊皿子貝塚）といった報告がある。

大きさがわかれば、クロダイやスズキは大形のものが多くこれらは骨角製の刺突具で採集されたのだろうとか、やや大形のマダイはあまり沿岸には寄ってこないので釣られたのだろうといったことが推測できる。アジやイワシの仲間のように、小形ではあるが数がまとまっているものは、やはり網で獲られたのであろう。

水産物と交易

この時代に江戸前の海から獲っていたのは、貝や魚類だけではなく、海藻も採集していたらしい。他にも、モクズガニやアシハラガニ、ガザミ類、ウミガメ類、イルカ・クジラ類なども出土している。

ウミガメ類やイルカ・クジラ類は、積極的な猟をしていなくても、浜に打ち上げられた個体を利用することがあったであろう。また、歯牙や骨、甲羅などを加工した装飾品として出土することも多い。これは単に採捕して食用に供しているだけではなく、たとえば房総半島で獲られて加工されたものとか、他の地域から交易品として流通していたことも想定される。貝類なども腕輪などに加工されたものが多く出土する。

少し意外なのは、フグの仲間がいろいろな貝塚から出土されることである。フグにはテトロドトキシンという毒がふくまれている。しかも、種によって、体の部位によって毒がふくまれていたりいなかったり、あるいは毒性も種や部位によって強かったり弱かったりする。これは、フグ毒の知識をすでに備えていたのか、知識をもつ集団から交易品として手に入れたのか、あるいは単に貝塚に打ち捨てられたのか、具体的な証拠を提示することはなかなか難しい。

武蔵野台地の東端の崖下の波蝕台にある大型貝塚である中里遺跡も特異である。ここには厚さ四メートルを超える貝層が広がり、しかもそのほとんどがマガキとハマグリからなっている。木枠付き土坑《どこう》とよばれる貝を蒸すための遺構もあり、大規模な貝の処理工場であったと考えられている。あまりにも大量な貝のため、単に付近の集落で消費したのではなく、蒸貝あるいは干貝にして交易品として利用されていたのではないかと考えられている。

豊かな食と穏やかな生活

縄文時代の江戸前の海では、中期の終わりから後期の初めにかけてが最も繁栄した時代で、貝塚の数は増加しその規模は大きくなった。乱獲といった兆候が魚介類にはみられないことから、資源がかなり豊富な上に、今でいう資源管理までもがおこなわれていたのではないかと考えられている。その結果、貝塚の存続期間も長期にわたるようになった。こうした、縄文時代の中でも最も穏やかな生活を保障してくれたのが、実り多い山の恵みと手軽に採集できる海の幸に依存した豊かな食である。人口も、縄文時代中期が最も多く関東で十万人弱で全国のほぼ三割強を占め、後期には五万人ほどでほぼ三割を占めていた。

しかし、紆余曲折はあったものの一万年近くも続いた、豊かな自然を享受した縄文時代の終わりは、突然やってきた。

縄文型内湾漁撈の終焉と弥生時代

弥生の小海退と東京低地

今から三千五百年ほど前の縄文時代の後期終盤から晩期になると、気候は寒冷化にむかって、海面もふたたび後退し始めた。弥生の小海退である。気温と海水準が最も低くなったのは二千年ほど前で、江戸前の海でも、現在よりも水温は一・五～二℃、海面は二メートルくらい低くなった。その後、今から千八百年ほど前、紀元三世紀に、気温も海面もほぼ現在と同じ水準になった。海水準が、海退によって現在の海面よりも低くなり、最も低い時期を過ぎて、さらに海進によって現在の水準にまで回復した時期が、ほぼ弥生時代に相当する。

弥生時代における江戸前の海の海水準の低下と上昇は、変化の幅が数メートルであるため、かなりゆっくりとした速さで波打ち際が移動したと考えられている。その結果、奥東京湾のうち、すでに五千五百年前から四千五百年ほど前の縄文中期の小海退で広大な湿地となった埼玉の入江（中川低地）や豊島の入江（荒川低地）に加えて、古湾口部の東京低地も湿地化がすすんだ。これらは、低地とはいっても湿地に河川が入り乱れた状況で、いわゆる陸地化されるのはもう少し先のことである。

消えた人と貝塚

縄文時代の後期終盤から晩期になると、全国的に人口も貝塚も急減する。関東地方では、最も人口の多い縄文中期の十分の一以下の八千人弱にまで減ってしまう。全国に占める割合も、三割から一割に減少している。文明の崩壊を「人口が十パーセントから二十パーセント程度に激減する状態」と定義すると、少なくとも江戸前の海をふくむ関東地方の縄文文明は崩壊の危機にあった、ということになる。中期や後期では五百近くが知られていた貝塚も、晩期になると百以下になってしまう。しかもこのほとんどは、現在の霞ヶ浦を中心とした古鬼怒湾の貝塚がほとんどであり、江戸前の海の貝塚はほとんど消滅してしまった。この状態は弥生時代に入っても続く。江戸前の海で、人口が回復し貝塚が少ないながらも出現するのは、弥生時代の後期になってからである。

では、縄文時代の晩期から弥生時代にかけて、私たちの江戸前の海では何がおこったのだろう。

貝塚衰退の理由

貝塚衰退の理由については、はっきりとはしていないが、主に自然的な要因と社会的な要因が考えられる。

直接的な自然要因としてまず考えられるのは、やはり海退と海進にともなう海岸線の変化や沿岸域での環境変化であろう。ただし、江戸前の海を襲った劇的な環境の変化の痕跡は残されていない。貝塚自体が海岸線に埋もれたままで、私たちの目に触れていないのかもしれない。

間接的な自然要因として、冷涼化した気候があげられる。寒くなると森林の生産力が低下し、食糧事情も悪化する。その結果、江戸前の海の人口も激減するというシナリオである。実際に人口も激減した。そうした中で、不安定な海岸線の海の幸と豊かな森の恵みとの選択をせまられ、結局は森を選んで江戸前の海から撤退したという考え方もある。これは、自然的かつ文化・社会的な要因である。


社会的な要因で大きいのは、経済的な変化である。そもそも縄文時代には、人々は自然に依拠した生活を送り、余剰生産をともなうことがなかった。その日その日の恵みを森や海からいただき、細々と暮らしていた。それが縄文時代の中期を過ぎると、大規模な貝塚が出現する。すでに示したように、大規模な貝塚では、消費する量よりはるかに多くの貝を干したり蒸したりすることで交易品としていた。またクジラやイルカ、あるいは貝を利用した装飾品なども各地で出土しているが、これらが交易品として流通した可能性もすでに述べた。交易品としては沿岸部の塩もあげられる。目の前の海を活かすために、製塩か漁撈かの選択にせまられ、製塩に精を出した結果、漁撈活動が停滞したと考えることもできる。いずれにしてもこのような状態は、それまでの縄文的な経済方式から、余剰生産をともなう弥生式経済方式に移行していた可能性を示している。

そこに、何か原因はわからないが、小さなムラ社会のネットワークを根底から揺るがすような大きな文化・社会的な変化が生じた可能性もないとはいえない。あるいは私たちの知らない大きな自然災害がきっかけとなった、ということもあるかもしれない。

弥生時代の遺跡と貝塚

紀元前後の弥生時代の後半になって、江戸前の海の周辺に遺跡が出現し始める。主に、今の下総台地の千葉県市原市周辺や武蔵野台地の北部、多摩川あるいは横浜市の鶴見川沿いに集中し、さらに東京低地にも散在するようになる。しかし江戸前の海に臨む遺跡のうち、貝塚をともなうものはほとんど知られていない。ここでは、そのわずかな弥生時代の貝塚のうち、市原市の貝塚を少しみてみよう。

市原市の村田川と養老川の間には、下総台地の一部を形成する市原台地がある。市原台地には、縄文時代から弥生時代、さらには古墳時代にかけて、断続的に集落が形成されていた。そのうちの郡本《こおりもと》遺跡群や根田代《ねだだい》遺跡、東千草山《ひがしちぐさやま》遺跡などでは、弥生時代のとくに後半の貝塚が数か所ずつ知られている。これらの貝塚は、量的にはかなりわずかで、竪穴式住居の中や周りに捨てられたような形で見つかっている。共通しているのは、巻貝であるイボキサゴが七割から九割を占めることである。次いでハマグリが場所によって数パーセントから六割くらいを、シオフキも数パーセントから四割を占める。出土した貝類は、他にもマガキやアサリ、アカニシ、ウミニナ、カワニナ、ツメタガイなど、二十数種類になる。さらに、ハマグリが大きいという特徴もある。縄文時代には殻長が三センチメートルくらいだったものが、平均で五センチメートル以上、大きいものでは九センチメートルにもなる。

これらの遺跡は海岸線から一、二キロメートルの距離しか離れていないことから、あまり積極的に漁獲していたのではないと考えられている。あるいは、漁獲したものはその場所で処理して、その一部を集落＝遺跡に持ち帰ったとも考えられるが、それにしては貧弱な貝塚である。クロダイやスズキ、ウナギ、あるいはマイワシとタイ科魚類なども出土しているが、量的にはかなり少ない。

このように、縄文時代の終わりから弥生時代になると、縄文時代に活発におこなわれたハイガイやアサリ、ハマグリなどの貝類の採集や、クロダイやスズキなどの魚類を積極的に漁獲していた縄文型内湾漁撈は江戸前の海から姿を消してしまった。

知られざる古墳時代の活発な江戸前の海

微高地に広がる生活の場

弥生時代の終わり、今から千八百年ほど前の紀元三世紀の中頃になると、海の水準は現在とほぼ同じになるが、海岸線は今よりもかなり内陸に入ったところにあったと考えられている。縄文中期の小海退で埼玉の入江と豊島の入江が広大な湿地に、また弥生の小海退で古湾口部が湿地帯になった。

しかしこうした湿地帯にも、生活したり生産活動をしたりするために、先人たちは積極的に進出していった。そうした場所は、自然堤防や砂州からなる「微高地」とよばれる土地である。

自然堤防

自然堤防は河川の作用で生じる河成低地である。主に洪水の時などに、河川の流路に沿ってあるいはその周辺に、溢れ出た河川水の運んできた砂や泥が堆積してできる。もともと奥東京湾では河川が走っているのが主に南北方向であるため、自然堤防は南北方向にできやすい。もちろん河川は曲がりくねりながら流れるので、南北方向を中心として東西方向に形成される場合もある。

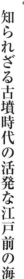

河川から運ばれてきた土砂によって形成される沖積平野は、河川が山間部から広い場所に流れ出た所に形成される扇状地と、浅い海が海退によって陸地化したり河口部の堆積物などによって形成されたりする三角州、およびその間に形成される自然堤防型の平野からなる。

扇状地である中川・荒川低地と三角州である東京低地の境は、東京都と埼玉県の都県境であるとされている。そこを東西に流れる古利根川水系の流域跡が毛長川《けなが》（東京都足立区と埼玉県草加市の都県境）である。ただし、毛長川に沿って発達した微高地が河川の作用で生じた自然堤防なのか、あるいは海の作用でできた砂州なのかについては、専門家にとっても議論の分かれるところであるらしい。

砂州

砂州は、波浪や沿岸流などの海の作用によって運ばれてきた砂や礫によってできる海成低地で、三角州の前縁にある海岸線に沿って形成されることが多い。奥東京湾の場合、海岸線はほぼ東西方向に形成され、それが海進や海退にともなって北上したり南下したりする。つまり、砂州は東西方向にできやすい。ただし台地の縁に形成される砂州は、侵食谷の出口にあたる岬状のところから突出するため、東京低地の東西を囲む武蔵野台地や下総台地では南北方向に砂州ができることが多い。たとえば、縄文海進で削られた日本橋波蝕台に形成された砂洲が江戸前島である。なお、これらの砂洲によって出口がふさがれてできたのが不忍池（台東区）や溜池（港区）などである。

砂州が形成される場所は海退とともに南に移動していく。その北端にあたるのではないかとされているのが毛長川沿いの微高地である。さらに現在の東京都足立区の加平《かへい》周辺、台東区の根岸から千住にかけて、墨田区の浅草から江戸川区の新川に沿って千葉県市川市の行徳までと南下した。こうした地域は砂州によって形成された微高地である。東京低地の砂州としてよく知られているのが市川市街のある市川砂洲で、国道十四号の千葉街道沿いに東西四キロメートルにわたって微高地が続いている。一方、浅草波蝕台に形成された鳥越から浅草、待乳《まつち》（真土）山周辺の微高地は、砂洲と自然堤防とから形成されているといわれている。

東京低地では、このように、砂州に加えて河川に沿った自然堤防も形成されることで、より複雑な微高地地形が形成されたと考えられている。

微高地に進出した古墳時代

こうした微高地が広がると、これまで台地の上で生活を営んでいた人たちが、徐々にこれらの土地を利用し始めるのも当然である。年代的には三世紀から六世紀にかけて、時代的には弥生時代の終わりから古墳時代にかけてである。

実際にこの時代の東京低地には、毛長川沿いには伊興《いこう》遺跡（足立区）が、隅田川（旧荒川）沿いには志茂《しも》遺跡（北区）や町屋四丁目実揚《みあがり》遺跡（荒川区）などが、中川沿いには御殿山葛西城址（葛飾区）などが、さらに江戸川沿いには上小岩遺跡（江戸川区）などが知られている。しかしこれらの遺跡では、弥生時代には土器などの出土が主で、生活の跡を示すような遺跡はほとんど発見されていない。つまり弥生時代には、湿地帯に発達した微高地を本格的な居住地としてではなく、何らかの活動の場として利用していた可能性もある。

こうした状況の中にあっても、たとえば毛長川沿いの微高地に形成された伊興遺跡では、低地に進出して安定的な生活を営んでいたのではないかと考えられている。さらに、当時の江戸前の海の最前線に位置していた市川砂州近くの鬼高《おにたか》遺跡（千葉県市川市）は海上の杭上住居として知られている。ここでは、古墳時代の江戸前の海の遺跡として、この二つの遺跡を紹介しよう。

交通の要衝・伊興遺跡

初めて伊興遺跡のことを知ったとき、私は「古墳時代にこうしたダイナミックなヒトの動きがあったのか？」と驚いてしまった。しかしこれまでの研究のおかげで、かなり高い精度で伊興遺跡が重要な交通路の要であることに納得させられた。

毛長川は、今でこそ川幅は二、三十メートルであるが、古墳時代には数百メートルもあったといわれている。その微高地には、伊興遺跡一つだけではなく、周りには多くの遺跡群が知られている。そのため時代も古墳時代だけではなく、場所を移動しながら奈良・平安時代へと続く。もちろん遺跡なので、その証拠は遺物や遺構である。

とくに遺物で目に付くのは須恵器《すえき》である。これは、弥生式の土器製造方法の延長にある土師器《はじき》とよばれる素焼きの土器ではなく、ろくろの技術を使って窯で焼くために形の整った硬い土器になる。高い技術のために、そのほとんどは国内で最古・最大の大阪府の南部地域に存在した陶邑《すえむら》窯跡群《かまあとぐん》で、五世紀初めの古墳時代中期から平安時代にかけて製作されたとされている。さらに驚くのは、陶質土器の瓶や壺は朝鮮半島で製作された可能性が高いという。つまりこれらの土器は、近畿地方あるいは朝鮮半島から海路をはるばると運ばれてきた、と考えることができる。

伊興遺跡の特異なのはこれらの土器の種類や出土量が圧倒的に多いことである。そこでこうした土器は、当時の沿岸あるいは河口内に位置していた毛長川流域の微高地に発達した伊興遺跡に集積され、そこから河川交通を使って上流の遺跡に運ばれていたと考えられている。まさに伊興遺跡は江戸前の海の海上交通と内陸部の河川交通の中継点であったといえる。伊興遺跡からは船材も出土している。

さらに思いを馳せると、こうした低地の遺跡は二つの経路で開発されたのかもしれない。一つは台地の上に住んでいた人たちが低地に降りていった経路であり、もう一つは近畿地方から船を繰って海をはるばるわたってやってきた人たちが開発したという経路である。いずれにしても、伊興遺跡が当時の江戸前の海の重要な「湊」として機能していた可能性は高い。

海上家屋の漁村・鬼高遺跡

一方、鬼高遺跡は市川砂州の途切れた場所にある小さな海上遺跡である。海上遺跡というとあまり聞きなれないが、江戸前の海の上に建てられた杭上《こうじょう》住居の廃墟とされている。ただし、すぐ北にある下総台地上には、須和田遺跡をはじめとして多くの遺跡が分布している。

鬼高遺跡の特徴は、何といっても数百本という杭である。しかもこれらのうちかなりの数は燃焼したもので、この住居が火災に遭ったのではないかともいわれている。

さらに、厚さが一メートルから二メートルに達する貝塚も発見されている。貝ではカキが多い。他にもハマグリやシオフキ、サルボウ、バイ、ツメタガイ、イボウミニナなどといった海産の貝だけではなく、ヤマトシジミなどの汽水性の貝も出土している。魚類ではマダイが多く、さらにイサキやフグの仲間、コチ、ヒラメなどが出ている。

漁具としては、長さが十センチメートルくらいで円筒形や俵型、紡錘形などといったいろいろな形の土錘《どすい》が数多く発見されている。縄文時代の錘は、材質こそ土や石であるが、それは単に一辺の一部を欠いたりして、漁網の綱が引っかかりやすいようにしたものである。こうした錘は弥生時代や古墳時代になっても続くが、さらに弥生時代になると新しい錘として管状土錘《かんじょうどすい》とよばれる筒状の錘が登場する。管状土錘は、その名のとおり、筒状の土器の真ん中に穴をあけ、漁網の綱を中に通す錘である。稲作文化の一つの要素として伝来し、関西でよく発達したとされている。

それが、先に述べた近畿地方からの海路を通じて江戸前の海にもたらされた可能性はおおいにある。穴に綱を通すことで確実に装着できるだけではなく、いろいろな重さのものが、しかも簡単に製作できるという特徴がある。鬼高遺跡でも、管状土錘がみられる。

管状土錘は東京低地の下総台地に近い東部の遺跡からも多く出土する。しかも古墳時代前期には百グラム以下だったものが、後期になると二百グラム前後のものが出てくることから、網による漁撈が多様化し、かつ盛んになったことが想像できる。ちなみに、ヤマト政権（奈良時代の大和と区別するため、ふつうはヤマトと表記される）が支配していたと考えられる難波の海（大阪湾）では漁業も発達し、管状土錘も七百グラムから千グラムぐらいまでの大型のものが出土し、曳網だけではなく定置網などにも使われていたと想定されている。

ともかく鬼高遺跡は、漁撈を中心とした生産様式を有した定住集落である「漁村」であり、農耕を中心とした須和田遺跡などと交流があったものと考えられている。

「環江戸前の海」の古墳

古墳は「古代社会の盛り土を持ったお墓」と定義できるが、具体的には盛り土があり、遺体を安置する場所を設け、そのまわりには副葬品を置くなどといった特徴がある。しかし古墳は単にお墓ではない。とくに、上から見ると丸い形と四角い形が基本の古墳を組み合わせた前方後円墳とよばれる古墳は、権力者の象徴でもあったとされている。

しかしそうした古墳は、奥東京湾を形成していた低地からはほとんど発見されていない。古墳時代の終わり、六世紀に入って築造されたと考えられる毛長川沿いの伊興遺跡周辺に残る白旗塚古墳群と六世紀の後半の柴又八幡神社古墳などが知られているだけである。その一方で、江戸前の海をぐるりと取巻く「環江戸前の海」では多くの古墳がみられる。

武蔵野台地では、多摩川下流域で古墳時代をとおして多くの古墳が築造された。現在の東京都大田区から世田谷区にかけて形成された荏原台古墳群である。さらに武蔵野台地の東から北東端にかけては、芝丸山古墳（港区）や摺鉢山古墳（台東区）、飛鳥山古墳（北区）などが知られている。

武蔵野台地と下総台地の間の大宮台地では、埼玉県の名前の由来ともなった埼玉《さきたま》古墳群（埼玉県行田市）が有名で、とくにその中の稲荷山古墳から出土した金錯銘《きんさくめい》鉄剣には、辛亥年《しんがいのとし》（西暦四七一年と考えられている）という年代が記され、さらにワカタケル大王（雄略天皇）に仕えたヲワケ臣の功績が記されていたことから、この地方が五世紀の後半にはヤマト政権に支配されていたと考えられている。さらに北上すると、江戸前の海からは離れるが群馬県太田市の天神山古墳にいたる。当時の政治経済の中心であった山城、大和、河内、和泉、摂津の五か国からなる畿《き》内《ない》からみて東の方角にある東国における最大の前方後円墳で、現在の群馬県と栃木県の一部からなる毛野《けぬ》地方の首長の墓と考えられている。この地域は、後の東山道《とうさんどう》にあたる内陸道によって畿内と結ばれ、ヤマト政権の支配を受けるとともに、早くから渡来文化を吸収していたことが明らかになっている。

下総台地では、古墳時代の中期から終期にあたる五世紀から七世紀にかけて、さまざまな形のいろいろな大きさの古墳が築造された。千葉県市原市の村田川沿いの菊間古墳群や養老川沿いの姉崎《あねさき》古墳群、稲荷台古墳群、木更津市の小櫃川沿いの祇園長須賀《ぎおんながすか》古墳群、および富津市の小糸川沿いの内裏塚《だいりづか》古墳群などである。下総台地南部のこうした古墳群は、古墳の規模や副葬品から想定すると、毛野地方の天神山古墳と同じように、ヤマト政権と密接な関係のあった首長あるいはその一族の墓と考えられる。五世紀半ばから後半にかけて築造された稲荷台一号墳からは、「王《おう》賜《し》□□敬」と刻まれた「王賜鉄剣」も出土している。

文献資料に現れた江戸前の海

下総台地が武蔵野台地や毛野地方と異なるのは、その立地条件とそれにともなうヤマト政権との連絡路である。毛野地方は内陸路である東山道によって大和とつながっていた。武蔵野台地には、東山道から南へ下る支線である東山道武蔵路が通っていた。いっぽうの下総台地の南部、とくに富津のあたりは、江戸前の海に面して対岸は三浦半島である。こちらは内陸路ではなく、海沿いの連絡路である東海道によって畿内とむすばれ、江戸前の海では文字通り海を渡っていた。

その東海道をやってきたのが八世紀の歴史書で記された東国征伐の日本武尊《やまとたけるのみこと》である。時代は二世紀に入ったばかりのころ、場所は三浦半島の走水。そこから眺めた「小き海」を簡単に渡ろうとしたところ、海神の怒りに触れて海が荒れ、舟が進まなくなった。そこで海を鎮めようと妻の一人の弟橘媛《おとたちばなひめ》が海に身を投げたところ、海は静まった。実際には、大和武尊は複数の、多くの「大和の勇敢な武将たち」であるとされているように、多くのヤマトタケルが三浦半島と房総半島を分かつ江戸前の海の玄関口を渡ったことであろう。

いずれにしても、その「小き海」が、走水海《はしりみずのうみ》あるいは馳《はしり》水海として、歴史上初めて記述された江戸前の海である。

では、渡りついたのはどこか。常識的には目の前の富津岬のどこかであるが、それについては記載されていない。ただ、それから数年後に日本武尊の父親である景行《けいこう》天皇が渡りついたのが淡水門（「あわのみなと」あるいは「あわと」）とされている。淡水門は、今の浦賀水道あるいは館山湾と考えられている。淡水の入り込む河川というのは房総半島の西側には少ないが、富津岬を内湾に少し入った小糸川や小櫃川の可能性もある。あるいは南にかなり舟が流されると館山湾である。館山湾には平久里《へぐり》川と汐入川という川も流れ込んでいる。

いずれにしても、走水海も淡水門も私たちの江戸前の海そのものではなく、玄関口にあたる場所である。それだけ、私たちの江戸前の海をふくめた東京湾の内湾は、この弥生時代から古墳時代にかけてはあまり重要ではなく、名称もとくに必要ではなかったということであろうか。

それでも文献資料の上に東京湾の一部の地名が現れたということで、いよいよ、これまでの遺跡や遺物といった資料だけではなく、記述された文献資料によっても私たちの江戸前の海を眺めることができるようになった。

第二期

飛鳥時代から戦国時代まで

——資料から読み解く江戸前の海

旧目黒川の河口
中央の橋の奥が旧河口

Box 2

古墳時代から飛鳥時代の国のかたち

中国の歴史書である『後漢書』には紀元五七年に光武帝が倭奴国王《わのなのこくおう》に「印綬」（金印と紐）を与えたことが、『魏志』倭人伝には紀元二三九年に邪馬台国の女王である卑弥呼を「親魏倭王《しんぎわおう》」に任じて金印と紫綬を与えたことが書かれている。「漢委奴国王《かんのわのなのこくおう》」と彫られた金印は江戸時代の天明四（一七八四）年に博多湾に浮かぶ志賀島《しかのしま》で発見され、昭和二十九（一九五四）年に国宝に指定された。『後漢書』には倭国が三十か国からなることが、『魏志』倭人伝では三十か国の位置や倭国の風俗などが記載されている。しかし邪馬台国の所在地については、九州説と近畿（大和地方）説とがもっとも有力であり、さらに瀬戸内海の吉備の国（現在の岡山県）説もあるが、未だ決着はついていない。いずれにしても弥生時代の後半から古墳時代に移るころの時代である。

この後、飛鳥時代までの四百年ほどの間に奈良県の南部（大和地方）を中心にした豪族が大王《おおきみ》とよばれる首長のもとに連合した倭国の国家を形成した。ヤマト政権である。ヤマト政権は五世紀には九州から東北南部までを支配下においたとされているが、江戸前の海でも、埼玉の稲荷山古墳の金錯銘《きんさくめい》鉄剣には五世紀半ばの四七一年（辛亥年《しんがいのとし》）と記され、王賜鉄剣の出土した市原市の稲荷台古墳が築造されたのは五世紀半ばから後半である。

七世紀の前半には厩戸王《うまやと》（聖徳太子）が、推古天皇の代理として政務をおこなう摂政《せっしょう》として活躍した。推古天皇が即位した五九二年から和銅三（七一〇）年に奈良の平城京に遷都するまでのほぼ百年の間、飛鳥の地（奈良市南部の明日香村の周辺）に都がおかれた。飛鳥時代である。大化元（六四五）年には、「班田収授法」や「国郡制度」あるいは稲を収める「租」、土地の特産品を収める「調」、労役あるいはその代替として布などを納入する「庸」といった税制を定めた大化の改新が始まり、翌年にこれらは「改新の詔《みことのり》」として示された。さらに大宝元（七〇一）年に今でいう刑法や民法、商法を定めた大宝律令《りつりょう》が制定された。また、律令制における地方の行政は、五畿七道として区分された。五畿は、ヤマト政権の所在地周辺の大和国、山城国、摂津国、河内国、和泉国の五国で、畿内とよばれた。七道は畿内以外の区分で、東海道、東山道《とうさん》、山陽道、山陰道、北陸道、南海道、西《さい》海《かい》道の七道からなり、同じ名前の幹線道路が整備された。なお、ほぼこの区分に北海道を加えた八道が明治の初めまで使われていた。

飛鳥時代から平安時代の江戸前の海

奈良時代から平安時代の歴史書

元明《げんめい》天皇の時代、和銅三（七一〇）年に律令国家として威信をもってつくられた大規模な都が、現在の奈良市の西方の平野に出現した。平城京である。これ以後、延暦十三（七九四）年に都を京都の平安京に移すまでの八十余年が奈良時代である。なお、古墳時代から飛鳥時代の国のかたちについてはBox2に記した。

奈良時代になると、日本最古の歴史書である古事記（和銅五〈七一二〉年）と正史である日本書紀（養老四〈七二〇〉年）が完成し、和銅六（七一三）年には各地の地誌である風土記を編纂することが諸国に命じられた。さらに、現存する日本最古の和歌集である万葉集が、天平宝字《てんぴょうほうじ》三（七五九）年の歌を最後に収めていることから、奈良時代の後半以降に完成したと考えられている。また、平安時代に突入したばかりの延暦十六（七九七）年には、続日本紀《しょくにほんぎ》が成立する。

こうした文献資料によって、奈良時代よりも前の時代の日本の国の様子がかなり明らかになってきた。たとえば、私たちの江戸前の海でも、東京低地に広がっていた大島郷の記録や古代の交通路にかかわる記事、あるいは河の渡し場などが知られている。しかし、この時代に記されている江戸前の海はまだまだかなり限定的である。ここでは、これまでどおりの遺跡や遺物の記録に加えて、これらの文献資料を参考にすることで、飛鳥時代から平安時代にかけての江戸前の海あるいはその周りの状況をみてみよう。

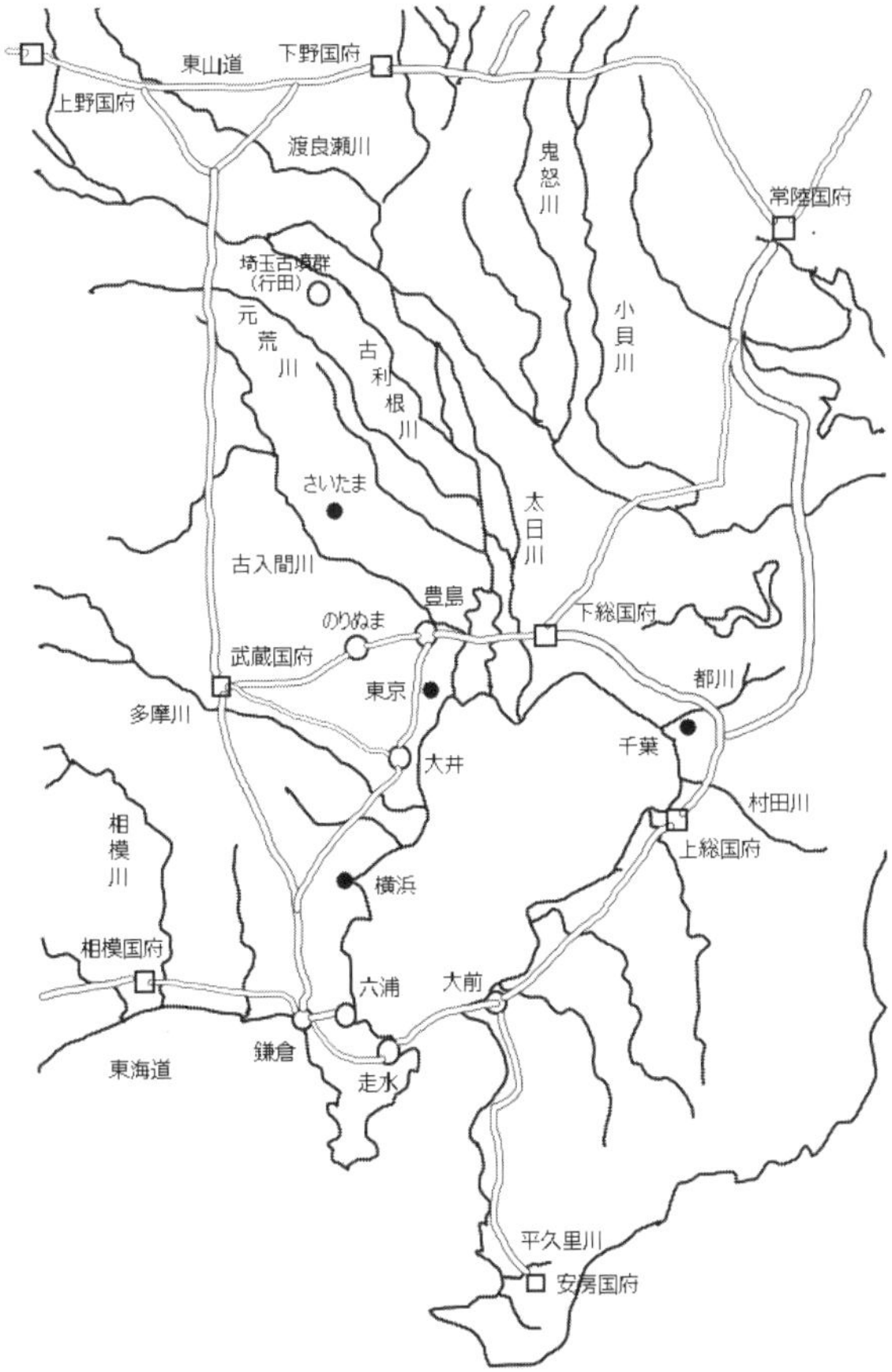

図 2-1　古代の江戸前の海と国府（□）、主要な駅（○）、古代路などの概略図
古代路の経路や駅の場所などは正確ではない
●は現在の都県庁所在地

江戸前の海をとりかこむ国ぐに

飛鳥時代から奈良時代になると、国、郡、里あるいは郷という単位で地方行政が組織された。全国が六十あまりの国に分けられたとされているが、江戸前の海も三浦半島側から相模国（八郡）、武蔵国（二十一郡）、下総国（十一郡）、上総国（十一郡）、そして安房国（四郡）によってぐるりと取りかこまれている。これらの国ぐにには「国庁」とよばれる、中央政権からの役所が置かれた。その所在地は「国府」とよばれるが、さらに時代が少し経った承平《じょうへい》四（九三四）年ごろに完成した『和名類聚鈔《わみょうるいじゅしょう》』にもとづくと、国府は相模国から順番に、大住郡（現在の神奈川県平塚市と考えられている）、多摩郡（東京都府中市）、葛飾郡（千葉県市川市国府台）、市原郡（千葉県市原市）、平群郡《へぐり》（千葉県南房総市府中）となっている（図2-1）。

古代の東国の戸籍

古代の東国の村の様子を知る文献資料として必ず出てくるのが、東大寺の正倉院文書に記されている『下總國葛飾郡大島郷戸籍』である。日付は奈良時代の養老五（七二一）年。

この大島郷には「甲和」、「仲村」、「嶋俣」という三つの「里」があり、孔王部《あなほべ》という人たちを中心に合計で一三〇戸、千百九十一人が所属していたと記録されている。甲和は現在の東京都江戸川区の小岩の周辺、嶋俣は葛飾区の柴又の周辺に該当すると考えられている。両方ともコウワ

↓コイワ、シママタ↓シバマタと何となく語呂合わせのようで、理解することができる。語呂合わせでは不明の仲村は、小岩と柴又の間の位置関係にある村では、ということで現在の葛飾区奥戸あたりではないかという説もある。

これらの三つの里は、現在は東京都に属することもあって、現代の私たちにとっては感覚的に、東京の中心地からの視線で見てしまう。しかし大島郷は下総国に属した。それは現在の地図を開いてみればすぐにわかるが、これらの地域は下総国府の置かれた下総台地から東京低地に降りたところに位置する。

こうした、大島郷に対する東京からの視点と千葉からの視点は、そのまま現代と古代の交通路の違いを反映している。

江戸前の海の東岸と西岸

江戸前の海は、古墳時代から奈良、平安の時代には、三浦半島側の西岸よりも房総半島側の東岸の方が発展していた。

東岸の下総台地を削る河川を中心に発達した古墳群についてはすでにふれたが、これらの河川の河口部にはほとんど港が発達していた。淡水門《あわのみなと》とされる館山をはじめ、富津や木更津、あるいは市原市の今津などである。それに比べて西岸の港は、江戸前の海が最初に記された走水がよく知られている以外には、現在の横浜市金沢区の六浦《むつら》くらいしかなかった。

しかし、東岸と西岸の「対岸交通」はけっこう盛んで、たとえば西岸の六浦と東岸の最も奥まった今の千葉市を流れる都川の河口にあった結城浦という港の間でも往来があったとされている。もちろん、江戸前の海の玄関口である走水と富津の間では盛んに人や物の行き来があり、そこから反時計回りで上総国を通って下総国、さらには東京低地にいたる交通路が発達していたのであろう。

飛鳥時代の東海道と新しい東海道

その江戸前の海の玄関口を、東海道が走っていた。古墳時代から飛鳥時代にかけての東海道は、相模国府である平塚から東に向かって鎌倉から三浦半島を横断して走水に出て、そこから江戸前の海の玄関口を渡海するルートであった（図2-1）。そのあとは、現在の富津岬近くと考えられている大前《あまさい》に上陸し、上総国府の市原から北上して常陸国に向かった。常陸国は、和銅六（七一三）年に編纂を命じられた風土記のうち、現存している五国のうちの一つである『常陸国風土記』で知られている。国府は現在の茨城県石岡市にあったとされている。

国の名前も畿内から近い順につけた。そのため、それまでは「ふさの国」とよばれた今の千葉県にあたる地域が南北に分けられた際に、東海道の経路でより畿内に近い南の地域を上総国、そこから北上した地域を下総国とした。上野国《こうずけのくに》（現在の群馬県にあたり、国府は前橋市にあったとされている）と下野国《しもつけのくに》（現在の栃木県、国府は栃木市）も東山道に沿った上手と下手である。

ところが、奈良時代も終わりに近い宝亀二（七七一）年に、武蔵国がこれまでの東山道から東海道に所属が変更されたことが、続日本紀に記されている。それより少し前の神護景雲二《じんごけいうん》（七六八）年には、武蔵国の乗潴と豊島から下総国の井上、浮島、河曲の五駅に「使命雑多」のため馬十匹を置くことをお願いしている。乗潴は「のりぬま」あるいは「あまぬま」とよばれ、練馬区の練馬あるいは杉並区の天沼あたりではないかと考えられている。また、豊島は北区西ヶ原の御殿前遺跡とされているが、後に東京低地の浅草周辺に移動したともいわれている。さらに下総国の井上、浮島、河曲の三駅については、場所は特定されていないが、東京低地にあったことが指摘されている。

こうして、飛鳥時代から奈良時代の終わりにかけての七〇〇年代には、武蔵国と下総国を直接結ぶ道路が整備され、私たちの江戸前の海の奥、武蔵野台地と下総台地、およびそれらの間に広がる東京低地は、かなり重要な交通路になったことがうかがわれる。

萬葉集でうたわれた江戸前の海

奈良時代の終わりに成立したと考えられている萬葉集の巻十四の総題は「東歌《あづまうた》」で、東国人の風俗や人情を都人に知らせるために集めた東国の歌である。巻十四には二百三十首が収められているが、その中のいくつかで江戸前の海の様子が詠《うた》われている。

夏麻《なつそ》引《び》く 海上潟《うなかみがた》の 沖つ渚《す》に 舟はとどめむ さ夜更《よふ》けにけり（三三四八）

葛飾《かづしか》の 真間《まま》の浦みを 漕ぐ舟の 舟人騒く 波立つらしも（三三四九）

葛飾の 真間の手児奈《てごな》が ありしかば 真間の磯辺《おすひ》に 波もとどろに（三三八五）

埼玉《さきたま》の 津に居《を》る舟の 風をいたみ 綱《つな》は絶《た》ゆとも 言《こと》な絶えそね（三三八〇）

最初の歌は、上総国の国府があった市原に上陸しようとしたものの、夜が更けて今夜は沖の洲に舟をとどめて停泊しようか、という歌である。江戸前の海の玄関口である東海道を走水から渡海し、そのまま舟で市原の国府にたどりついた旅人あるいは都からの役人が詠んだものであろうか。市原沖には洲のような停泊地があったことがうかがわれる。

二番目と三番目の歌は同じ場所を詠っている。真間は崖の古称で、下総国の国府があった下総台地の国府台の崖をさす。国府台と市川砂洲との間には真間の入江が入り込み、砂洲の外側は江戸前の海である。そこを行き来していた舟の船頭たちが、波が立ってきたらしく、騒いでいる情景を詠ったのが二番目の歌である。三番目の歌は、美人で有名な手児奈という女性がいたころには、真間の磯辺で波が轟くように、人々がその美しさに騒いだものだ、と詠っている。人々がワイワイガヤガヤと騒いでいる様子を真間の海辺の潮騒にたとえているが、それくらい真間の磯辺は波立っていたのだろうか。

最後の歌は少し海岸線から離れる。埼玉は埼玉古墳群のある現在の埼玉県行田市周辺で、津は古《ふる》利根川あるいは元荒川の港と考えられる（図2-1）。歌の内容は、風が強くて舟を繋いでいる綱が切れてもあなたからの便りは途切れないでくださいという恋の歌であるが、舟運が盛んであったことを偲ばせる歌でもある。

渡し場と舟運の発達

　奈良時代から平安時代にかけて、江戸前の海の奥の東京低地には、もともと奥東京湾であった中川低地や荒川低地から流れ出た少なくとも二つの大きな河川が河口を形成していた。東の下総台地側を流れる太日川《ふといがわ》と、西の武蔵野台地側を流れる隅田川である。太日川は今の江戸川にあたるが、隅田川の方は少し複雑で、西から東にかけて入間川や元荒川、古利根川などが合流して流れ込んでいた。古利根川は、六十年ほどをかけて銚子に向かって流れるように瀬替え工事がおこなわれたが、それはかなり後年、江戸時代の承応《じょうおう》三（一六五四）年のことである。

　こうした河川を利用した舟運が南北方向に発達するのは当然である。さらに東西方向には新しい東海道が走ることで、江戸前の海の奥は重要な交通路になっていった。それを示すように、平安時代に入った承和《じょうわ》二（八三五）年に、中央政権の最高行政機関から地方に命令を下した太政官《だじょうかん》府《ぷ》によって「船が少なくて交通に支障をきたしているので、下総国太日河と武蔵国と下総国の国境にある住田河（隅田川）の渡しの船を二艘ずつ加えて四艘ずつにするよう」に命じたことが、『類聚三代格《るいじゅうさんだいきゃく》』（平安時代中期に成立したとされる法令集）に記されている。渡し場は、隅田川の方は現在の東京都台東区の浅草から橋場あたり、また太日川の方は江戸川区の小岩あたりだと考えられているが、渡し舟が行き交う場所は湊としても栄えていたはずである。

平安文学その一――伊勢物語

その隅田川にやってきて、

名にし負はば　いざ事とはむ（言問はむ）宮こ鳥　わが思ふ人は　ありやなしやと

と詠んだのが、『伊勢物語』の第八段、東下りの段である。

ある一人の男が絶望から都を去って東国にさまよい、駿河国からさらに漂泊の旅をつづけ、武蔵国と下總国との間を流れる隅田川という大きな河のほとりに来た。渡し船をまっていると日暮れになり、急いで船に乗ったが、都に恋人を置いてきたことを思ってさびしく感じていたところに、都では見慣れない白い体に赤いくちばしと赤い脚の鳥を見て渡し守に訊くと「それは都鳥である」と答えたことから、

都という名前をもっているのであれば、ではお尋ねしましょう都鳥さん、私が恋しく思っているる人は無事なのでしょうか

という歌を詠み、船に乗った人たちはみな涙したという。

大正時代に刊行された『新譯繪入伊勢物語』（現代語訳は吉井勇）では竹久夢二が挿絵を描いている。しかし伊勢物語は、作者も、いつ製作されたのかも、明らかではない。奈良女子大学学術情報センターによると、最初の作者が在原業平《ありわらのなりひら》（平安時代前期の歌人）の可能性はあるが、平安時代前期の九〇〇年前後の七十年以上にわたって、少なくとも三回は増補されたという。なお、

在原業平の没年は元慶《がんぎょう》四（八八〇）年とされている。

したがって正確な年代はわからないが、西暦九〇〇年前後の隅田川には渡し船があり、人の往来があったということであろう。ただし竹久夢二の絵では、河口とおぼしき広い水域を渡し守の棹を頼りに寂しそうに渡河している様子が描かれている。

平安文学その二――更科日記

さらに百年ほど後の寛仁《かんにん》四（一〇二〇）年に、隅田川の渡しを訪れたのが『更級日記』の菅原《すがわらの》孝標女《たかすえのむすめ》である。

寛弘《かんこう》五（一〇〇八）年生まれとされる孝標女は、父である孝標が国司として上総国に赴任した寛仁元（一〇一七）年から寛仁四年まで家族とともに上総国で生活した。更級日記は、父の任期が終わった寛仁四年九月の「十三になる年」に上総国から江戸前の海の湾奥にあたる下総国、武蔵国、さらに相模国を通って帰京するところから五十三歳ごろまでのほぼ四十年間を記した物語である。物語は「あづま路の道の果てよりも、なほ奥つ方に生ひ出でたる人」（東海道の果ての、さらに奥の方に生い育った人）が物語に憧れていることから始まる。

その孝標女が隅田川にきたくだりでは、

野山蘆荻《ろてき》（アシとオギ）の中を分くるよりほかのことなくて、武蔵と相模との中にゐて、あすだ川といふ、在五中将の「いざ言問はむ」と詠みける渡りなり、中将の集には隅田川とあり、舟にて渡りぬれば、相模の国になりね。

とある。「あすだ川」は隅田川《すだ》が転訛したもので、もちろん武蔵と相模の国境ではなく、当時は下総と武蔵の国境であった。「在五中将」は「在原の五男の右近衛権中将《うこのえごんちゅうじょう》」の略で、在原業平のことである。

その前に孝標女は、江戸前の海の湾奥の風景も記している。たとえば、下総国に入り、現在の津田沼とか幕張のあたり一帯をさすと考えられている「くろとの浜」は、白い砂が広がり、青い松がしげり、月が明々と照っていると描写している。さらに「下総の国と武蔵との境にある太井川といふが上の瀬、まつさとの渡りの津にとまりて、夜ひとよ、舟にてかつがつ物など渡す」とある。今の江戸川の川上、一説では松戸あたりの場所で、少しずつ荷物などを対岸に運んだという。もちろん太日川は下総と武蔵の国境ではなく、下総国の中を流れている。また、翌朝には太日川を渡ったが、その地点は、萬葉集でも詠まれた下総国府のあった国府台の下の砂洲ではないかとも考えられている。

武蔵国に入ったと勘違いしたまま太日川と隅田川の間をゆく孝標女は、その風景を「浜も砂子白くなどもなく、こひぢのようにて、むらさき生ふと聞く野も、蘆荻のみ高く生いて…」と描写している。染料として知られている紫草の産地の武蔵野も、「白砂ではなく泥土（こひぢ）の浜が続いて面白くもなく、湿地に生える蘆や荻が高く生い茂っている」と少し不満のようである。いわゆる武蔵野の風景と勘違いして歩を進めた江戸前の海沿いの風景が、はからずも平安時代の江戸前の海の浜辺の特徴を浮き彫りにしている。隅田川を渡る際にも「野山蘆荻の中を分くるよりほかのことなくて」とあることから、現在ではかなり上流にあたる浅草や橋場あたりの渡し場も河口部に近い湿地帯であったことがうかがえる。

交通が頻繁になってきたため渡し舟を二艘ずつ追加した太日川と隅田川の渡しを、ほぼ二百年後に通った女性がその風景を記しているというのは、それこそ「いとをかし」である。

飛鳥時代から平安時代の漁業

現代の漁業法のルーツ

資源管理の考えは奈良時代にさかのぼり、「山川藪沢之利《さんせんそうたく》、公私之を共にす」という勅命が出された。これは、漁業生産力があがるとともに私的所有の拡大によって水産資源が私的に独占されたり、あるいは池を干し上げたり毒を河川に流したりして魚を根こそぎ獲る「酷漁《こくぎょ》」が問題になったことから、「山や川でとれるものは公のものであり、個人が独占をしてはいけない」という命令を出したということで、現代の漁業法のルーツと考えられている。この文言は、天平宝字元（七五七）年に施行したとされる『養老律令』の中にあるが、飛鳥時代の終わりにだされた『大宝律令』（大宝元〈七〇一〉年）の雑令にもおなじようなものがあったのでは、と推定されている。

古代東国の漁業——詳らかにする能わず

江戸前の海では、ハイガイやアサリ、ハマグリといった貝類の活発な採集やクロダイやスズキといった魚類の積極的な漁獲をおこなった縄文型内湾漁撈は、すでに縄文時代の終わりから弥生時代にかけて姿を消してしまった。古墳時代になると管状土錘も出土し、いろいろな規模の漁業が営まれ、採集される魚種も多様化したと考えられているが、こうした漁業の様子は、貝塚などの遺跡や遺物を考古学的に調査することで明らかにされている。

しかし、古墳時代の終わりから飛鳥時代～平安時代のいわゆる古代の漁業となると、江戸前の海だけではなく日本全体の実態を把握することも、なかなか難しい。考古学的な資料が少ないからである。江戸前の海でも、集団的な漁業はほとんど姿を消し、わずかに河口部や河川、沼などで小規模な網漁や貝類の採集が、農耕民の兼業として細々とおこなわれていたと考えられている。

ただし遺跡などの調査例は少なく、未解明の部分も多い。明治三十三（一九〇〇）年に当時の農商務省が、パリ万国大博覧会出品のために作成した『日本水産史』でも、平安時代までの漁業について「近畿及び中国瀬戸内に詳《つまび》らかにして、東国のごときはこれを詳らかにする能《あた》わず」と記している。

浅草寺縁起

そうした中にあって、隅田川沿いの浅草寺《せんそうじ》の縁起（由来）によって、飛鳥時代の漁業の一端をうかがい知ることができる。浅草寺の始まりは、推古天皇の三十六（六二八）年に江戸浦（隅田川）で漁撈に従事していた檜前浜成《ひのくまのはまなり》と竹成《たけなり》の兄弟が一躰の観音さまのご尊像を感得したこと（思いもかけずに手に入れること）であるという。海の底のご本尊を感得したということは、おそらく網を使った漁をしていたのであろう。東大寺の正倉院文書の『下總國葛飾郡大島郷戸籍』よりもほぼ百年前、在原業平や菅原孝標女が隅田川を渡河した三百年も四百年も前のことになる。当時の浅草は広漠とした武蔵野の一画にあり江戸前の海の入江の一漁村にすぎなかったというが、それでも細々と漁業を営む人たちが存在していたようである。

文献資料にあらわれた漁獲物

飛鳥時代から平安時代にかけて、どのような水産物が利用されたのかを知る手がかりとして、古代国家の基本法である律令や、税として徴収された物品を書き記した木簡、さらに『延喜式』などがある。

律令としては、『養老律令』のうちの『養老賦役令《ぶやくりょう》』という、税や使役に関する法律がある。また木簡としては、藤原宮や平城宮跡の木簡が研究されている。さらに『延喜式』は、養老律令の施行細則をまとめた法典で康保《こうほう》四（九六七）年に施行された。それよりも前の弘仁《こうにん》十（八一九）年ごろに成立した『弘仁式』および貞観《じょうがん》十（八六八）年にかけての『貞観式』とともに三大格式《きゃくしき》といわれる。格式は律令を補足・修正したり、あるいは施行の細則を定めたりしたものである。

これらの資料から、奈良時代から平安時代にかけて漁獲され、土地の特産品を収める「調」や労役あるいはその代替として布などを納入する「庸」として納められた水産物をまとめると、次のようになる。

鯨類―鯨鯢（クジラ）と入鹿（イルカ）。

海水魚—堅魚（カツオ）、鯛、鰯、鯷あるいは比志古魚（カタクチイワシ）、鮫（サメの類）、鯖（サバ）、鮐（フグ）、赤魚（マダイか？あるいは単に赤い魚）、鱸（スズキ）、鮪（マグロ）、鯔（ボラ）、都奈之（ツナシ＝コノシロ）、白魚（シラウオ）、知奴あるいは鎮仁（チヌ＝クロダイ）、爾陪魚（ニベの仲間）、久恵（クエ）、鯵（アジ）、与理度魚あるいは与理等魚（ヨリトウオ—サヨリか？）、加麻須（カマス）、許都魚（コツウオ—サメの一種か？）。

淡水魚—年魚（アユ）、鮭（サケ）、鮒（フナ）、鯉（コイ）、麻須（マス）、伊具比（ウグイ）、鱧と魴（二字でウナギか？）、阿米魚（アメノウオ＝アマゴ、ヤマメ）。

無脊椎水産動物—烏賊（イカ）、蛸（タコ）、海鼠（ナマコ）、棘甲蠃（ムラサキウニ）、甲蠃（バフンウニ）、海老（エビ）、石華（カメノテやフジツボの類）、水母（クラゲ）、保夜（ホヤ）。

貝類—鰒（アワビ）、貽貝（イガイ）、白貝（ウバガイとかバカガイか？）、螺（サザエ）、海細螺（小型の巻貝であるシタダミ）、蛤貝（ハマグリ）、辛螺（やや大きな巻貝であるニシの仲間）、蛎（カキ）、信深貝（シジミあるいは小さな巻貝？）。

海藻—海藻（ワカメ）、滑海藻（カジメ、アラメ）、凝海藻（トコロテンの材料となるテングサ類）、海松（ミル）、紫菜（海苔）、青乃利（アオノリ）、鹿角菜（ツノマタ）、於期菜（オゴノリ）、鳥坂苔（トサカノリ）、奈乃里曽（ホンダワラ類）、毛都久（モズク）、昆布。

また、水産加工品としては、魚肉を乾したものや、開いて塩漬けにしたもの、鮨（発酵させたものか）、煎汁（イロリ—煮出した汁で、味付けに用いる）、煮塩（塩水で煮たもの）、火乾（炙って乾したもの）などが記録されている。

江戸前の海をふくむ関東からの貢納水産物

飛鳥時代から平安時代にかけての漁獲物として六十品目ほどをあげた。では、このうち何品目が江戸前の海から貢納《こうのう》されているのだろう。江戸前の海の周りの安房国、上総国、下総国、武蔵国、相模国の五国からの貢納品は次のとおりである。

堅魚（カツオ）―相模、安房。鮒（フナ）―武蔵。鰒（アワビ）―相模、安房、上総、下総。海藻（ワカメ）―相模、下総。凝海藻（テングサ類）―上総。海松（ミル）―安房。

わずかに二種類の魚とアワビ、それに三種類の海藻しかでてこないのは何とも寂しい。やはり東国のために地の利が悪いのかといえば、そうでもない。たとえば、都からみればさらに奥の常陸国からは、クジラをはじめ、サケ、フナ、コイ、ムラサキウニ、アワビ、白貝、ハマグリ、ニシ、ワカメ、ミルの十一品目が記録されている。

やはりこの時代の江戸前の海には、これといった漁業が発達していなかったのだろうか。

武士たちの江戸前の海

頼朝の江戸前の海

鎌倉に幕府を開く数年前の治承《じしょう》四（一一八〇）年、源頼朝は二回江戸前の海を渡った。最初は玄関口である湾口部を西から東に舟で渡海し、二度目は湾奥部の東京低地を東から西に陸路と舟による渡河で横断した。

その年の八月、頼朝は小田原の南の海岸線沿いにある石橋山で平家方との合戦に敗れて、伊豆半島の根元に飛び出た真鶴から舟で逃げ出した。相模湾を横断し、三浦半島をかわして、江戸前の海の玄関口を横切って、房総半島にたどり着いた。鎌倉幕府が編纂した歴史書『吾妻鏡《あづまかがみ》』によると、「安房国猟島に着いた」とあることから、上陸したのは現在の千葉県安房郡鋸南町の竜島付近が有力であるとされている。

二度目に横断したのは湾奥であるが、海沿いを船で渡ったわけではない。頼朝は、上陸した安房国から上総国を経由して九月半ばにはすでに下総国に入り、太日川と隅田川とを渡河して武蔵国に入国した。この川を渡るくだりは『義経記《ぎけいき》』に詳しい。「この二、三日水に行く手を阻まれて渡河できないので、浮き橋を組んで武蔵国の王子板橋におもむこう」と頼朝が言ったところ、千《ち》葉介《ばのすけ》と葛西兵衛《ひょうえ》の知行所である今井、栗河、亀無、牛島から海人の釣舟を数千艘集めて、また江戸太郎の知行所である石濱ではちょうど西国舟が数千艘着いていたので、これらの舟で浮橋を組んで、太日川と隅田川を越えて、「武蔵国豊島ノ上滝野川ノ板橋」に布陣した。軍記であるため、威勢もよく、誇張もされているとはいえ、この時代にすでに石濱の湊には数多くの西国船が停泊し、浅草から石濱あたりが隅田川の河口近くに位置し、さらに海沿いには漁をする人たちも多かったことがうかがえる。

坂東武士団のリーダーたちの支えもあって、治承四（一一八〇）年の十月には頼朝は鎌倉に入った。石橋山の戦いの敗戦から二か月も経っていないことになる。文治《ぶんじ》元（一一八五）年には平氏を滅ぼし、頼朝に諸国への守護（治安維持などを司る）や地頭（荘園や公領の管理などをおこなう）の設置などを許可した「文治の勅許《ちょっきょ》」が出された。いわゆる鎌倉幕府の誕生である。

その後、北条氏による執権政治を経て、延元《えんげん》元（一三三六）年に足利尊氏が建武式目を制定し、室町幕府が成立した。それに対して後醍醐天皇が、建武の新政に失敗した後、大和国の吉野（現在の奈良県）に南朝を開いたことから、南北朝時代が六十年近く続くことになる。さらに、原因がよくわからないうちに発生し、内容も複雑すぎて理解することができないような応仁の乱（応仁元〈一四六七〉年から文明九〈一四七七〉年までで、応仁文明の乱ともいわれる）から戦国時代に突入した。

少し行き過ぎてしまった。鎌倉時代の江戸前の海にもどろう。

関東の水運システム

鎌倉時代になると、江戸前の海では、年貢をはじめとした物資の輸送や人の移動にともなう交通が盛んになる。奥東京湾であった低地では、河川を使った主に南北方向の輸送システムがより発達する。さらに江戸前の海では、その延長線上に南北に縦貫交通が発達するだけではなく東西方向の対岸交通もふくめて、東西南北・縦横に交通システムが張り巡らされた。これらのシステムは、主に、河川や海上輸送といった水運によって構成されている。

こうしたシステムが必要とされた背景には、まず年貢の輸送がある。江戸前の海の周りの国々はもちろんのこと、遠くは常陸国や上野、下野といった国を加えた坂東とよばれた国々から、鎌倉幕府への米や麦をはじめとした貢納輸送システムが確立された。もちろん年貢だけではなく、いろいろな物資の輸送にも使われ、さらに各地域を治めるための武士の送迎や物流を担う商人などの人の移動にも利用される。とくに武士の時代になってからは、殺伐とした戦いの世の中に救いや癒しを求めて仏教が盛んになり、それにともなって仏教者の移動や寺社の建立などがおこなわれた。しかも、こうした仏教の活動は当時の知識層の人たちがかかわっているために、多くの文献資料が残されている。

Box 3

武士の誕生と台頭

江戸太郎重長《しげなが》や葛西兵衛清重《きよしげ》、千葉介常胤《つねたね》などの頼朝を支えた人たちは、地方の豪族であり（兵衛や介は官職の名称）、いわゆる坂東武者や関東武士とよばれた勇猛果敢な武士団を率いていたリーダーである。ちなみに坂東とは、江戸前の海の周りの相模、武蔵、下総、上総、安房の五か国に、上野《こうづけ》、下野《しもつけ》、常陸の三か国を加えた八か国をさす。関八州ともよばれる。

こうした武士団が登場してきた背景には、中央政権（朝廷）と農民、豪族、貴族や寺院、神社の土地や税をめぐるせめぎ合いが関係し、大化の改新（六四五年）にまでさかのぼる。大化の改新の班田収授法で朝廷のものとされた土地と農民も、厳しい税などによって逃げ出す農民が続出し、農民がいなくなった田畑は荒れ地になってしまった。そこで、ほぼ百年後の天平十五（七四三）年に、自分で開拓した耕地の所有を認める「墾田永年私財法《こんでんえいねんしざいほう》」を発布した結果、貴族や寺社が、逃げ出した農民である浮浪人を使って新しく土地を開墾しはじめた。荘園である。その荘園を警護したのが武士であり、さらに朝廷の領地である国衙領《こくがりょう》や、神社に寄進された荘園の御厨《みくりや》、牛や軍馬の飼育場である牧《まき》などにも武士が出現した。それに加えて農民や地方の豪族の中にも、土地を開拓し開墾地を所有し、自衛のために武力を備えた武士もあらわれた。こうした武士たちが協力関係で結ばれた集団が武士団であり、それを率いるリーダーも誕生した。

国司の中にも、菅原孝標《すがわらのたかすえ》のように任期を終えて帰京する人ばかりではなく、そのまま領地に残って武士団を率いるリーダーも出現した。元々国司は都から派遣された皇族や貴族の血筋の人たちで、「平氏」や「源氏」を名のることで武士団をまとめやすかった。平将門の祖父である平高望《たいらのたかもち》も上総国の国司であったが、任期後は京には帰らず、武士団のリーダーとなった一人である。

武士団の存在を世に知らしめたのは、その平将門の乱、および藤原純友の乱である。これは、ほぼ同時発生的に関東と瀬戸内海でおこった乱で、乱のおこった年号から承平天慶《じょうへいてんぎょう》の乱とよばれている。西暦では九三一年から九四一年にかけてで、平安時代の中ごろにあたる。西暦の九〇〇年代は、「転換期の十世紀」といわれ、古代から中世に代わる時期である。武士の台頭もその一つであり、その象徴が平将門の乱であり藤原純友の乱である。前者は「馬に乗った武士」、後者は「船に乗った武士」ともいわれる。

奥東京湾の水運

奥東京湾に形成された低地には、すでに述べたように、東の下総台地側を流れる太日川と、西の武蔵野台地側を流れる古《ふる》利根川や元荒川、入間川を集めた隅田川が、南北方向に江戸前の海に流れ込んでいた。さらにこれらの上流には、常陸川水系が東西方向に走り、香取の海といわれた現在の霞が浦を通って常陸国を横断していた。

源頼朝が二度目に江戸前の海を渡河して横断した時に参集した武士団のリーダーたちは、その権力基盤をこうした低地に求め、土地と農民を管理下におくだけではなく、水軍や漁業民をしたがえることで水運を掌握していたとされている。つまり、点ともいえる湊を管理下におき、点をつなぐ線となる河川や海上交通路を確保することで、水運システムを支配していたのである。

そうした武士たちに加えて、一三〇〇年代の後半から一四〇〇年代になると、伊勢神宮や鹿島神宮に並んで格式が高く下総国の一宮とされる香取神宮が、古利根川水系の猿俣（現在の葛飾区水元）や大堺（埼玉県八潮市）、戸崎（埼玉県三郷市）に、あるいは太日川水系の行徳（千葉県市川市）や長島（江戸川区）に河関や水路関を設けて関銭を徴収していた。なお、香取神宮は、常陸川水系の香取の海や下総国の漁業者なども配下に治めていたといわれている。

東京低地の湊

東京低地の湊としてよく知られているのが、石濱湊である。これは、すでに述べたように、『義経紀』にその賑やかな様子が記録されているからである。他の湊は記録としてはあまり残されていない。ただし地名として、「戸」は船着き場や渡し場を意味する「津」から転訛したものであるとすれば、今戸（現在の浅草と石浜の間の地域）、奥戸や青戸（葛飾区）などにも湊や渡し場が発達していた可能性がある。さらに、「江」が河口や入り江の場所を示す地名であるとすれば、「一の江」や「松江」など、江戸川区を中心にして現在も多くの地名が残っている。こうしたことから、東京低地には多くの湊があったであろうことと、現在ではかなり内陸に入った地域が河口に近かったり入り江が発達していたりしたことが、推測される。

江戸氏の湊

そもそも「江戸」という言葉は、「河口や入り江にある船着き場や渡し場」と解釈される。その江戸という地名が初めて文献に登場するのは、弘長元《こうちょう》（一二六一）年の『江戸重長避状《さりじょう》』で、「武蔵国豊島郡江戸郷之内前島村」の権利を放棄する（避状は所領などを放棄する文書）とされている。江戸氏は、頼朝の隅田川渡河のくだりにでてくる、重長の父である重継《しげつぐ》の時代に、江戸郷を領して江戸氏を名乗った。つまり、文献資料では江戸氏→江戸郷となっているが、実際には江戸郷が先にあって、そこに領地を得て江戸氏を名乗ったとされている。

江戸氏が江戸郷に領地を得れば、当然その館も構えるはずである。しかし、江戸氏の館がどこにあったのかは、今のところ不明である。後に江戸城が築かれる武蔵野台地の東端ではないかと考えるのは、ごく当然の考えである。しかし名前の由来を考えると、隅田川河口の微高地にあったとしても不思議ではない。さらに、隅田川あるいは石神井川の河口や平川河口、つまり江戸前島を挟んだ東と西に「江戸湊」と称されるべき湊の存在も考えられるが、現在のところそういった湊があったのかどうかは、不明である。なお江戸前島は、正和《しょうわ》四（一三一五）年の円覚寺文書目録によって、鎌倉の円覚寺領になっていることがわかっている。

江戸前の海の湊

その存在がはっきりとはしない江戸湊とは異なり、東京低地から江戸前の海に船を漕ぎ出すと、東岸にも西岸にも湊が発達していた。東岸では結城浦とよばれた千葉の湊をはじめ、木更津や富津に湊があり、安房や上総、下総の東岸と三浦半島側の西岸を結ぶ対岸交通が発達した。その西岸では、低地から南北方向を結ぶ品川や神奈川、六浦の湊が繁栄した。ここでは、主に江戸前の海の西岸に発達した湊の盛衰をみていくことにしよう。

みていく湊は北から品川、神奈川、六浦である。時代的には、武蔵国府の外港である国府津《こうづ》として存在したと考えられている品川が、奈良あるいは平安時代の紀元七〇〇年ごろから存在した可能性があり、さらに江戸時代にいたるまで繁栄した。神奈川は一二〇〇年代の中ごろには湊ができていたが、一四〇〇年代には衰退した。鎌倉幕府の外港として栄えた六浦も、一四〇〇年代にかかるころには衰退したと考えられている。

鎌倉幕府の外港――六浦

六浦湊は、現在の神奈川県横浜市金沢区の平潟湾のところにあった。八景島シーパラダイスの南西から西にあたる。現在は神奈川県であるが、かつては武蔵国の久良岐《くらき》郡に属し鮎浦《ふくら》とよばれていた。今でこそ埋め立てられているが、平潟湾の西岸の一帯に六浦湊が広がり、さらに北側の洲崎と瀬戸の間から北には釜利谷あたりまで瀬戸の内海が広がっていた。後の時代に「金沢八景」といわれた風光明媚な景勝地である。

鎌倉幕府が六浦に目をつけたのは、その湊としての地形だけではなく、三浦半島の南の三浦氏や房総半島の千葉氏に目配りすることができ、さらに風光明媚であったり製塩が発達していたりしていたことも、当然関係している。しかも六浦から鎌倉までは、朝比奈峠を越えて一里半、約六キロメートルである。そこで、朝比奈峠の山を切り開いて朝比奈切通の開削に仁治《にんじ》二（一二四一）年には着手し、六浦道を開通させることで、鎌倉幕府の外港として政治や軍事、物流の拠点となった。

六浦湊が物流拠点として重要なのは、東国の各地からの年貢米の集積地として機能したためである。北方からは河川水運を利用して品川の湊を経由して、さらには房総半島の各地からは対岸交通を通じて、六浦湊に年貢米が搬入された。

こうして六浦には、問とよばれる運送業者だけではなく、為替業者や船大工、鍛冶集団、さらには塩業や漁業を生業とする者たちが集まり、鎌倉時代から南北朝時代をとおして繁栄した。しかし、一三九〇年代には、鎌倉丸という船が船籍を六浦から品川にかえたりして、室町時代になる一四〇〇年ごろには湊として衰退していったと考えられている。

品川の連携湊——神奈川

神奈川湊が、いつ、どのように、だれによって開かれたのかは不明である。ただ、現在の神奈川県横浜市の保土ヶ谷区を流れる帷子川《かたびらがわ》の河口から神奈川区を流れる滝ノ川の河口にかけて、神奈川湊があったとされている。分永《ぶんえい》三（一二六六）年には、武蔵国神奈川郷は鶴岡八幡宮の所領ではあるが、伊勢式年造営の費用としての税を免除する、といった文書が残されている。これよりも少し前、一二〇〇年代の初めには宿場として発展していたのではないかと考えられている。

神奈川湊が注目されるのは、品川湊とともに、入港する船の帆の反数に対して税金を徴収する帆別銭《ほべちせん》の記録が残されているからである。これは、永和《えいわ》四（一三七八）年から向こう三年間、円覚寺の造営費（応安《おうあん》七〈一三七四〉年の火災で伽藍が焼失した）にあてるための帆別銭を賦課することを命じたことが、翌年（康暦《こうりゃく》元〈一三七九〉年）の『武蔵守護上杉憲方遵行状《じゅんぎょうじょう》』（遵行状は室町時代に守護や守護代から上意を伝える文書）に書かれていることからわかる。さらに明徳《めいとく》三（一三九二）年から応永《おうえい》三（一三九六）年にかけて、今も横浜市金沢区にある称名寺の金堂の修繕費として、五年間の品川と神奈川の帆別銭納帳が存在する。神奈川湊は、品川湊とかなり連携した、補完関係にある湊であると位置づけられている。

南北水運の要——品川湊

奈良時代に、武蔵国の国府が内陸の多摩郡（現在の東京都府中市）に置かれたことはすでに述べた。その外港＝国府津として、品川湊が存在した可能性があるという。正確な記録としては残っていないが、品川湊は奈良時代から平安時代にかけても存在していた可能性が高い。品川の宿場も、遅くとも鎌倉時代の半ば、一二〇〇年代の後半には出現したと考えられており、鎌倉街道や国府への陸路だけではなく、内海に開いた海上交通の要衝として発展していた可能性は高い。

しかし、やはり品川湊が関心を集めるのは、神奈川湊とともに帆別銭の記録が残っていることによる。さらに品川湊では、明徳三（一三九二）年の正月から八月に品川湊に入港した船三十艘の記録が『武蔵国品河湊船帳』に残されている。これは一種の「徴税台帳」で、これにもとづいて帆別銭を徴収したらしい。

『湊船帳』によると、この期間に三十艘の船が品川湊に入港し、その取引の仲介業である問が三軒存在したことがわかっている。さらに、これらの船名や船主、問を営んでいた人物の由来などから、品川と紀州や伊勢（和歌山や三重）とのつながりが強いことが明らかにされている。平安時代から鎌倉時代に移る十二世紀の終わりには、品川と紀伊との間に商業的な海上輸送路が開発されていた。商業取引による文物の移動だけではなく、貢納物の輸送や人、とくに宗教に関連する人たちがかなり頻繁に西国と東国を行き来していたこともわかっている。そのため、品川をはじめ六浦や神奈川にも神社仏閣が多く存在している。

この時代の品川湊の正確な所在地は明らかにはなっていない。目黒川の河口を中心として、その南北に広がっていたと考えられている。目黒川の河口とはいっても、春の桜見物で賑わう目黒川に入る現在の場所ではない。かつての目黒川は、今の河口から数百メートル上流でほぼ直角に北に折れ、数キロメートル北上した後に東に向かって江戸前の海に流れ込んでいた。北上する目黒川の沖側には砂洲が広がっていた。その砂洲を西から真っ直ぐに開削したのが現在の目黒川の河口である。今では道路になっているが、この北上する目黒川跡を確認することができ、また東に向かっている部分は今でも運河として残っている。その先で埋め立てられているのが、東京海洋大学の建っている埋立地や天王洲アイルなどであるが、今見ても「結構狭いな」というのが正直な感想である。

太田道灌の江戸城

そうした、やや狭い品川湊をあとにして、江戸湊に移ったのが太田資長《すけなが》（仏教徒としての名前である法名《ほうみょう》が道灌《どうかん》）である。

江戸幕府編纂の正史である『御実紀』（通称『徳川実紀』）では、江戸城は元々太田道灌の築いた城であり、道灌亡き後に関東管領や北条氏（鎌倉幕府の執権政治をおこなった北条政子一族の北条氏ではない。戦国大名として名を馳せた北条早雲を祖とする北条氏で、鎌倉北条氏に対して小田原北条氏とよばれる）が管理をしていたこと、あるいは「規模狭少」ではあるが「四神相応《しじんそうおう》最上の城地なり」といったことが記されている。場所は武蔵野台地の一角で、今や天守こそないが、私たちが江戸城であると認識している、その場所である。

ここに太田道灌が江戸城を定めたのは、古利根川をはさんだ古河公方と関東管領上杉氏との戦いにおける戦略上の要衝であったからで、康正《こうしょう》二（一四五六）年に江戸城の築城に着手し、翌年に完成したといわれている。しかし、太田道灌と江戸氏との関係は不明である。『義経記』で「（坂東）八カ国の大福長者」と称され、鎌倉時代の初めに江戸湊を支配していた江戸氏は、鎌倉時代をとおして、その一族が今の東京都区部を支配していたらしい。しかし、江戸湊が江戸氏によってどのように経営され、それがどのように太田道灌によって受け継がれたのかは不明である。鎌倉幕府の成立とともに江戸氏が徐々に衰退していったとされている一方で、太田道灌によって乗っ取られたという説もある。

太田道灌の江戸湊

このように、中世の江戸湊を中心とした江戸前の海については、よくわかっていないのが実情である。しかし太田道灌の時代になってからの江戸湊の繁栄については、少ないながらも文献資料がある。太田道灌は、今の皇居東御苑の北縁にある宮内庁の書稜庁舎のあたり（これにも異論があり、東御苑の南縁にある現在の富士見櫓のあたりという説もある）に「静勝軒《じょうしょうけん》」とよばれる居館を建てたといわれている。その窓の上に掲げた扁額とよばれる横に長い額に書かれた漢詩文が、当時の江戸湊の状況を教えてくれる。文明八（一四七六）年から十年ほどの間につくられた『寄題江戸城静勝軒詩序』とか『江亭記』、『静勝軒銘詩並序』である。漢詩文とはいっても、その作者がすごいらしい。たとえば、この時代の禅僧による漢詩文の総称である五山文学の中でも最上位の僧であったとされる希世《きせい》（村庵《そんあん》とも号した）霊彦《れいげん》や五山文学の代表者とされる万里集九などである。それらによって次のようなことが読み取られている。南には品川湊があり、江戸湊との間には人家が建ち並んで東武一の都をなし、北には浅草湊の観音堂が数十里の海に映えている。江戸城の東畔には河（平川）があり、その流れは南方で海に入る。江戸湊には大小の帆船や漁船が頻繁に出入りし、夜にはかがり火の光がチラチラと輝いている。江戸湊では日々市がたち、房州の米をはじめとして、常陸のお茶や信州の銅、あるいは泉の珠犀異香《しゅさいいこう》（宝石や犀（の角）、香木）などが集まっている。「泉」は大阪の和泉あるいは遠く中国の泉州（福建省）と考えられている。

こうした江戸湊の繁栄によって、太田道灌はかなりの財力を蓄えたのだろうか。そうでなければ、当代一流といわれた僧たちに漢詩文をお願いすることもできないであろう。しかし、強大な力をつけてきた道灌は、その力を恐れられてか、築城から三十年たった文明十八（一四八六）年に謀殺されてしまう。その後、小田原北条氏によって百年ほど支配されるが、その間の記録がほとんどないとされている。そのため、江戸前の海が歴史の舞台に再登場するには徳川家康の登場を待たなければならない。

鎌倉から室町・戦国時代の江戸前の漁業

漁業漸く開くるに至れり

明治三十三（一九〇〇）年の『日本水産史』では、東国の漁業が平安時代までは明らかになっていなかったが、鎌倉時代になると「東国の漁業漸《ようや》く開くるに至れり」と記されている。ただし、とくに記述されているのは「伊豆安房の沿岸にあって漁民を使役し特殊の漁権を付与せしものあり」ということで、伊豆半島あるいは房総半島の南端に漁業を生業とする人たちがいたことを示している。

確かに、一一〇〇年を過ぎて鎌倉時代になると魚の消費が増えたともいわれているし、室町時代末期の一四〇〇年代の終わりになると消費経済も発達してしっかりとした食事をとるようになったと考えられている。鎌倉などのような都市では、アワビやサザエ、ハマグリといった貝類やマグロやカジキ、カツオなどの魚類が食されていた。とくにマダイについては、かなり強い嗜好性があったと考えられている。

しかしこれらは、主に外洋に面した房総半島や伊豆半島、あるいは三浦半島などで展開されていた漁業によって獲られていた。残念ながら江戸前の海では、活発な漁業活動はまだおこなわれていなかった。

『吾妻鏡』に散見される江戸前の海の様子

鎌倉時代から室町時代にかけては、東国にはまだまだ開発が行き届いていない山野河海も多かった。そうした場所が開発されると、農業だけではなく、荘園的というか村落協同体的な漁業も独占的におこなわれた。また、家族的な漁業も細々と続けられていたであろう。

『吾妻鏡』の文治《ぶんじ》四（一一八八）年六月十九日の条には、「彼岸放生會の間、東国に於いて、殺生を禁断せよ。其の上、山野での野焼き（焼狩）や河川に毒を流して漁獲すること（毒流）の如き、向後停止すべきの由、定めて嘆かれるべし」と記されている。律令時代と同じ「酷魚」の悩みがあったようである。

さらに漁業と直接の関係はないが、海の色が赤くなったという記事が見られる。たとえば、嘉禄三（一二二七）年 閏三月二十日の「腰越のあたりの潮が赤くなって血のようだ」とか、宝治《ほうじ》元（一二四七）年五月二十九日の「先日、由比の海水が赤くなった」などである。これらは三浦半島の相模湾側の鎌倉の腰越や由比といった場所であるが、記事の内容は赤潮を連想させる。また同時に、魚が死んで浮いているという記事も『吾妻鏡』には散見される。

もう一つ『吾妻鏡』から。建仁《けんにん》元（一二〇一）年の八月十一日の条では、台風の暴風雨によって「下総國の葛西郡の海辺では潮が押し寄せ、家屋を引き流し、大勢の人が漂流させられたようだ」という記事がでている。これによって想像をたくましくすれば、すでにこの時代には江戸前の海辺にも多くの人が住みつき、街として発展し、さらに漁業もおこなわれていたのかな、と推察することもできる。

当時よく知られていた魚と江戸前の漁業

この当時に知られていた魚類の出典として、よく引用されるのが『庭訓往来《ていきんおうらい》』である。これは「往来物」とよばれる、往復の手紙文の形をとった教科書の一つで、平安時代の終わりから明治にかけて相当数の種類が発行されたという。その中でも鎌倉時代の終わりに成立した『庭訓往来』は、最も普及した往来物の一種である。

その『庭訓往来』にでてくる魚は、海水魚としてはカツオやマグロ、タイ、サバ、アジ、イワシ、カレイ、ボラ、スズキなど、淡水魚としてはサケやマス、アユ、コイ、フナなどと、私たちにもお馴染みの魚である。さらに他にも、アワビなどの貝類やタコ、ナマコ、イルカなどがあげられている。

私たちの江戸前の海には、サケやマスのような北方系の魚はあまり分布していない。また、マグロやカツオなどを漁獲するには高度な技術を必要とする。しかし、漁業活動が活発ではなかったと考えられているこの時代の江戸前の海でも、すでに述べた縄文型内湾漁撈の実力からすると、サケやマス、マグロ、カツオなどはともかくとして、これら以外の魚についてはふつうに漁獲されていたのではないだろうか。

盛り上がる木綿産業と難波の海

縄文時代の終わりからずっと低調な江戸前の海の漁業に対して、戦国時代の終わり、十六世紀一五〇〇年代の後半に急速に発展したのが、大坂湾の鰯網《いわしあみ》漁業である。難波《なにわ》の海ともよばれる大坂湾を擁する畿内周辺は、もともと弥生時代から古墳時代、さらには奈良・平安時代にはかなり先進的な土地であった。漁業に関しても、すでに古墳時代で述べたように大型の管状土錘が出土し、かなり高度な網漁業が盛んにおこなわれていたと考えられている。その大坂湾から紀伊半島にかけての鰯網漁業が急速に発展したのは、畿内とそのまわりの伊勢や尾張、あるいは瀬戸内海地方で木綿の生産が盛んになったことに起因する。

ゴワゴワした麻などの植物繊維に比べて、加工がしやすいだけではなく、柔らかく、保温性が高く、おまけに染色が簡単な木綿は、衣服の材料として優れている。さらに、戦国時代とあって、兵隊の衣服や火縄銃の縄、あるいは帆布、旗や幟など、軍事用品としての需要も高まった。そうすると、これまで中国や朝鮮からの輸入に頼っていた綿を、自国で生産しようとするのは当然の成り行きである。

綿を契機として「自給作物が商品作物へと転換した」とよくいわれる。これは、自らが消費する分（それに加えて税などで貢納する分）だけを生産していたものが、商品として換金する目的で生産するようになった、ということである。それだけではなく綿は、「製造や流通といった周辺の産業も発展させた」といわれる。これは、原料の生産から製品にするまでのいろいろな産業やそれらの流通をも発展させた、ということである。

漁業も「周辺の産業」に数えられるが、それは綿づくりには肥料として膨大な量の乾燥イワシ＝干鰯《ほしか》が必要とされたからで、それによって漁撈技術、とくに鰯網漁業は発展し、さらに干鰯の流通関連産業も発達した。

最先端の漁撈技術が難波の海から江戸前の海へ

しかし一五〇〇年代の終わりになると、急速に発展した鰯網漁業も大坂湾周辺では飽和状態になり争いも絶えなくなってきたといわれている。そこで、まだ開拓されていない漁場へ進出しようと、瀬戸内海から九州北部、さらには五島列島や南九州にまで鰯網漁業が広がった。さらに東は、紀伊半島を越えて、伊豆半島から三浦半島、房総半島へと漁場が拡大された。

こうした鰯網漁業あるいは干鰯の流通の発展を支えた高度な漁撈技術や流通の仕組みが、難波の海から関東の海へと伝わった。それだけではなく、もともと先進的な漁撈技術を持っていた難波の海の漁民が江戸に直接やってきて、江戸前の海の漁業を開拓することになる。

しかしそれは、江戸時代の幕が明けてからのことになる。

第三期

江戸時代

——資料を選んでまとめて見る江戸前の海

江戸城の天守台から丸の内方面を望む

江戸入府前後の江戸の町と問題点

静かな江戸前の海

江戸湊に大小の帆船や漁船が頻繁に出入りし、市に諸国からの物産が所狭しと並べられていたのは、太田道灌が江戸城を居城としていた一四〇〇年代の終わりのことである。小田原北条氏が支配したその後の百年ほどは、江戸の町や江戸湊の記録がほとんどない。

難波の海から先進的な漁撈技術を持ち込んで、江戸前の海の漁業を開拓しようという動きも、まだない。それどころか、「相模、安房、上総、下総、武蔵の五ヶ国の中に大きな入海（東京湾のこと）がある。この入海に回遊するような大きな魚が集まってすんでいるのに、関東の海士は取事をしらない。磯辺で小網か釣り糸をたらして取っているだけである」『慶長見聞集《けいちょうけんもん》』（三浦浄心著）といった状況であった。なお、慶長は西暦では一五九六年から一六一五年にわたる期間で、まさしく江戸時代への転換期にあたる。さらにこの時代の江戸前の海には、貝塚が少ないうえに小規模であり、出土する魚骨や管状土錘などの漁具も少ないことから、零細な半農半漁の状態が続いていたと考えられている。やはり、江戸時代の幕が開ける前の一五〇〇年代の終わり、もっと具体的にいえば徳川家康が江戸に入る天正十八（一五九〇）年より前の江戸前の海は、静かである。

Box 4

家康はどうして江戸を拠点にしたのか？

そもそも徳川家康はどうして江戸を拠点としたのだろうか。少なくとも二つの説がある。一つは豊臣秀吉の「謀略説」である。三河と遠江《とおとうみ》、駿河、甲斐、信濃の五か国を治め、さらに勢いを増す家康を、秀吉は頼りにするとともに恐れていたのだろうか。政治経済の中心であった畿内から、より遠い関東への国替えを命じたという説である。本拠地も、小田原北条氏が堅固な城を築いた小田原ではなく、江戸を指定した。当時の江戸が寒漁村化していたとすれば、家康にとっては屈辱的な国替えになる。ただし秀吉は、小田原でもなく武家の古都である鎌倉でもない江戸を選んだのは、「よい舟入があるため」（石川正西《しょうさい》の『聞見集《ぶんけんしゅう》』）とされている。

もう一つの説は、江戸は軍事的にも経済的にも優れた土地であり、それを家康が選ぶのは当然であるという「積極的国替え説」である。江戸湊およびその南の品川湊は、伊勢や畿内につながる太平洋海運と東京低地を縦横に走る河川を利用した舟運の中継点にあたり、陸路をふくめて重要な交通の要衝であった。さらに江戸の地は、陸奥国と出羽国からなる道奥《みちのく》ともよばれた奥羽地方、今でいう東北地方の玄関口にもあたる。こうした場所に家康が目をつけたのは当然である、という説である。

二つの説の間には、折衷案というべき「合意的国替え説」もある。家康を中央から遠ざけるとともに陸奥国や出羽国といった奥羽に対する睨みをきかせたい秀吉の意向と、今後の江戸の発展を見込んだ家康との間で一種の合意があり、それにしたがって国替えが実行されたとする説である。

当時の江戸の様子――江戸寒村説

家康入府前後の江戸の町については、少なくとも二つの説が唱えられている。

定説となっているのは「江戸寒村説」である。道灌が亡くなった後、小田原北条氏の時代に江戸湊はさびれ、江戸の町も寒漁村化したという。これは後の時代のいくつかの文書に残されていることが根拠となっている。たとえば、石川正西《しょうさい》の『聞見集《ぶんけんしゅう》』（万治三〈一六六〇〉年成立）では、江戸には当時「萱《かや》ぶきの家が百軒もない」と記されている。また、享保元（一七一六）年に成立したとされる大道寺友山の『岩淵夜話集《いわぶちやわ》』では、家康が入府する前後の江戸は「潮が出入りする入り江の芦原で、町屋や侍屋敷を建てる土地は十町（長さであれば約一キロメートル、広さであればほぼ三百メートル四方）もなく、さらに南西の方角は漂々《ひょうひょう》と蘆原《あしはら》が武蔵野へ続いている」といった過酷な土地であったという。

当時の江戸の様子——江戸発展説

その一方で、「江戸発展説」も唱えられている。それは、江戸湊をひかえて当時の江戸はかなり発展していた、という説である。

しかし、この説を支持する資料は少ない。もともと江戸湊自体の存在がはっきりしないということは、すでに紹介した。ところが、この時代の三百年ほど前には江戸前島（この半島の東か西の付け根に江戸湊があったのではと推測される）が円覚寺領であることが文書で確かめられ、百年ほど前には道灌によって江戸の町も湊も繁栄している様子が描かれている。それが江戸時代になると、江戸前島という地名が見られなくなるという。その代わりに、「当時の江戸の様子——江戸寒村説」でみたように、家康が入府する前には江戸がいかに寂れていたのか、ということを示す資料は多い。

こうした不自然さに加えて、江戸湊や品川湊を抱えている江戸が発展し続けていないわけがない、ということから導かれたのが「江戸前島乗っ取られ説」である。やはり権力者というのは、自らが「無から発展させた」ということを強調したいのであろうか。太田道灌の時代には本当に資料がなく、道灌が江戸の繁栄を誇示することは簡単だったのかもしれない。しかし江戸時代に入るころになると、資料がかなり増えてくる。そうした時代にもかかわらず、江戸の繁栄を示した文書が残っていないのは、やはり不思議である。

当時の江戸の様子——江戸城お粗末説

なお、寒村説と発展説の折衷案もある。江戸の町は江戸湊をひかえて引き続き繁栄していたのに対して、江戸城の方は城郭としてお粗末なままであったという説である。江戸城というのは単に居館であり、立派な城があって城下町を形成しているわけではなかったというのである。『聞見集』でも「城もかたちばかりで城のようでもなく見苦しい」と記されている。また大道寺友山が享保十二（一七二七）年に書いた『落穂集《おちぼ》』でも、家康入府の際の城は「籠城の後に捨て置かれていたためにことごとく破損に及び、雨漏りで畳敷物等も腐り果てていた」としている。城のまわりには深い空堀があるものの、石垣はなく、土手には芝が生え竹林が茂っていたとされる。門や塀も粗末で、玄関の上り段も舟の板を重ねたものであったという。一説には、城から直接「日比谷入江」に漕ぎ出ることができたとも言われている。

江戸入府といくつかの問題

徳川家康の意思であろうと豊臣秀吉の陰謀であろうと、あるいは江戸が寒村化していようと発展していようと、とにかく徳川家康が江戸にやってきた。しかも八千人という軍団をともなって江戸入城をおこなったという説もある。しかし江戸の町に何千人もの家臣たちが入って生活するためには、いくつもの問題があった。

まずは住む場所がない。「潮が出入りする入り江の芦原」は湿地帯で、住むには適さない。家を建てることができるような土地も、おそらく狭いであろう。しかも「萱ぶきの家が百軒もない」といった寒村の状態だと間借りする場所もない。

潮入りの芦原だと、飲み水にも困る。井戸を掘っても塩分の混じった水がでてくる。

さらに、家臣やその家族の胃袋を満たす大量の食べ物を急に確保することも難しい。当時の江戸が寒漁村であれば、少量の食料は確保できるにしても、何千人もの人の食事を賄うのは無理であろう。やはり食料としては農業と漁業が頼られるが、そのためには生産したものを運ぶための交通網の整備や市場の設置なども必要になる。

意外とわかっていない江戸の町の土台づくり

江戸の町づくりには、まずは住む場所と水、それと食料の確保という迅速・応急的な手当てが必要であることがわかった。しかも、江戸城の明け渡しが天正十八（一五九〇）年四月二十二日、小田原城が落ちたのが七月五日、そして八月朔日（一日）には正式に入府するという慌ただしさである。こうした慌ただしい中、家康およびその家臣団は六月から七月にかけて江戸に入って調査をしたとされている。それによって、家康は江戸の町づくりの構想を得ていたのではないだろうか。

しかし、その構想はごく初期の段階のものである。むしろ現在の東京にまでつながる江戸の町づくりは、家康が一貫して周到な計画を立てて実行したものではないと考えられている。とにかく大人数が生活していくために、その場その場で家臣が一丸となって必要な手立てをし、さらに全国、とくに西国の人たちを江戸に誘致して江戸の町の骨格を築いていったと考える方が自然である。つまり、いつ、だれが立案して、どのようにおこなわれたのかは明らかではないが、とにかく埋立てや堀割りが実行され、町割りがおこなわれて江戸の町づくりが始まった。

ここでは、私たちの江戸前の海という本書の基本に立ち返って、地形と埋立て、漁業、および水質という視点から江戸の町づくりをみていこう。なお、これらに大きな影響をおよぼす人口の推移についても少し調べてみよう。

まずは、草創期の激動的な地形の変化をともなう埋立てについてみていこう。

江戸時代の埋立て――草創期の突貫工事

江戸入府時の海岸線

家康が入府した時に目にした岸辺の風景は、今私たちがみている江戸前の海の奥の風景とは、まったく違っていたことだろう。江戸城の東には江戸湊があり、かつては多くの船で賑わっていたことはすでに述べた。では、その海岸線はどうなっていたのだろう。

江戸城には日比谷入江に直接漕ぎだすことのできる出入り口があったといわれているが、城の北東には江戸湊へと続く門もあったはずである。しかし、門をでるとすぐに水草の生い茂る湿地帯の平川河口に行きあたるため、城と町との行き来は陸側に回り道をしなければいけない。あるいは船によって行き来していたのかもしれない。当時の平川は、豊島区の弁天池を水源とする谷《や》端《ばた》川から下ってきた小石川と三鷹市の井の頭池を水源とする神田川が合流して、日比谷入江の北端に流れこんでいた。

平川の河口を東に行くと、南には江戸前島が広がる。江戸前島の周りは湿地帯におおわれ、あまり人の住めるような場所ではなかった。当時の江戸の町は、江戸前島の北側を東西にはしる本町通りの北側に形成されていた。本町通りはいわゆる奥州道で、現在の日本銀行の東側から日本橋大伝馬町を通り浅草橋の南にでる道路である。

江戸前島の東側の付け根には旧石神井川が流れ込み、河口は湿地帯で、沖合いには砂洲が広がっていた。本町通りはこのあと隅田川沿いに北上して浅草に達する。平安・鎌倉時代の浅草は河口の湊で、その東に広がる東京低地は広大な湿地帯に洲あるいは島が点在した状態であった。それから数百年経って、河川からの土砂の堆積がすすむことで、洲が島に発達したり島が大きくなったりしたが、この時代に浅草湊がかつてのように賑わっていたかどうかは不明である。

海岸線の変化をともなう埋立て

江戸時代の埋立てというのは、基本的に干潟や砂洲、あるいは氾濫原の湿地といった軟弱な土地を陸地化することであって、海岸線を大きく改変することはなかったといわれている。しかし、日

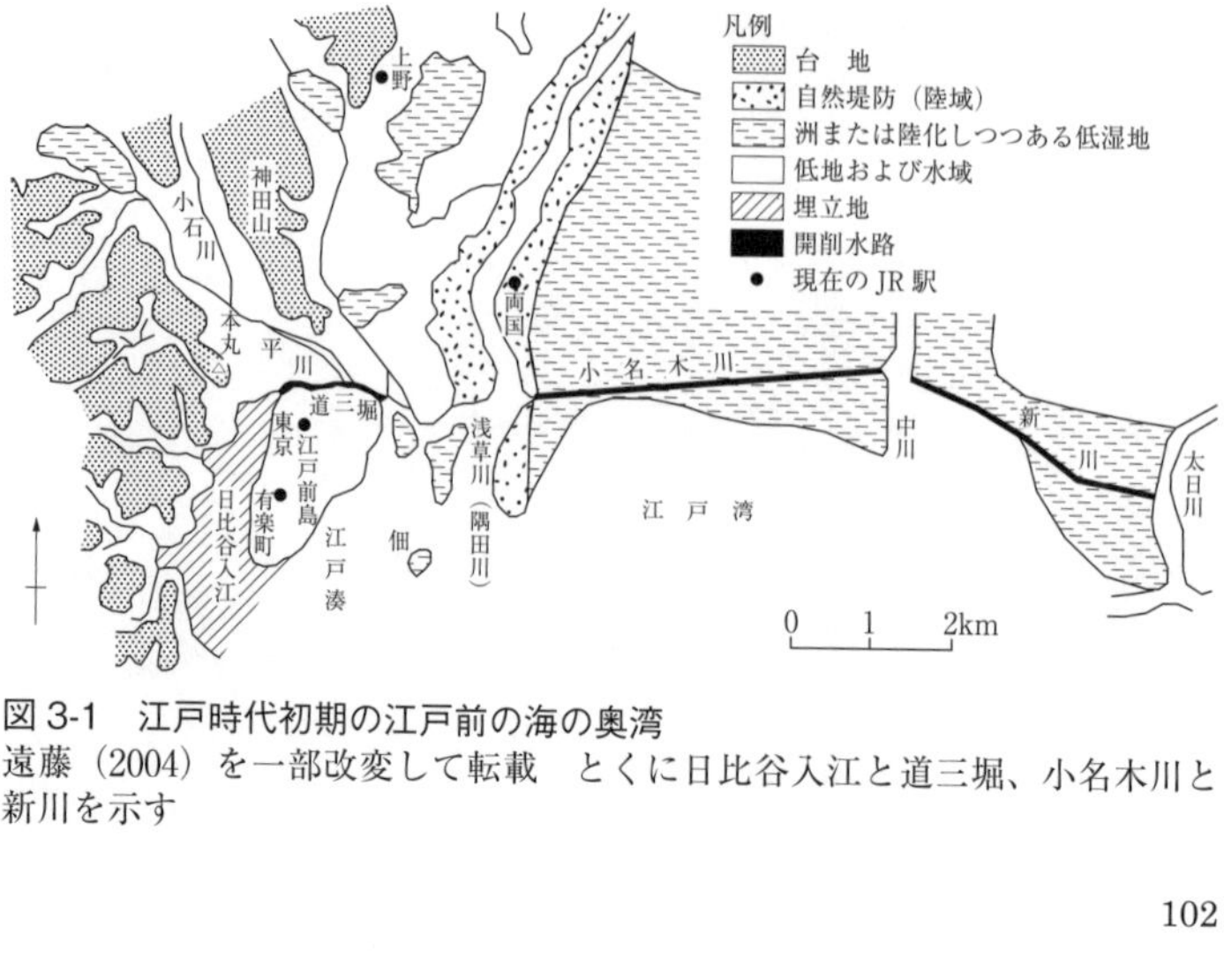

図 3-1　江戸時代初期の江戸前の海の奥湾
遠藤（2004）を一部改変して転載　とくに日比谷入江と道三堀、小名木川と新川を示す

比谷入江の埋立てや荷揚げ場としての堀割り、あるいは海岸の湿地帯を通した小名木川の開削とその周辺の埋立てなどによって、江戸前の海の最奥部では、海岸線も海岸地形も江戸時代の草創期にかなり変化した。

入府早々の天正十八（一五九〇）年と翌年にかけて、道三堀の開削と平川河口の付け替え、西丸の整備とそれにともなう濠の掘削、さらには小名木川や新川の開削が次々とおこなわれた（図3-1）。これらの事業によって、日比谷入江のとくに奥部が埋め立てられ、さらに東に広がる東京低地の基本的な海岸線が決められた。

道三堀を開く

道三堀の開削と平川の付け替えは、どちらが先におこなわれたのかははっきりしないが、徳川家の江戸での最初の工事とされている。

道三堀は江戸前島の付け根を西から東につらぬく水路である。現在の和田倉濠の北東の一角から東に向かい、一度北側にクランク状に曲がって、道三橋と銭瓶橋《ぜにかね》を通って、一石橋《いちこくばし》で現在の日本橋川につながっていた。この、一キロメートルにも満たない部分は明治四十三（一九一〇）年に埋め立てられたが、一石橋から先はさらに日本橋や江戸橋を通って、江戸前島の東の付け根である旧石神井川の河口、現在の首都高速道路の江戸橋ジャンクションのあたりにつながっていた。総延長で一・五キロメートルくらいであろうか。

道三堀の開削は、固い地盤を掘り進むというよりも、軟弱な地盤の湿地帯を切り開いたものであるが、その目的は江戸城への直接的な物資輸送のためである。しかしそれは、日比谷入江の埋立てが前提にある。日比谷入江の奥の方はかなり浅く、荷揚げなどの施設を備えた湊としては十分に機能していなかったのだろう。日比谷入江の南側の大部分はやや深く、城や城郭工事用の物資を運ぶ舟運のために、埋め立てとともに埋め残した部分を掘り下げて濠を張り巡らした。道三堀は、これらの濠からなる江戸城周りの舟運ネットワークの第一歩である。

平川を付け替える

日比谷入江を埋め立てるためには、入江の北の奥に流れ込んでいた平川の付け替えが必要になる。

平川→道三堀という順番であれば、平川の河口近くからしっかりした地盤の土地に沿って南東に向かって開削し、さらに江戸前島の付け根の東半分の湿地帯を開削していったのだろう。その後に、一石橋あたりから日比谷入江に向かって西に道三堀を開いたことになる。一方、道三堀→平川の場合は、まずは江戸前島の付け根の日比谷入江から旧石神井川河口までを横切る道三堀を開削した。その後に平川を東に曲げて、一石橋のところで道三堀につなげたことになる。

平川は、現在の一ツ橋あたりで神田川と小石川が合流した後、大手町一丁目の大手濠緑地あたりで日比谷入江に注いでいたと考えられている。ただし、現在の神田神保町や神田三崎町、西神田のあたりには大沼という湿地帯があり、そこに神田川も小石川も流れ込んでいたという説や、さらには平川の付け替え自体がすでに太田道灌の時代におこなわれたという説もある。

どうして日比谷入江を埋め立てるのか

では、日比谷入江はどうして埋め立てる必要があったのだろう。一つ目の理由は、住む場所の確保である。何千人もの徳川家臣団とその家族が生活するためには、寒漁村であった江戸はやはりせまかった。さらに、城郭としてはお粗末な城や濠も作り直す必要があり、その残土の処理としても、埋立てをおこなう理由の二つ目になるであろう。それに何といっても、時代は戦国時代である。防御という面からは、敵の船が浅いとはいえ穏やかな湾を通って城のすぐ下に侵入してくるのは避けたい、というのが三つ目の理由であろう。

日比谷入江の埋立ては、実質的には二度にわたっておこなわれた。ここで私たちがみているのは最初の奥の埋立てで、上の理由の一つ目と二つ目にあたる。三つ目の理由は日比谷入江全体の埋立てで、もう少し後の大きな事業になる。

日比谷入江奥部の埋立てと西丸の整備

日比谷入江の奥の埋立てには、道三堀の開削や平川の付け替えによって出てきた残土が使われた。残土を埋立てに使うとはいっても、道三掘や新平川を開削するとともにその岸辺の地固めをおこなったのだろう。さらに、もともと江戸前島であった西岸の比較的固い地盤の周りの地固めをして、埋め残す濠にそって地形を整形したのではないだろうか。それによって日比谷入江の奥部には、ある程度の住み場所を確保することができた。

さらに文禄元(一五九二)年には、西丸《にしのまる》築城に備えて周りの濠を掘削した。西丸というのは、本丸の南西に位置する、現在の宮内庁や宮殿のある場所である。現在の地図をみると、本丸との間は蓮池濠によって隔てられ、さらに蛤濠、二重橋濠、上道灌・下道灌濠によって囲まれている。北端には紅葉山がある。

しかし太田道灌の時代には西丸は城郭の外で、城との間には局沢川《つぼねさわ》という小さな川が流れて、坂下門あたりから日比谷入江に流れ込んでいた。江戸入府早々に飲料水を確保するために、現在の乾門の北、代官町交差点あたりの局沢川を土塁で堰き止めて貯水池を造った。千鳥ヶ淵である。堰き止められた局沢川を乾濠や蓮池濠として掘削し、その残土を使って、すぐ下の蛤濠や二重橋濠、桔梗濠などを埋め残して地固めをした。

小名木川と新川の開削

視点を湾奥の海岸線に移してみよう。現在の海岸線よりもかなり北にあり、しかも広大な湿地帯が広がって洲や島が点在していた。その湿地帯の最前線に、東西方向に運河を開削したのである。

この運河は現在の地図でも確認できる。隅田川が日本橋浜町のあたりで緩やかに蛇行しているところから、東に向かってまっすぐに走る小名木川である。さらに旧中川および荒川を越えたところからやや南に下りながら新川の開削がすすめられた。これらの川が開削されたのも、江戸入府をはたした天正十八（一五九〇）年とその翌年であるとされている。あるいは慶長（一五九六〜一六一五）年間ともいわれ、さらに、計画を立てたのが天正十八年で実際の工事はもっと遅かったのでは、という意見もある。

かつては小名木川と新川をあわせて行徳川とよんでいた。この行徳川を開削した第一の目的は行徳の塩の輸送である。行徳の塩田は、現在の浦安市堀江や猫実《ねこざね》から市川市の欠真間《かけまま》や二俣あたりに広がっていた。さらに行徳川は、北関東や東関東の穀倉地帯からの、食糧をはじめとした生活必需品の重要な輸送路にも発展していく。

小名木川と新川沿岸の埋立て

小名木川から新川の開削によって発生した浚渫土や残土で堤防を築くとともに、これらを排水路にして干拓もすすめられた。しかしこうした事業は、徳川家ではなく、民間の手でおこなわれた。

小名木川西口の隅田川の微高地に、深川八郎右衛門とその一族がいつのころからか摂津国（現在の大阪府北中部から兵庫県南東部）から移り住んで、土地を開拓していたという。慶長元（一五九六）年にこの地を巡視した家康が八郎右衛門に地名をきいたところ「地名はない」ということだったので、「では深川村にしろ」と言ったと伝えられている。八郎右衛門は小名木川よりも北の隅田川沿いの土地を開拓し、慶長年間に深川村が創立された。

小名木川東口の中川の北側では、小名木川の開削と同じ時期の天正（一五七三～九二）年間に、出身地が不明の小名木四郎兵衛によって小名木村が開発された。また南側でも、河内国の枚方《ひらかた》の出身者らによって慶長期に平方村が開発された。

隅田川口の南側でも、慶長年間に摂津国からやってきた野口次郎左衛門によって海辺新田が開拓された。また新川の南では、小田原北条氏の家臣であったといわれている宇田川喜兵衛定氏《さだうじ》が、すでに弘治（一五五五～五八）年間に宇喜新田を開発していた。

五街道の整備と町屋の成立

海岸線の整備にともなって、町にも変化がおきている。

まずは、道三堀や付け替えられた平川、日本橋川の完成によって、岸辺には町屋ができたとされている。材木町や柳町、舟町、四日市町などである。これらの町屋は、その後の外濠の工事などによって、とくに道三掘周辺は城郭の内側になったため、郭外に移転することになる。

慶長八（一六〇三）年には日本橋川に日本橋を架け渡し、翌慶長九年には日本橋を起点として東海道、甲州街道、中山道、日光街道、奥州街道の五街道を基幹道路に定めた。とくに京との大動脈となる東海道は、日本橋から南に向かって江戸前島の脊梁部に沿って走る表通り（現在の中央通り、通称銀座中央通り）から始まっている。表通りは、江戸湊を支えてきた江戸前島の付け根を東西方向に走る本町通りに代わる、南北に貫く大通りで、この後、江戸前島の開発にともなって町割りや堀割りをしていくことになる。

天下普請の前半——日比谷入江の埋立て

天下普請

徳川家臣団が一丸となって推し進めてきた江戸の町と城の整備も、いよいよ家康が征夷大将軍になった慶長八（一六〇三）年になると、全国の諸大名に命じることができるようになった。公《こう》儀普請《ぎぶしん》、いわゆる天下普請《てんかぶしん》である。

私たちの江戸前の海でも、天下普請による埋立てなどで海岸線が激変した。ここでは天下普請を、主に日比谷入江の埋立てからなる前半と、江戸前島の東側の改変などからなる後半に分けてみていこう。前半は慶長八（一六〇三）年から慶長十二（一六〇七）年にかけて、後半については少し長いが慶長十七（一六一二）年から明暦三（一六五七）年の明暦の大火まで、あるいはその後の散発的な事業をふくめると一七〇〇年前後の元禄時代までである。

神田山の切り崩しによる日比谷入江の埋立て

日比谷入江の本格的な埋立ては、江戸幕府を開いた慶長八（一六〇三）年に始まった。『慶長見聞集』では、家康が江戸に入ってからは町が繁昌したけれども地形が広くないので、「豊島の洲崎に町を建んと仰有りて、慶長八卯の年日本六拾余州の人歩をよせ、神田山を引くずし、南方の海を四方三拾四町余うめさせ陸地となし、其上に在家を立給ふ。（中略）此町の外家居つゝき広大なること、南は品川、西はたやすの原、北は神田の原、東は浅草迄町つゝきたり。」と記されている。

神田山は、現在のJR総武・中央本線の御茶ノ水駅の南に広がる神田駿河台一丁目と二丁目に相当する。今となってははっきりとは確認できないが、御茶の水橋口を出て右手に明治大学をみながら南の古書店街へ降りていく坂道も、聖橋口を出て南に下りていく道も、結構な急坂である。

では、洲が突き出て岬のようになった所という意味の洲崎とはどこだろう。そこに町を造るために「南方の海」を埋め立てたとなると、「豊嶋の洲崎」は江戸前島で、「南方の海」が日比谷入江と考えるのがふつうであろう。日比谷入江を埋め立てて江戸前島と一体化することによって、南は品川から西は田安門のある現在の北の丸公園あたり、北は神田、さらに東は浅草まで町が広がった。

濠のネットワーク

慶長九（一六〇四）年には、いよいよ江戸城の築城が命じられた。その資材を運ぶための濠が埋め残されてネットワークを形成するように、日比谷入江の埋立てがおこなわれた。

その様子を寛永九（一六三二）年ごろの江戸を描いたとされる『武州豊嶋郡江戸庄図』（以下、寛永江戸図）でみることができる（図3-2）。桜田濠から時計回りで千鳥ヶ淵、牛ヶ淵、清水濠、大手濠、桔梗濠、蛤濠、そして二重橋濠と、現在の皇居を一周している。さらに、西丸の西側（図3-2では西は上方）には道灌濠が、また現在は一部しか残っていない天神濠が二の丸と三の丸との間を南北に走っている。それに平行して、現在の和田倉濠から馬場先濠、日比谷濠が埋め残された。

この濠のネットワーク、とくに日比谷入江を埋め立てた和田倉濠―馬場先濠―日比谷濠、あるいは大手濠から二重橋濠にかけての美しさは何ともいい難い。現在の地図を見ても、並んだ濠は平行に走り、角は直角に曲がっている。今から四百年も前に造られたというのが信じられないほどである。

さらに、日比谷濠の南東の角から少し西側に、南に向かう内山下堀が描かれている。明治時代の終わりには埋め立てられたが、その名残が現在の日比谷公園の心字池である。心字池から南に日比谷通りで直角に曲がるクランクがあり、さらに帝国ホテルの北側の道路を東に向かってＪＲの高架橋があるところで外濠川につながっていた。現在の帝国ホテルの玄関は、日比谷通りに面して西側にあるが、建築当初は北に開いて内山下堀に面していた。

江戸前島を南北に貫く外濠川

外濠川は、日比谷入江の埋立てのための排水路として、また資機材や物資を運ぶための運河として、江戸前島の脊梁部の西側に掘削された。付け替えられた平川がちょうど道三堀と合流して日本橋川として東に向かう地点、現在の呉服橋交差点から南に向かって掘られた。内山下堀と合流する少し手前で西に方向を変えた後、さらに南下して新橋駅北側の土橋交差点付近で汐留川につながっていた。現在の東京駅の東側を南北に走る外堀通りにほぼ相当する。

外濠川の堀削時期は不明である。一説には平川の河口が付け替えられ道三堀が掘られた天正十八（一五九〇）年と翌年にかけて堀削されたという。さらに、日

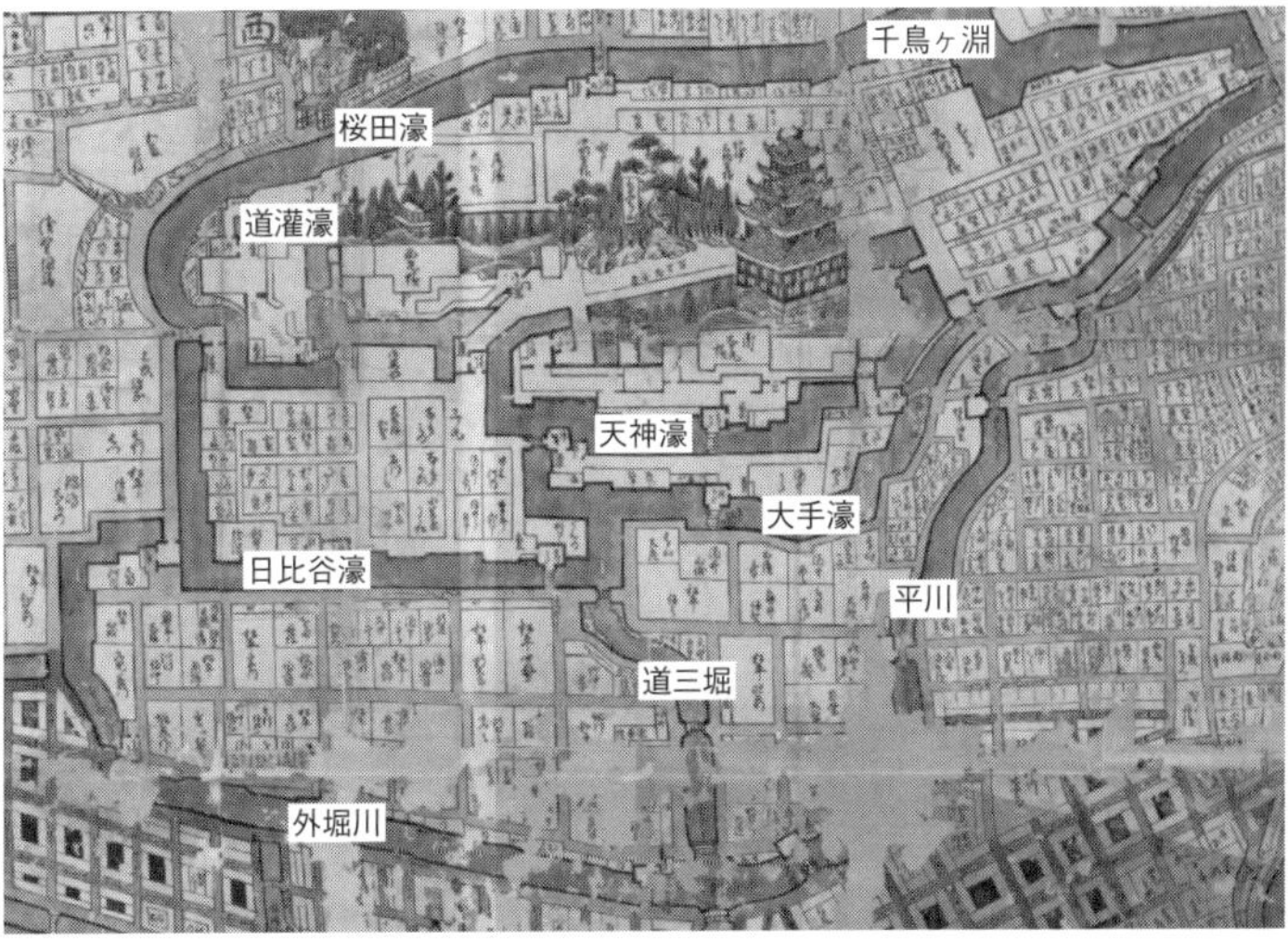

図 3-2　『武州豊嶋郡江戸庄図』その１（部分）
国立国会図書館デジタルコレクションより転載・加筆

比谷入江の埋立てが開始された慶長八（一六〇三）年や天下普請で城郭の整備がおこなわれた慶長十一（一六〇六）年という考え方もある。いずれにしても、江戸時代から明治・大正時代にかけても運河として機能していた外濠川は、昭和になって戦後の瓦礫処理の場として埋立てがすすみ、昭和三十四（一九五九）年にはほぼ全域が埋立てられた。

溜池と汐留川

外濠川の南端に突き当たるのが、東西方向に走る汐留川である。

汐留川の起点は、現在は交差点の名前や駅名としてしか残っていない溜池の出口である。溜池はもともと麹町台地と麻布台地にはさまれた溺れ谷の奥の湧水があつまってできた自然発生的な池で、それが虎ノ門あたりで日比谷入江に流れ込んでいた。この池の出水口に堰堤《せきてい》を築いて溜池とし、その余った水や外濠川からの流れを隅田川に排水するために、日比谷入江を埋め残す形で汐留川が造られた。「汐留」という名称は、飲料用水としての溜池に潮の影響がおよばないように堰堤が造られたことによる。溜池が堰堤で堰き止められ、汐留川が造られたのは、天下普請が本格化した慶長十一（一六〇六）年ごろとされている。

溜池は、江戸時代の一時期は、綺麗な水を湛えた風光明媚な場所として知られていた。江戸時代後期の文政七（一八二四）年に江戸とその周辺の動植物を記録した『武江産物誌』には、蓮と水鳥の名所として溜池があげられている。しかし明暦の大火（明暦三〈一六五七〉年）以降に一部が埋め立てられ、明治時代には水質も悪化したりして、明治四十三（一九一〇）年にはほぼ埋め立てられ、池としては姿を消した。

京橋川と桜川

外濠川の南端の汐留川と北端の日本橋川のほぼ中央に、東西方向に掘削・開削された堀がある。京橋川とよばれる堀である。慶長八（一六〇三）年から十一年ごろにできたと考えられている。京橋川には江戸時代には大根河岸や竹河岸、白魚河岸が形成されていたが、京橋川は昭和になって埋め立てられた。現在では東京高速道路株式会社の西銀座ジャンクションから京橋ジャンクションの少し手前までになっている。

京橋川の先には八町堀（八丁堀）あるいは八町堀船入とよばれた堀（明治になると桜川という名称になる）が開削された。八町堀船入は、埋立地としての八町堀と鉄砲洲との間を開削したものである。江戸の外湾である鉄砲洲の地先と、後半の天下普請で掘削・開削される江戸の内湾としての楓川（江戸前島の東岸）を結ぶ重要な堀である。

旧石神井川の流路変更

江戸前島の東側の付け根も、西側と同じように湿地帯であったことは想像に難くない。西からは日本橋川が、北からは旧石神井川が流れ込み、河口から沖に向かっては多くの洲が形成され、葦原が広がっていた。そこで慶長十（一六〇五）年、河口域に流入する土砂を止めるとともに下流域での洪水を減らすために、河口から一キロメートルほど上流の筋違橋、現在の秋葉原の万世橋あたりから、川の流れを東に曲げて隅田川に合流させた。

旧石神井川は、もともと、現在の小平市の小金井カントリー倶楽部周辺を水源にして、武蔵野台地を練馬区や板橋区を通って東に流れ、北区の滝野川で音無渓谷とよばれる地形をつくっている川である。現在ではそのままＪＲ京浜東北線の王子駅前から東にぬけて隅田川に注ぐが、かつては南に折れて上野台地と本郷台地の間を流れる谷田川に合流し、不忍池を通って現在の中央区日本橋小舟町で日本橋川に合流していた。昭和三（一九二八）年と二十四（一九四九）年に埋め立てられた西堀留川（伊勢町堀）と東堀留川（堀江町入堀）はかつての石神井川の埋立ての際に埋め残された堀である。

旧石神井川の流入を止めたことで、湿地帯や洲が広がっていた江戸前島の東岸の開発もかなり楽になった。

濠と街並みに感心した外国人

日比谷入江の埋立てを中心にした慶長八（一六〇三）年から十二年にかけての天下普請の前半と、慶長十七（一六一二）年以降の天下普請後半の間、慶長十四（一六〇九）年から翌年にかけて、江戸の濠や街並みの素晴らしさに感動した外国人がいた。フィリピンの臨時総督であったスペイン人のロドリゴ＝デ＝ビベロ（Don Rodrigo de Vivero Velasco）である。フィリピンからメキシコへの任務終了の帰途、船が難破して上総国夷隅郡岩和田、現在の千葉県御宿市に漂着した。慶長十四（一六〇九）年のことである。それからほぼ一年の間、千葉県の大多喜や江戸、駿府、京都などを訪れ、『日本見聞記』を残している。

その中で江戸の街について「海水は河口から町中に奥深く入り込み、水量豊かな川は町の中央を走っている。…多くの堀割がこの川につながっているので、…」と記され、堀が江戸の街の重要な運搬手段となっていることがうかがえる。さらに、「魚河岸という地区」があって、そこでは「豊富な海や川の魚の鮮魚や干物、塩漬け、または大きな生簀に入れて売られているという。魚屋が多いため、売れ行き具合と売れ残りの量に応じて安売りをしたりする」などといった様子も描かれている。

ロドリゴ＝デ＝ビベロは日本に一年ほど滞在した後、家康の命で三浦按針（ウィリアム＝アダムス William Adams）が建造したサン＝ブエナ＝ベントゥーラ（San Buena Ventura）号に乗船して慶長十五（一六一〇）年に帰途についた。

天下普請の後半——江戸前島東岸と湾奥の海岸線の変化

少し長い天下普請の後半

慶長十七（一六一二）年からの天下普請の後半は、明暦の大火（明暦三〈一六五七〉年）の前まで続く。さらにそれから四十年ほど後の一七〇〇年（元禄年間）くらいまで、江戸前の海の海岸線は変化する。

この期間に、まず江戸前島の東岸とその沖合の整備をおこなった。海岸線ではないが、江戸前島に張り巡らした船入堀についても少しふれよう。隅田川の西側では、湿地帯と小網町、箱崎、霊巌島、さらに鉄砲洲から築地の埋立ての様子をみてみよう。隅田川の東側では、深川や永代島、越中島、あるいは石川島と佃島が埋め立てられる。最後が小名木川と新川周辺の新田開発である。こうした変化を、時間的には少し行ったり来たりするが、なるべく簡潔にみていこう。また、寛永九（一六三二）年ごろの江戸を描いたとされる『寛永江戸図』（図3-3）がここでも参考になる。

江戸前島東岸の沖の洲と八町堀

湿地帯の広がる江戸前島東岸の沖には、旧石神井川と隅田川から長い時間をかけて運ばれてきた堆積物によって、大きな洲が形成されていた。これらの洲をベースにして、八町堀や小網町、箱崎、霊巌島、鉄砲洲や築地、さらには石川島や佃島が埋め立てられることになる。

とくに現在の中央区八丁堀一～三丁目周辺の、いわゆる八町堀には、文禄元（一五九二）年にはすでに寺院が創建されていたことから、洲というよりもかなり島に近いような土地が形成されていたと推定されている。『寛永江戸図』では、江戸前島との間の楓川沿いには御船手奉行の向井将監《しょうげん》や九鬼《くき》長門《ながと》などの屋敷があるが、東側には寺屋敷が並んでいる。

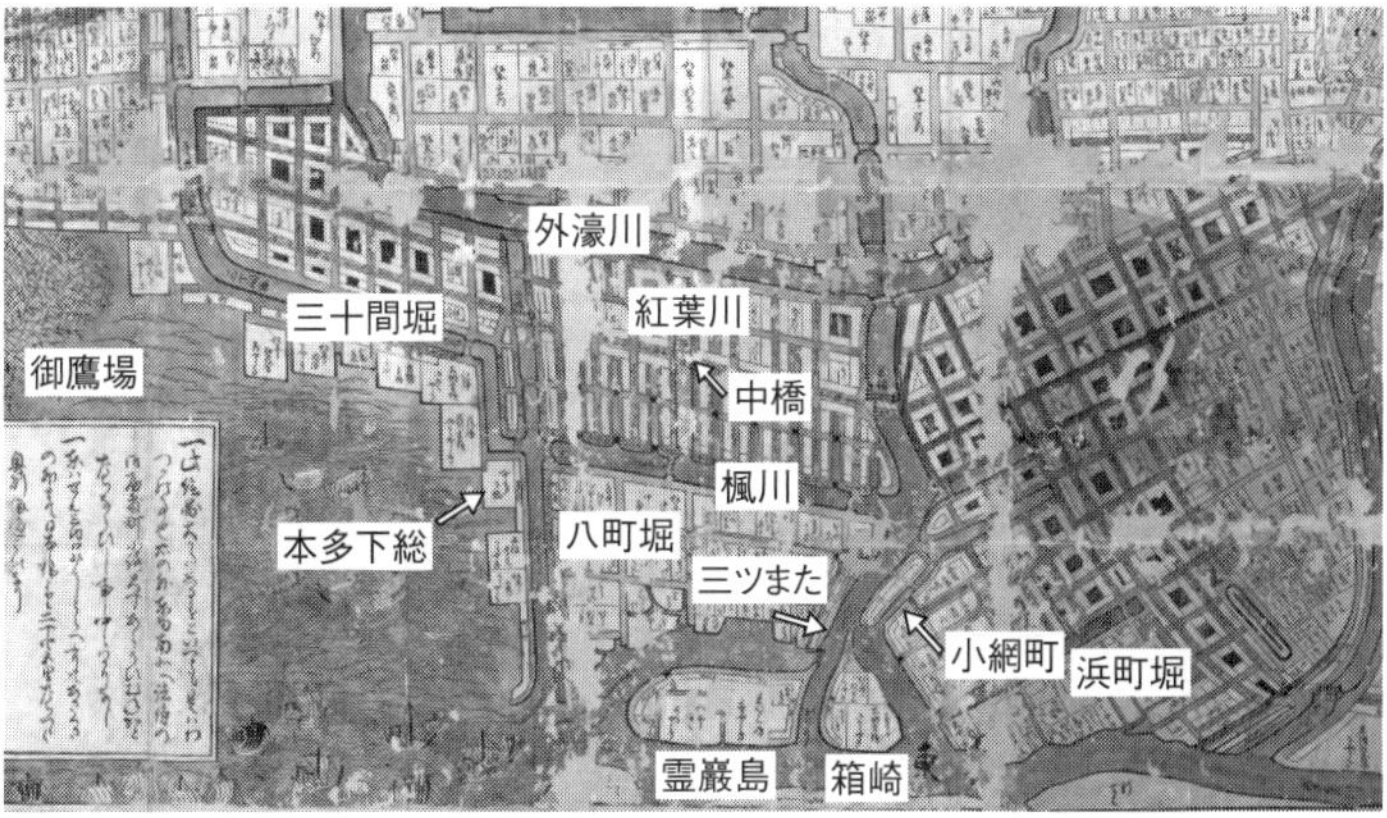

図 3-3　『武州豊嶋郡江戸庄図』その２（部分）
国立国会図書館デジタルコレクションより転載・加筆

Box 5

明暦の大火

明暦の大火は江戸時代最大の火事で、明暦三（一六五七）年一月十八日から十九日（太陽暦では三月二日～三日）にかけて、本郷丸山（現在の文京区西片）と小石川番匠町（文京区小石川）、麴町（千代田区麴町）で発生した三つの火事からなる。

現在の皇居を中心にして北は文京区本郷から東は隅田川を越えて台東区の両国まで、また中央区の日本橋や京橋、さらに当時の海岸線である楓川や三十間堀を越えて八町堀や霊巌島にまで達し、吉原の周りも焼失した。また飛び火によって佃島や石川島も焼けた。南側も千代田区の麴町から新橋や木挽《こびき》町、さらには汐留の南の芝浦の海岸にまで燃え広がった。焼失面積は当時の市街地のほぼ六十パーセント、死者数は少なくとも四万人から多い推定では十万人といわれている。寛永十五（一六三八）年に建てられた江戸城の天守も焼け落ちた。

明暦の大火によって、江戸の町づくりは防災都市計画としてすすめられることになる。具体的には、区画整理をするとともに、防火用、延焼防止用に道路を拡張したり広小路を設けたりした。焼土などを利用して溜池などの沼地を埋め立てた。さらに、江戸の新しい市街地として隅田川を越えて本所や深川も幕府の手によって開発されることで、江戸の町が急速に拡大していった。

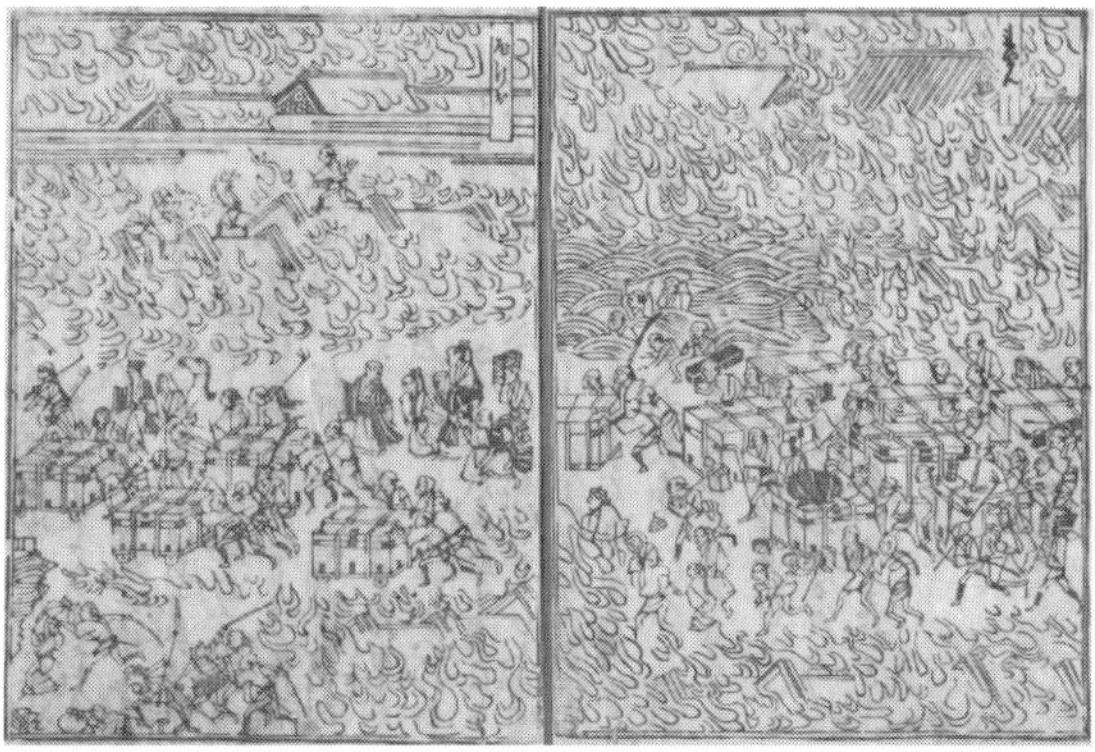

図 Box5　明暦の大火で逃げまどう人たち
『むさしあぶみ』国立国会図書館デジタルコレクションより転載

江戸前島東岸の海岸線を決める

楓川は、慶長十七（一六一二）年に江戸前島と八町堀との間に設定された水路で、これによって江戸前島東岸の海岸線を決めた。湿地帯に護岸用の石を並べて開削し、その残土は八町堀の成形や埋立てに利用された。楓川は、現在の地図でいえば、首都高速都心環状線の江戸橋ジャンクションから京橋ジャンクションにかけてである。

さらにその南にも、現在の昭和通りと銀座中央通りの間に三十間堀とよばれる水路を設定した。楓川と同じように護岸をして開削するとともに、その東側の埋立てもすすめた。埋立地には、江戸城の改築のために、今でいう製材業者である木挽《こびき》職人を多く住まわせたことから、木挽町ができたといわれている。現在の歌舞伎座のある周辺で、銀座と築地の間で東銀座とよばれている地域である。

『寛永江戸図』では、そのさらに南側に湿地帯が描かれ「御鷹場」の記述がある。この御鷹場も埋立てがすすめられ、承応《じょうおう》三（一六五四）年には、甲斐甲府藩主の徳川綱重によって沖合いが埋め立てられて甲府浜屋敷が造られた。現在の浜離宮恩賜庭園である。その浜屋敷のすぐ南にある、明暦年代（一六五五～五八）に埋め立てられた土地を拝領して、延宝六（一六七八）年に老中であった大久保忠朝《ただとも》が日本庭園を造った。現在の旧芝離宮恩賜庭園である。

船入堀を造る

慶長十七（一六一二）年には、楓川を確定するとともに、楓川の北端の日本橋川と南端の京橋川との間に、西に向かう九本（うち一本は短い）の船入堀を掘削した。船入堀の主な目的は、江戸城の城郭建設に使うための石材を中心とした資材や物資の揚陸場である。船を岸壁に直角につけるための埠頭を、突出させるかわりに陸側に掘り込んだのが船入堀である。楓川から西に向けて開削あるいは掘削して、残土を利用して揚陸場を造ったり八町堀などの埋立てをおこなったりした。

船入堀のうち八本は表通り（銀座中央通り）まで掘り進められたが、さらにそのうち北から五本目は表通りを越えて外濠川にまで掘られ、紅葉川とよばれていた。紅葉川は、日本橋と京橋のほぼ真ん中に位置し、表通りには中橋が架けられていた。しかし紅葉川は、寛永（一六二四〜四四）の終わりから正保（〜四八）、遅くとも一六五〇年前後には中橋から外濠川までの西半分が埋め戻されたと考えられる。明暦の大火（一六五七年）の後は、西半分の埋め戻し地が「中橋廣広小路」になる。紅葉川は弘化二（一八四五）年にはすべてが埋め立てられたが、紅葉川を除いた船入堀は元禄三（一六九〇）年までにはすべて埋め立てられた。なお、紅葉川は現在の東京駅の八重洲口から東にのびる八重洲通りに相当する。

隅田川河口西側の埋立て――吉原と小網町

現在の地図をみると、小名木川の西端と日本橋川とを遮るように箱崎町が逆三角形の形で突出し、小網町や浜町、蛎殼町といった海に関係する名前の町が連なっている。かつてこの土地は、旧石神井川と隅田川の二つの河口に挟まれた、葦の生い茂る湿地帯と洲からなっていた。

この湿地帯にあったのが葭原（遊郭の吉原）である。明暦三（一六五七）年の大火の後に浅草の日本堤に移ったため元吉原ともよばれている。一連の江戸湊の整備の一環で、この湿地帯の埋立てとともに元和（一六一五～二四）年間に浜町堀が開削された。これに合わせて、かねてから願いの出されていた遊郭の設置を元和三（一六一七）年に幕府が許可した。『寛永江戸図』には、浜町堀とさらに周りを堀割で囲まれた吉原が描かれている。さらにその南側には、有力大名の蔵屋敷が立ち並んでいる。浜町堀はさらに延長され、元禄四（一六九一）年には日本橋川から掘り進められた龍閑《りゅうかん》川とつながり、明治十四（一八八一）年にさらに水路が延長されて、神田川に合流された。その後、戦後の残土処理などによって昭和四十七（一九七二）年にはすべて埋め立てられた。その名残は浜町緑道公園として残っている。

一方、現在の日本橋小網町は、この逆三角形地帯の西の上方、東進していた日本橋川が江戸橋ジャンクションで南東に方向を変えた場所の左岸に、少し出っ張ったように位置している。元々この場所には洲が発達していた。『寛永江戸図』では、旧石神井川の名残である東堀留川の出口を塞ぐような形で細長く伸びている。中央区の町名由来では、小網町は「網を引いて将軍の観覧に供した漁師たちが町角に網を一張干しておく風習から生じた町名」とある。さらに、この漁師たちは「御肴御用を命ぜられ、白魚献上の特権を得た」ことから、ここから江戸前の海に舟を漕ぎ出して漁をしていたことになる。

隅田川河口西側の埋立て——箱崎と霊巌島と鉄砲洲から南の開発

『寛永江戸図』では、細長い小網町の洲の先には、沖に連なるように水滴型の島が広がっている。箱崎である。さらに箱崎の南には、まだ埋立中といった状態の霊巌島も描かれている。

箱崎は、天正期（一五七三〜九二年）に南半分が、寛永期（一六二四〜四四年）に北半分が埋め立てられたといわれている。『寛永江戸図』からはその様子はうかがえないが、箱崎の北側にはすでに中州が形成されていた可能性もある。さらに、元々は南の霊巌島と一つになって「江戸中島」という島を形成していた、という説もある。何となく寄せ集まっていた洲や湿地帯を江戸中島として認識していたのであろうか。その場合、江戸中島の南部にあたる霊巌島が先に埋め立てられたとも考えられる。いずれにしても、箱崎は当初から大部分を武家地が占め、一方の霊巌島では「れいがん嶋寺やしき」と「松平伊豫くらやしき」がほとんどを占めている。

北から流れてくる隅田川の流れは、箱崎の北で本流から別れて箱崎川となって、箱崎と浜町や小網町との間を通って日本橋川に合流する。さらに日本橋川は、元和六（一六二〇）年に開削された箱崎と霊巌島の間の新堀を通って隅田川に合流する。寛永江戸図では、箱崎川と日本橋川の合流点の場所に「三ツまた」と書かれている。しかし時が下って一七〇〇年前後の元禄時代になると、隅田川と箱崎川の分流する場所が三ツ又とよばれるようになる。

図 3-4　新板江戸大絵図（部分）
「新板江戸大絵図絵入」国立国会図書館デジタルコレクションより転載・加筆

寛永九（一六三二）年ごろの『寛永江戸図』では、八町堀船入の南側には、町屋とともに本多下総（近江国膳所《ぜぜ》藩—現在の滋賀県大津市）などの大名の屋敷が描かれている（図3-3）。しかし明暦三（一六五七）年の大火の後、八町堀船入から南に向かって、あれよあれよという間に埋立てがすすめられた。その様子は『新板江戸大絵図』（刊行は延宝四〈一六七六〉年、図3-4）によって確認できる。これによると、八町堀船入から南（図の左方向）は、現在の地図とほぼ同じ範囲がすでに埋め立てられている。

石川島と佃島

隅田川が河口で二又に分かれる場所にあるのが、石川島と佃島である。現在では月島の一部となって、近代的なマンションと下町的な風情をもった町並みで知られている。

石川島はもともと隅田川の河口にできた洲で、かつては森島などとよばれていた。寛永（一六二四〜四四）年間、一説では寛永三（一六二六）年ごろに幕府の船手頭の石川八左衛門政次が拝領した後、石川島とよばれるようになった。隅田川をはさんで北西には、江戸の内湾として重要な楓川と船入堀に続く八町堀船入や埋立地としての八町堀、さらには日本橋川への入口には霊巌島がある。石川島は、こうした江戸の中心部に入り込む航路の入口にあたることから、江戸防衛の要衝であった。

一方の佃島は、向島ともよばれ、もともとは石川島の下流にあった小さな干潟である。その干潟を、摂津国西成郡佃村と大和田村（現在の大阪市西淀川区）から移住してきた漁師たちが幕府から拝領し、埋立てをおこなって島にした。広さは百間四方、一万坪（約百八十二メートル四方、三万三千平方メートル）。人工島として完成したのは寛永から正保に改元された一六四四年とされる。江戸時代の、とくに初期の江戸前漁業は佃島を中心として展開されるが、漁業の基地としての佃島については章をあらためてみていくことにしよう。

隅田川河口東側の開発

慶長（一五九六〜一六一五）年間に開発された深川村の南側では、摂津国や土佐、紀伊、近江の国の出身者八名の開発人が、寛永六（一六二九）年に、幕府に深川猟師町の開拓を願い出た。幕府は一か月に三回、キスやスズキ、シジミ、ハマグリなどの魚介類の上納や役舟の負担を義務付けることで許可した。その結果、深川猟師町には大和田村出身の漁師が多く住みつき、佃島とともに、江戸前漁業を担う地域に発展する。

深川猟師町のような隅田川の東岸にできた微高地を除くと、隅田川の東、小名木川の南には湿地帯が広がり、洲あるいは永代島や越中島といった小さな島が点在していた。

その永代島には、寛永元（一六二四）年に「長盛上人、永代島に八幡宮を創建。広さ六万五百八坪」、寛永四（一六二七）年には「富岡八幡宮を建て別当永代寺創立」（別当寺というのは神社の経営管理をおこなう寺）とある（『江東区年表』）。六万坪というのは約二十万平方メートル、東京ドームにすれば約四・二個分で、永代島は寛永の時代にはすでにけっこう大きな島であったことが分かる。永代島はさらに二つのことで知られている。一つは材木置き場である。明暦三（一六五七）年の大火の前の寛永十八（一六四一）年の火事を機に、幕府は材木問屋の材木置き場を永代島に移転した。もう一つはゴミ捨て場である。やはり明暦の大火の前の明暦元（一六五五）年に、ゴミを川に捨ててはいけないということとゴミは船で永代島に捨てることを法令で定めた。場所は富岡八幡宮の周辺やその南の遠浅の海岸である。

越中島は永代島のさらに下流にある。『新板江戸大絵図』（図3-4）には、永代島のすぐ南に「榊原越中」と書かれた小さな島がある。旗本の榊原越中守照清の屋敷地で、越中島の名前の由来ともいわれる。この屋敷はその後高波によって流出したが、元禄（一六八八～一七〇四）年間に埋め立てられた後、正徳《しょうとく》元（一七一一）年には越中島町という町が成立したとされる。

東京湾奥部の海岸線を決める

小名木川の北側にはすでに深川村や平方村、小名木村などが、天正（一五七三～九二）あるいは慶長（一五九六～一六一五）年代から、遅くとも一六五〇年代の明暦のころには開発されていたと考えられている。小名木川の南側でも元和九（一六二三）年の萩新田や寛永十七（一六四〇）年の八右衛門新田などの開発に加えて、正保（一六四四～四八）年間には亀高村や又兵衛新田などの、現在でいえば江東区の北砂から東砂にかけての一帯の土地が開発された。

明暦三（一六五七）年の大火の後になると、万治二（一六五九）年の十五万坪の砂村新田や翌年の八郎右衛門新田のように、より南の海岸沿いで大規模な開拓がおこなわれた。とくに砂村新田は延宝九（一六八一）年には永代島とともにゴミ捨て場に指定されている。さらに元禄十（一六九七）年ごろからゴミ捨て場を設けて埋立て開発がすすめられたのが横十間川と大横川の間の海岸線であった石小田《いしおだ》新田（六万坪）や千田新田（十万坪）で、完成は正徳三（一七一三）年と享保十（一七二五）年である。さらにその南には、江戸時代の江戸前の海の最奥部の海岸線を決定した平井新田が開拓された。平井新田は、西は洲崎神社から東は砂村新田を結ぶ二十五万坪の広大な干潟で、塩浜にする計画で明和二（一七六五）年に埋め立てられた。

新川の南、宇喜新田のさらに海岸沿いでも干潟の干拓がおこなわれた。時代ははっきりしないが、江戸時代中期、おそらく元禄から宝永にかけての一七〇〇年前後に下今井や二之江、長島、桑川、東小松島あるいは宇喜田村などの入会新田として開発され、海岸線が決定していったと考えられている。

Box 6

江戸の人口

江戸が世界一の都市へと変貌するのは江戸時代である。しかし家康が入府したころの江戸は、日本の国の中でも都からほど遠い一地方の小邑《しょうゆう》に過ぎなかったと想像できる。江戸時代のごく初期の江戸の人口についてはきちんとした記録はないが、天正十八（一五九〇）年に徳川家康が八千人の軍団を従えて江戸に入府したとすると、一万人ほどの人が住み始めたということだろうか。十年後の一六〇〇年前後には、江戸には六万人、日本全体には千五、六百万人の人が住んでいたと推定されている。さらに十年後の慶長十四（一六〇九）年には、十五万人であるとロドリゴ＝デ＝ビベロが『日本見聞記』で記録している。駿府（現在の静岡県静岡市）は十二万人、京都については八十万人とも記している。

寛永十二（一六三五）年に武家諸法度に明記された参勤交代によって、江戸の町には多くの人が集中し、衣食住を中心とした活動が活発になり、それにともなって都市的な発展を遂げることができたともいわれている。参勤交代がおこなわれ始めたころには、江戸の人口は、町人十五万人に武士が二十万人、全体で三十五万人ほどであったと推定されている。

明暦三（一六五七）年の明暦の大火では、江戸の市街地の六割が焼き尽くされ、死者は四万人とも七万人とも、あるいは十万人ともいわれている。被災した人たちに幕府から見舞金が支払われているが、その支払い戸数である五万戸弱から推定して、町人の人口は約三十万人とされている。武士方の約二十万人を加えると、江戸の人口はおよそ五十万人だろうか。死者が最大十万人とすると、最悪で二割近くの江戸の住民が亡くなったことになる。

十七世紀の終わり、元禄六（一六九三）年の江戸の人口は、武士などを除いて三十五万三千五百八十八人とされている。これに武士などの二十五万人を足すと、ほぼ六十万人ほどであったと推定されている。しかしこの数字は、江戸の町触れを編纂した法令集である『正宝《しょうほう》事録』の本文ではなく編者が朱書した註記であり、信頼性は薄いとされている。

一方、八代将軍の吉宗が江戸幕府として正式に享保六（一七二一）年から始めた全国の人口の調査は、信頼のできる数字として知られている。同年十一月には、武士やその家族あるいは寺社方をのぞいた、いわゆる町人の数が五十万千三百九十四人（うち男が三十二万三千二百八十五人でほぼ六割）であった。享保十九（一七三四）年には寺社方六万六百四十九人が加えられ、町方との合計が五十三万三千七百六十三人になった。よく「百万都市江戸」といわれるが、これは町方と寺社方の合計に武士方として五十万人ほど

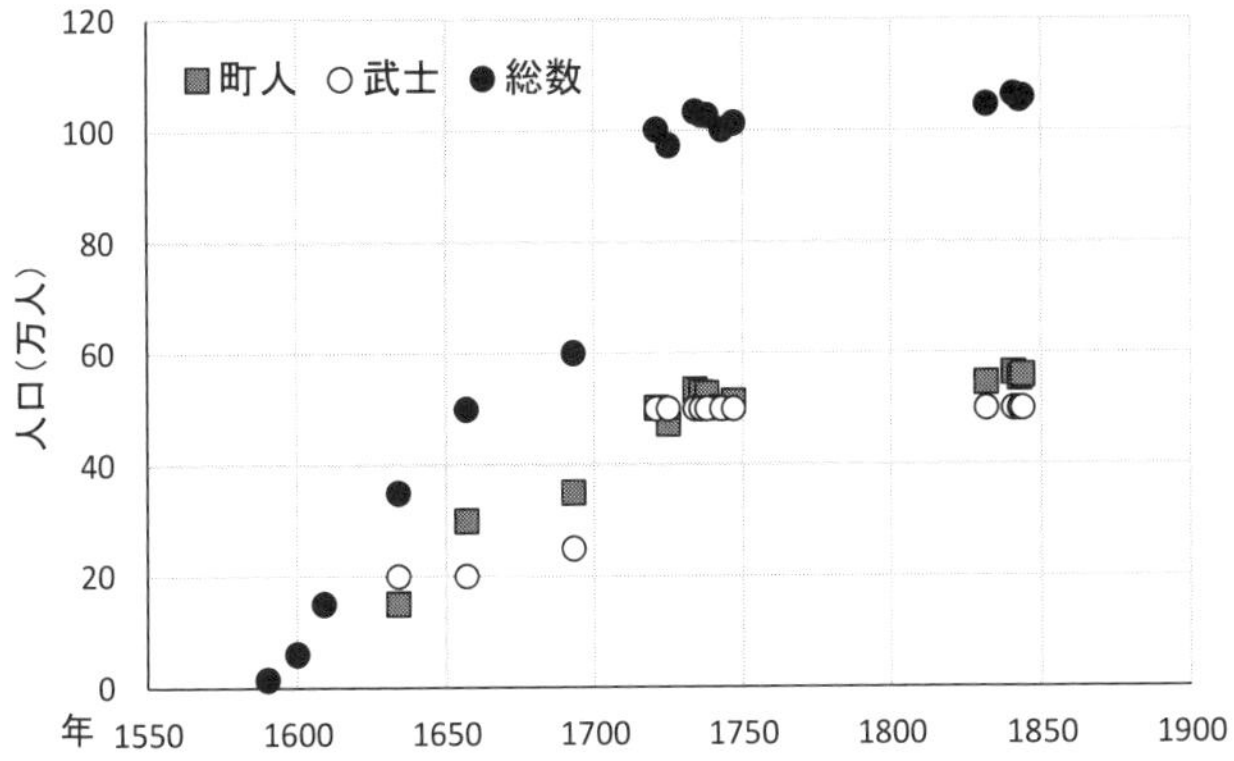

図 Box6　江戸の人口
中部（1967）などをもとに作成

を加えた数である。

なお、江戸幕府による人口の調査は、享保六（一七二一）年の後、享保十一（一七二六）年からは六年に一回実施され、幕末の弘化三（一八四六）年まで続いた。天保十二（一八四一）年に、町方と寺社方を加えた数が五十六万三千六百八十九人、武士方の五十万人を加えて百六万人を超えて、江戸時代で最も多くなっている。江戸時代の後半は、百万人前後で推移した。

この時代の日本全体の人口も二千六百万人前後でほぼ横ばいである。ただし、この数字も武士方がふくまれていないので、二割ほどを加えると、日本の江戸時代後半の人口は三千万人から三千二百万人ほどで推移したと考えられている。

江戸時代前半の漁業の概要

二つの漁業振興策

開府する前の私たちの江戸前の海は静かだった。

しかし、元々百人くらいの人たちが住んでいた場所に、一万人近くの人たちが押し寄せたのである。突貫工事の埋立てをおこなって住む場所を確保する一方で、食べ物も調達しなければいけない。この時代、食料政策の基本であり経済の中心であったのは米で、水産物は二次的なものであった。とはいえ、急に米の収穫量を増やすことはできないが、目の前にある海や川、沼などにすんでいる魚介類を獲れば、ある程度の食料を確保することはできる。

そこで二つの漁業振興策が実施された。一つは漁業そのものの発展で、もう一つは流通機構の整備である。

ここでは、漁業そのものを発展させる漁業振興策をみていくことにする。流通機構の整備やその発展については、Box 7でなるべく簡潔に説明する。

漁業発展に寄与した二つの起源

漁業を発展させるために、徳川家は二つの起源をもつ漁村あるいは漁民に特権を与えた。一つは、江戸時代よりも前から江戸前の海に面して小さいながらも成立していた、いわば在来型漁村である。もう一つは、江戸入府にともなってやってきた先進的な漁撈技術をもっていた、関西の移住型漁民の漁師たちである。

ここではまず、少し長期間になるが、天正十八（一五九〇）年の江戸入府から元禄時代の一七〇〇年前後までの百年あまりの漁業の急速な発展をみていこう。

在来型漁村の奮闘

在来型の漁村

中世から続いていることが確認できる漁村は、たとえば小田原北条氏の時代の文書に出てくる、芝村の本芝と金杉であったり羽田村であったりする。さらに、『吾妻鏡』に書かれている「下総國葛西郡海邊」の村でも漁業が営まれていた可能性はあるが、資料で確認できる漁村はほとんどないのが現状である。

そこでここでは、金杉浦と本芝浦（芝村―現在の東京都港区芝）、品川浦（南品川猟師町―品川区東品川）、大井浦（大井御林猟師町―品川区東大井）、羽田浦（羽田猟師町―大田区羽田）、および生麦村と新宿村、神奈川猟師町（いずれも神奈川県横浜市）を在来型漁村の代表としよう。これらの漁村は、いわゆる御菜八ヶ浦として知られている（図3-5）。さ

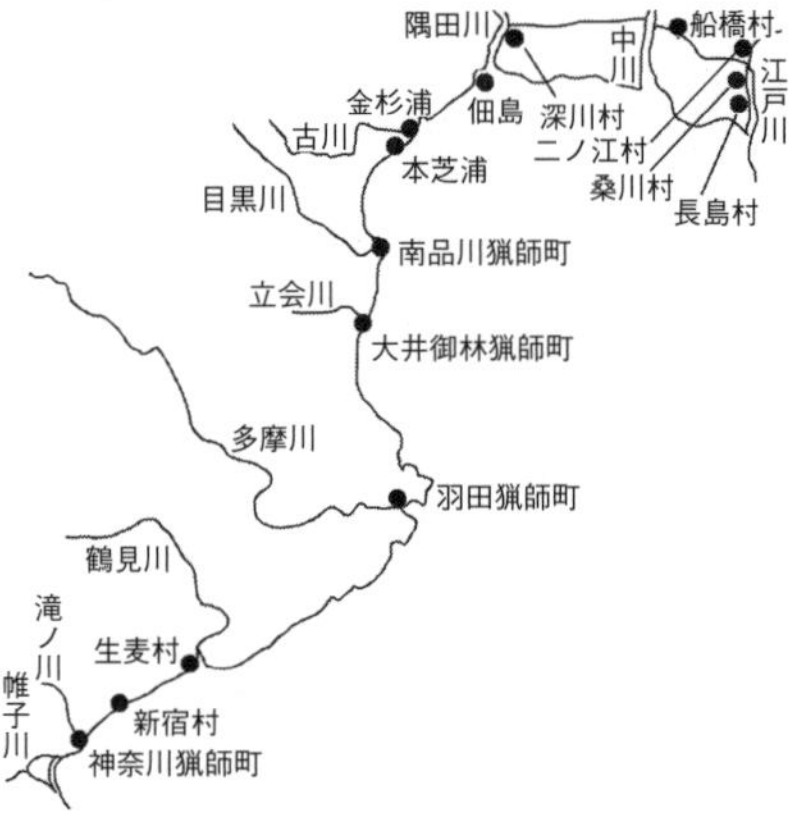

図 3-5　江戸時代の猟師町

らに、下総国葛飾郡の二之江村と桑川村、長島村（東京都江戸川区）あるいは船橋村（千葉県船橋市）なども江戸幕府に魚介類を上納していたことが知られている。

うら寂しい芝村

かつての江戸前の海の北西部は、なだらかな曲線を描くことから「袖ヶ浦」とよばれていた。現在の地図でいえば、ＪＲの新橋駅から品川駅にかけての線路をたどると、その形状が浮かび上がる。その中心地が芝村、かつての武蔵国豊島郡柴村である。江戸時代の前、一五〇〇年代にはすでに芝村の中心である芝とその北にある古川の河口部にある金杉が分離し、それぞれ本芝と金杉あるいは本芝浦と金杉浦があった。

芝がはっきりと文献にでてくるのは文明十八（一四八六）年の紀行歌文集の『廻国雑記』だろうか。十月朔日の次の日に浅草から上野を経て「柴の浦という所にやってきてみれば、塩屋の煙がうちなびいて、もの寂しそうに塩木を運ぶ船を見て」次のようにうたった。

焼かぬより　藻塩の煙　名にもたつ　船にこりつむ　芝の浦人

塩を細々と製造しているうら寂しい当時の芝の漁村の情景が描写されている。芝浦の南には、室町時代の一四〇〇年前後にすでに関東と関西を結ぶ海上輸送路の一拠点として発展していた品川湊があった。さらに北には、太田道灌の時代、一五〇〇年代にはすでに繁栄していた江戸湊が控えていた。これらの重要な湊の間にあって、ちょうど袖ヶ浦の中ほどの芝の海の沿岸には、製塩の煙がたなびくうら寂しい小寒村が存在していた。

さらに一五〇〇年代の小田原北条氏の時代になると、芝村に関して少なくとも五つの文書が残されている。これらの文書では、芝や金杉（金曽木とも表記された）の船の所有者に対して、船や家屋を売らないで定住することを促したり、船を使った課役を務めるように命じたりしている。

「水三合之有」場所での漁業

うら寂しい小さな寒漁村が、どこででも漁業ができるという特権を江戸幕府から与えられるには、何か理由がある。ふつう引用されるのは『芝浦漁業起立』で、そこにはおおむね「家康が入国の際に芝の海浜で船が立ち往生したところに、芝の農漁民が数拾艘の船を出して戸田川の舟場（どこかは不明）まで護送した。そこで家康は武士に取り立てようとしたが、芝の人たちはこれまでどおり浦々川々で漁業ができるという許可を求め、それが与えられた」ということが書かれている。このとおりの話ではないかもしれないが、特権として「水三合船足の及ぶところであれば何方で漁をしてもよい」というお墨付きが与えられたという。「水三合船足の及ぶところ」はふつう「船で入れる水深三尺ほぼ九十センチメートルまで」と解釈されている。

こうした特権を与えられることをきっかけにして、農業と漁業とを兼ねて生活していたような小さな芝村という寒村が、漁業の専門集団の住まう特別な村へと変化していった。本芝と金杉の漁師はこうした特権に対して幕府に魚介類を献上するとともに、人口の爆発的な増加にともなって高まった江戸の食料の需要に応えたものと想像できる。

本芝町と金杉町の発展

「開府以来毎月四度、多くは石かれひ（イシガレイ）と藻さひ（藻菜《もさい》で海藻のことか）を、時にはハマグリを献上していた」（『御菜御魚献上書上』享保二〈一七一七〉年に本芝と金杉が提出した文書）といった記録もある。しかし実際には、寛永七（一六三〇）年ごろから魚介類を上納していたらしい。

寛文二（一六六二）年には本芝と金杉が町方支配になった。町方というのは、農村や漁村のような地方ではなく、江戸の内にふくまれる町であり、それほど人が増えて町が繁盛していたということになる。それを契機に、本芝や金杉では漁師稼業を改めて、肴問屋やそのほかの商人になったものが多いと伝えられている。

幟と言の字船と鑑札

お墨付をもらったということで、江戸前の海で活発に漁業をおこなっていた芝村の猟船が、いつのころかは不明だが、税金を払わなくてもよいという印として紺色の木綿地に白二つ引きを染め抜いた小さな幟《のぼり》を一本ずつ渡された。本芝では百二十一本を数えたという。

その後、時代を経て幟は切れ損じが多くなり、無印で猟にでるような船も多くなったため、無年貢の漁船であるという目印として船体に「言《ごん》」の字の焼印を押すことにした。「言の字船」として知られている船である。

さらに言の字を船体に焼印する代わりに、「除」の字を焼印した鑑札が猟師一人につき一枚下付された。これが元禄九（一六九八）年のことである。この時、芝には百八艘、金杉には百二十一艘、合計で二百二十九艘の無年貢の猟舟があったとされている。この鑑札の実物は、港区在住の魚の仲買商を営んできた個人の方が所蔵しており、港区立郷土歴史館のホームページでも「金杉町焼印札」として紹介されている。

半農半漁の羽田村

田畑はないか、あってもその農耕は自給用の程度で、主に漁猟を専業とする村を猟師町あるいは浦という。そうした意味での羽田猟師町の成立は、正保から元禄時代（一六四四〜一七〇四年）といわれている。しかし、小田原北条氏時代の文書には本芝と金杉に加えて羽田村も、船による海上警備や税金の取立てででてくる。それから考えると、羽田猟師町の成立は少し遅すぎる気もするし、成立に要する期間も長すぎる。

ただ羽田村の方は、灌漑用水として慶長二（一五九七）年から十六（一六一一）年にかけて掘削された六郷用水の末端に位置する。したがって本来の羽田村は、中世以来の半農半漁村として、あるいは典型的な浦方農村として存続していたと考えられている。

羽田猟師町および羽田村は、多摩川の河口に位置していた。現在の多摩川と羽田空港の西を流れる海老取川の合流点の上流の左岸、住所でいえば大田区羽田二、三、六丁目にあたる。多摩川河口の交通の要衝ということで、徳川氏時代にも江戸幕府によって船に関する課役を与えられた。慶長十九（一六一四）年と二十年の大坂の陣にも参戦したとされているが、その詳細は不明である。しかし羽田猟師町が成立するまでの一六〇〇年代の前半には、羽田猟師町をふくめた羽田村には、農業生産や漁業生産といった本来の役目以外にも、年貢米や材木の運搬といった多摩川河口ならではの役務があったという。さらに、多摩川出水時の処理や一般の渡し船、大名家や朝鮮通信使などの渡河のお世話なども担っていた。なお、正徳四（一七一四）年には、羽田猟師町には二百五艘の船があったが、そのうちの百五十二艘が無年貢船、いわゆる言の字船であったと記録されている。

南品川猟師町と品川湊

「南品川猟師町は、現在の品川区東品川一丁目で、目黒川河口の砂洲にできた町である」といわれても、現在の地図からは見当もつかない。東品川一丁目は海からかなり遠く、お台場の西にある東京港からは、品川埠頭を越え、天王洲があり、さらにその奥の埋立地の一画を占めているので、猟師町の面影も見当たらない。

しかし品川といえば湊で、すでに紹介した室町時代末期の一四〇〇年代の終わりに栄えた、かっての目黒川河口の湊である。今の目黒川河口ではなく、北に大きく曲がったあとに東に向かって江戸前の海に流れ込んでいた、あの目黒川である。その北上する目黒川の沖側に砂洲が広がり、そこに南品川猟師町ができた。

品川浦の漁業の成り立ちについては、江戸時代以前の中世の漁業を知る資料は何もないとされ、江戸時代になって豊臣の遺臣で瀬戸内海出身の本田九八郎が謀反に失敗した後、品川で漁業に転向したという伝承が残っている。しかし、紀州や伊勢との間に海上交通路が形成されていた品川湊を通して、すでに関西でおこなわれていた漁業の方法や網などの漁具も関東に知られていたのではないかという見方もある。そのぐらい品川には漁業先進国の情報が入っていた可能性があり、江戸時代よりも前から生業としての漁業がおこなわれていた可能性はある。

南品川猟師町の成立は元禄期（一六八八～一七〇四年）とされているが、砂洲に猟師たちが住み始めたのは明暦元（一六五五）年ごろとされている。もともと目黒川よりも南の南品川宿の漁民たちが、明暦元年の朝鮮使節参府の際に宿務としての伝馬役を課せられたことに対して、浦役に加えて伝馬役をおおせつかっては負担が大きすぎるということで、課税の免除をお願いした。しかしそれに対して、御菜役と浦役に専念するために、品川宿内での居住は許されず、目黒川河口の砂洲に移住せよというお達しが下されたという。また、時代ははっきりしないが、南品川に移転した前後あるいは明暦三（一六五七）年の大火の前後に、品川浦も江戸に近い「最寄之儀」（『芝浦漁業起立』による）として、芝浦や金杉浦と同じように御菜御肴を上納するようになったといわれている。なお、元禄八（一六九五）年には南品川猟師町には四十一戸の漁家があった。

大井御林猟師町

大井御林猟師町は、かつての武蔵国荏原郡大井村にあった御林を開発した町。御林は幕府あるいは諸藩の直轄林をさすが、このあたりの海岸にも直轄林があったのだろうか。現在の品川区東大井一丁目から二丁目、京浜急行線の鮫洲《さめず》駅から立会川《たちあいがわ》駅あたりにかけての、かつての海岸線に沿って形成されたと考えられている。

『大井町史』によると、大井御林猟師町の形成には、少なくとも二段階ある。最初は正保三（一六四六）年に駿河国から漁夫である仁右衛門という者とその一族が鮫洲に移り住み漁業に従事した、というものである。第二段階では、万治二（一六五九）年に金杉浦にあった鳥取藩主・池田光仲（松平相模守）の屋敷の築堤工事のため、漁師の屋敷六軒分が取り払いになり、その代わりに大井村の御林に土地を賜って移転し、漁業を営んだといわれている。さらに『大井町史』は、こうした「移住」だけではなく、その以前から地付きの人たちによって漁猟が営まれていたと推定しているが、詳細は不明である。また、戸数や人口も判然としていない。

神奈川の猟師町

多摩川から南の生麦村、新宿村、神奈川村と続く三つの浦も御菜八ヶ浦を構成する。その始まりは、天正十八（一五九〇）年の江戸入府と同時であるという説と、寛永三（一六二六）年の将軍家の宿泊施設である神奈川御殿への魚介類の上納であるという説があるが、後者の方が正しそうである。

寛文七（一六六七）年には、三か浦合計で百三十一軒七百十七人（うち百二十七人が水主《かこ》）で、猟舟が七十四艘、そのうち三十一艘が言の字船であったという。元禄十六（一七〇三）年に神奈川猟師町が代官に提出した文書では、一か月に三回御菜御肴の上納をおこなっていることや、御用船が入港する時に番船を出したり、鳥類の保護を目的とした放鳥の際には引舟や御舟御用を勤めたりしていることなどが記録されている。

享保三（一七一八）年にこれら三か浦から上納された魚類は次のようになっている。小石かれい（カレイ類）ときす（ふつうはシロギス）が一年中、なよし（ボラ）は四月から六月であるが数が少ない、鯒（コチ）が三月から七月、石もちが五月と六月、木葉鯛（マダイか）も五月と六月であるがいつも数が足りない。

御菜八ヶ浦の成立

中世から江戸時代のごく初期の漁業の実態については、きちんとした文書がなかなか残っていないため、不明な点が多い。しかし、古来より細々と漁業が営まれていた本芝や金杉、羽田村、品川村、大井村、さらには多摩川を越えて生麦村や新宿村、神奈川村の八つの浦の特徴は、徳川家との関りによって村の由緒をもっていることと、それによって江戸前の海のどこででも漁業をできるといった特権が与えられたことである。多くは天正十八（一五九〇）年の江戸入府前後の家康との関係や慶長十九（一六一四）年から二十年の大坂の陣への参戦などの由緒であるが、これらの村が猟師町として成立したのはすでに述べたように、少しバラツキがあるものの大火のあった明暦三（一六五七）年ごろまでである。

さらに、これらの村々が「一同に御菜御役を相勤める」として御菜八ヶ浦が成立するのはかなり遅く、享保二十（一七三五）年まで待たなければならない。それには、急速に拡大した江戸前の海の漁業が一息ついたというか、むしろ多くの村々浦々が漁業に参入するようになって紛争が多く生じてきたことや、それによって特権をもった浦々がやや停滞あるいは衰退するような状況になったことが関係している。すでに乱獲の兆候もでてきているが、このあたりの様子については江戸時代中期の漁業でみていくことにしよう。

移住型漁民の活躍

シラウオと白魚漁

江戸時代初期の江戸前の海となると、やはりシラウオについてふれておく必要がある。シラウオはサケ目シラウオ科に属する白く透きとおった小さな魚で、アユやシシャモに近い仲間である。頭も透きとおって脳が見えるため、これが徳川家の紋章である「葵の紋」と見立てられた。そのため、幕府・将軍家によってシラウオは保護されることになるが、それは単に美味しい魚だからなのかもしれない。

シラウオは塩分耐性が高く淡水から海水まで生活でき、多くは沿岸域で生活している。秋が深まるころから翌年の春にかけては河口域で活発に活動し、三月から五月ごろになると河口や河川を少し上った砂底域で産卵する。産みつけられた卵は川底の砂粒に付着する。江戸前の海では、昭和の高度経済成長期に河川下流域から河口域がとくに汚染され、さらにきれいな砂底の場所が失われたために、今ではシラウオを見ることはできなくなってしまった。しかし日本全体では、北海道から岡山県あるいは熊本県にかけての河口域や霞ヶ浦などの淡水域に広く分布している。寿司やかき揚げ、卵とじ、吸い物、佃煮などにして、おいしく食べられている。

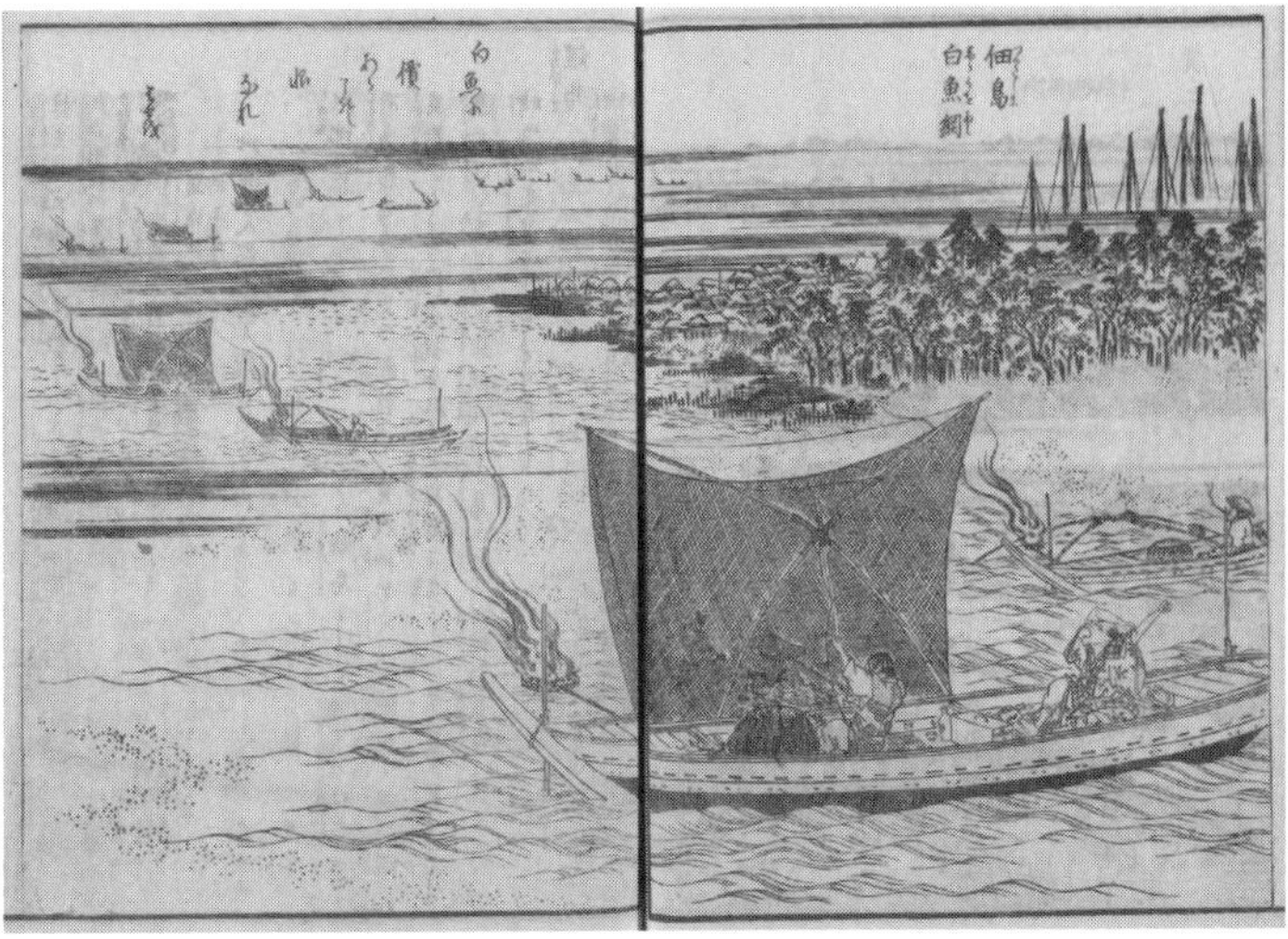

図3-6　「佃島　白魚網」
(『江戸名所図会』七）国立国会図書館デジタルコレクションより転載

現在の白魚漁は、定置網や四つ手網、叉《さ》手《で》網、船曳網などでおこなわれている。江戸時代には、主に河口域で、夜間にかがり火を焚いてシラウオを集めて四つ手網で獲ったり（図3-6）、定置網を使って獲ったりしていた。

正体不明の白魚役

慶長六（一六〇一）年、家康が上総国の東金に鷹狩りに行った帰りに、隅田川で漁獲したシラウオを献上した漁民たちに「白魚役」を命じた。白魚役は、毎年十一月から翌年の三月までのシラウオの漁期には、毎朝シラウオをお城に献上することを義務付けられた。その代わりに、浅草から芝浦までの隅田川での白魚漁は、白魚役が独占的におこなうことができる特権も与えられた。さらに白魚役は、江戸時代初期のもっとも重要な運河である道三掘と平川の海への出口にあたる小網町に居を構えることを許された。

その白魚役は、どうもこの後に述べる佃村などの移住型漁民とは別のようである。まず漁法である。関西の漁民はシラウオを主に四つ手網で漁獲するが、献上用のシラウオは定置網で獲られていた。さらに移住型漁民には、大挙してやってきたと考えられている慶長十七(一六一二)年の翌年、慶長十八年に「江戸近辺の海や川で猟をすることの御墨付が与えられた」とされているが、こと白魚漁に関しては隅田川ではご法度であったといわれている。隅田川での白魚漁の許可が出たのは享保六(一七二一)年であるが、それは千住大橋から上流に限られていたという。さらに元禄四(一六九一)年には白魚役と佃島の漁民との間で白魚漁場に関する紛争がおきている。こうしたことから、白魚役と佃島の漁民とは別々の人たちであると考えられる。

では白魚役は在来型漁村の人たちだろうか。漁法からみれば、関東の漁民である可能性が高い。しかし芝や品川、羽田村の漁民は、自分たちの帰属する場所があるので考えにくい。とすると、小網町にもともとすんでいた漁民か、あるいは隅田川沿いや、この時代に開削された小名木川の周辺にすんでいた関東の漁民が白魚役を命じられたのかもしれない。

移住型漁民

江戸時代の初めに「どこででも漁業をしていいよ」とお墨付きをもらったのは、白魚役は別として、前の章で述べた在来型漁村の人たちと移住型漁民である。移住型漁民というのは、先進的な漁撈技術を持っていた関西出身の漁民である。こうした移住型漁民は二つのタイプに分けられる。

一つは摂津国西成郡の佃村や大和田村（現在の大阪市西淀川区）の人たちに代表され、おもに江戸前の海で漁業をおこなっていた。江戸時代の初め、江戸に定住する前には、「旅漁民」として関西と江戸を往復したり幕府の支配方である武家の屋敷内に仮住まいをしたりしながら漁業をしていたが、後に埋立地である深川猟師町と佃島を成立させる。

もう一つの移住型漁民は、少し大掛かりな鰯網漁《いわしあみりょう》をおこなう大阪湾周辺から紀伊半島にかけての漁民たちである。鰯網漁の新規漁場の開拓の一環として、未開拓の関東の海にもやってきた。時代的には江戸開府直後ではなく元和よりも後（一六一五年～）の時代で、漁場はおもに房総半島や三浦半島の周辺海域である。

ここでは前者の移住型漁民を紹介する。

佃村や大和田村の漁民と家康

そもそも摂津国の佃村や大和田村の漁民たちが江戸幕府に優遇されたきっかけは何だろう。一説には、家康が生涯における一大事に遭遇した時に、佃村や大和田村の人たちに助けられた、というのが理由であるとされている。ただそれは、摂津国の多田神社（兵庫県川西市）や田蓑嶋《たみのしま》神社（大阪市西淀川区。後に住吉神社、田蓑神社と改名する）を参詣した時に川を渡る手助けをしてくれたとか、さらにこれが本能寺の変のおきた天正十（一五八二）年の六月二日のことであり急いで居城であった岡崎城（愛知県岡崎市）への帰路を案内してくれたとか、またその際に後に佃煮として有名になる小魚の煮物で腹ごしらえをさせてくれたといった、いわば伝承である。接待をしてくれた佃村の庄屋の孫右衛門には、家に三本の松が植わっていたので森姓を与えたとも伝えられている。権力者が名を与えるというのは、この時代にはよくおこなわれていたことである。佃村の名前自体も、家康から漁業に励む一方で田も作れといわれたことから、田蓑村から人が田を作るということで佃村にしたともいわれている。

どこまでが事実かはともかく、佃村や大和田村の人たちが困難に陥った家康に対して何らかの手助けをしたことは間違いないのだろう。在来型漁村の芝村にも通じる話である。また、孫右衛門が天正十（一五八二）年ごろから家康に気に入られて、家康が伏見城（京都市伏見区桃山。当時は大坂と京都を結ぶ水運の要衝を占めていた）に滞在している間に魚を納めるだけではなく、関ヶ原の戦いや大坂の陣では隠密のような働きをしていたという説もある。そのため江戸では、佃島という、隅田川の河口部の、舟運ではもっとも重要な場所に住まいを与えられたということも考えられる。

二つの江戸移住の時期

こうした佃村や大和田村の人たちが江戸にやってきて移住型漁民として漁業の特権を与えられるが、江戸に下る時期には二つの説がある。

一つは天正十八（一五九〇）年の家康入府の際に、森孫右衛門をはじめとした三十四人が江戸に下ってきたという説である。もう一つは慶長十七（一六一二）年に佃村漁師二十七人、大和田村漁師六人、それと田蓑嶋神社の神職一人の計三十四人が江戸にやってきたという説である。どちらが本当かはわからないが、入府の前後に何人かが江戸に下って幕府のさまざまな用向きを手伝い、慶長十七年になって大挙してやってきたという折衷案も考えられている。

さらにもっと詳しく、入府時にやってきたのは父親の孫右衛門と数人で、慶長六（一六〇一）年から三年ほどをかけて白魚の試験操業とともに移住の基盤をつくり、その後に本格的な操業と魚の販売業務を始めて、慶長十七（一六一二）年に大挙して移住したという説もある。この説では、試験操業で三人乗りの船二隻＝六人による船曳網（これを一か統という単位で表す）でまき網のようにして漁獲していたものが、大挙してやってきた後は少なくとも三か統が稼動していたと、かなり具体的である。

江戸近辺之海川魚猟許之御墨付

当初の居住地は、安藤対馬守の下屋敷であったといわれている。ここは、現在の東京都文京区大塚のお茶の水女子大学の敷地にあたる。今では江戸前の海からはほど遠く、かなり内陸に入っている。しかし江戸時代の初めごろには、このすぐ近くを谷端《やばた》川が流れ、平川、日本橋川を通って隅田川に出ることができた。

そこを拠点にして、入府とほぼ同時に開削された道三堀の銭瓶橋の警護にあたっていたといわれている。そうした警護のかたわら、夜間の警護前に網を仕掛けて警護番明けに漁獲をしたり、警護明けの夕方の帰り道に漁をして帰宅したりしていた、と想像することは可能である。

しかし在来漁村である本芝や金杉、品川あたりの漁民からすれば、たとえ警護を主体にしていたとしても、先進的な漁撈技術をもつ関西の漁民というのは、何とも面倒くさい存在だったのではないだろうか。しかも徳川幕府からはある意味引き立てられている人たちで、慶長十七(一六一二)年に大挙して江戸に下ってきたころには二隻による船曳網も三か統に増えていたとなると、在来漁村の漁民たちと緊張状態が生じて本格的な紛争が起きてもおかしくない状況であった。その結果、翌年の慶長十八年になって、佃・大和田村の漁民に対して「江戸近辺の海でも川でも、どこででも漁業をしてよい」というお墨付きが与えられたのではないだろうか。このお墨付きが、この後、佃島を成立させてからも、漁業紛争があるたびに伝家の宝刀として登場してくることになる。

佃・大和田漁民の漁業

移住型漁民を代表する佃村と大和田村の漁民たちの漁業はかなり先進的だったといわれている。たとえば、すでに紹介した船曳きによるまき網のような漁業は関東の漁民たちには知られていなかったとされている。

関東漁業の未熟さを指摘した『慶長見聞集』では「地獄網」という大網で魚介類を根こそぎ獲ってしまうことを記している。それは「早舟一艘に水手六人ずつ、七艘に乗って大海へ出て大網をかけ、両方三艘ずつで網を引き、一艘はことり船と名付けて網を差配し、この網の内の大魚も小魚も外へ逃すことがない」。この漁法は、もう一つの移住型漁民である鰯網漁の様子を示しているようにも思えるが、白魚漁の試験操業で紹介した「船曳きまき網」の大型版のようにも思える。この網（鵜縄網ともよばれる）には、袖縄に「ふり」という木片（槇という樹木）をつけ、魚を追い込むようになっている。さらに、これらに重石と熊手を付けることで、「砂三尺底にあるもろもろの貝などを引き起こし、天地開闢より関東では見たことも聞いたこともないような海底の大きな魚、砂底の貝をとる」（『慶長見聞集』）と、少し大げさではあるが、現在の桁網のような漁業を紹介している。

佃島の漁民たちが開府とともに江戸へやってきて白魚漁をしたことは間違いない。しかしすでに述べたように、白魚役との関係がよくわかっていない。もともと白魚役が隅田川で独占的に白魚漁をすることができたのは、寛永期（一六二四～四四年）に隅田川河口でいろいろな漁民がひしめくように漁をしていたので、これは「みだりがましい」ということで、浅草川の金龍山（隅田川の浅草寺）から芝浦までを独占するような特別の許可を得たためであるとされている。逆に言えば、それまでは佃村の漁民たちも船曳きまき網や四つ手網、あるいは定置網をふくめて、いろいろな漁法でシラウオやその他の魚類を漁獲していた可能性はある。佃村漁民に対して中川での白魚漁の許可が出たのは寛永十五（一六三八）年である。その中川などでは、献上用のシラウオは定置網で獲っていたが、自分たちが売りさばく商売用には四つ手網を使っていたともいわれている。

時代が下って宝暦八（一七五八）年に佃島の名主が提出した文書には、将軍が御成りの際に勤める漁業として、大小の六人引きの引き網、鵜縄網、かち鵜縄（歩いて曳く鵜縄）、投網、長縄（はえ縄）、四手網があげられている。おそらく開府以来、こうした漁具漁法を駆使して、シラウオだけではなく、タイやスズキ、ウナギなどなど、いろいろな魚をかなり漁獲し上納するとともに、余った分については日本橋市場などで販売することによって、江戸時代初期の江戸前の海の漁業の中心的役割を担っていたものと考えられる。

深川猟師町の成立

一方、佃村や大和田村からやってきたうちの一部の漁民は、当初、酒井雅楽守の浜屋敷（現在の中央区日本橋蛎殻町一丁目あたり）を居住地として、隅田川の河口である深川の海上で漁業をおこなっていた。とくに大和田村の人たちが多かったといわれている。寛永六（一六二九）年に小名木川の南側の微高地の開発を摂津国の人たちなどが願い出て許可されたことは、すでに述べた。深川猟師町の成立である。

深川猟師町は佃島とともに江戸前漁業の一拠点として発展するが、猟師町から魚を扱う小商いや集荷などをする問屋的な町、さらには河岸の町へと変貌する。深川猟師町の石垣で築かれた河岸は、寛永十九（一六四二）年ごろから多く造られるようになった。猟師町とはいっても基本的には船役としての務めが多く、明暦三（一六五七）年の大火の時には登城する武士たちのために船を仕立てたりしている。寛文十（一六七〇）年には、河岸地などを除いて無年貢地という状況ではなくなり、さらに猟師が減って猟師町という形態から脱皮したともいわれている。貞享《じょうきょう》二（一六八五）年に言の字船は百六十九艘と記録されている。

Box 7

流通機構の整備と発展

漁業生産量をあげる一方で、漁獲物を消費者に届けるための流通機構の整備もおこなわれた。ここでは、江戸時代初期の江戸前の海の魚市場を中心にみてみよう。

天正十八（一五九〇）年から十九年にかけての道三堀の開削と同時に、周辺には材木の集散をおこなう材木町や廻船・船具商の集まる舟町、さらには遊女をおく柳町までもが出現し、町が形成されたという。こういう場所に佃村や芝村の漁民が幕府に納めた余りの魚を持ち込んで商いをしていた可能性は大いにある。

その佃村の中心人物は初代森孫右衛門の次男にあたる森九左衛門で、始まりは慶長五（一六〇〇）年か六年といわれている。しかし道三堀周辺の町屋は、慶応八（一六〇三）年から十二年にかけて郭外に移転させられた。九左衛門たちは、遅くとも慶長十二（一六〇七）年には、日本橋川に面していない日本橋本小田原町に移転したらしい。しかし、どういういきさつなのか、元和二（一六一二）年から七年にかけて、九左衛門たちの魚市場は日本橋川に面した本船町や按針町に拡大し、日本橋魚市場が成立したと考えられている。この場所は、江戸の物流を担うもっとも重要な水路である日本橋川の北岸に位置する。その後大正

図 Box7　日本橋
『江戸雀』（江戸で開板された最初の地誌）巻三（延宝 5〈1677〉年）挿絵は菱川師宣　国立国会図書館デジタルコレクションより転載

十二（一九二三）年の関東大震災で壊滅状態となり築地に移転するまで、三百年以上にわたって江戸の町に魚介類を供給し続けてきた。その築地市場も平成三十（二〇一八）年に豊洲に移転した。

芝村の漁民たちは、東海道が整備された慶長九（一六〇四）年前後から地元の浜でも魚介類を売りはじめたらしい。芝の雑魚場である。雑魚場は、江戸から京に向かう基幹道路としての東海道が定められたころに、芝村の漁民が東海道往還にでて雑魚を売り始めた、自然発生的にできた魚市場であるといわれている。現在のＪＲ山手線の田町駅の少し東側にある港区立本芝公園のある場所で、かつては船が直接乗り上げる浜辺であり、街道沿いには雑魚場があった。明治五（一八七二）年には雑魚場のすぐ沖に堤防を築いて、日本初の鉄道である新橋―横浜間の線路が敷かれた。

一方、独自の流通システムを確立したのが大和国桜井町（現在の奈良県桜井市）出身の大和屋助五郎である。寛永五（一六二八）年に、駿河・伊豆国をまわって漁民と交渉して契約を結び、必要な資金を貸し付け、活鯛流通システムを開発した。さらにタイだけではなく、漁獲された魚介類を一手に引き受けて江戸で捌き、魚介類流通業界では江戸最大の大店となり、元文（一七三六～四一）年間には発展の絶頂期をむかえた。

こうした「魚問屋仕入（あるいは仕込）制度」は、魚問屋が津々浦々の漁村から漁獲物を確実に仕入れるために、漁業を営むために必要な資金や機材を漁業者に前貸し（仕込み）し、その代わりにすべての漁獲物を安く買い取る制度である。この制度によって隆盛をきわめていた日本橋などの魚問屋に反旗を翻したのが、本牧村や横須賀村、小坪村などの三浦半島にある十七か村である。江戸前の海とは異なり距離もあるために鮮度が低いということで安く買いたたかれたり、口銭とよばれる手数料もかなり取られたりしていたらしい。評定所に訴えるとともに江戸の家持たちの協力で、日本橋魚市場の南の楓川沿いにあった本材木町に、新肴場を延宝二（一六七四）年に設立した。

停滞する江戸時代中・後期の漁業

江戸時代前半と中・後期の漁業の概要

江戸開府からほぼ百年をかけて、江戸前の海の漁業とその流通機構は、劇的に変化した。在来型漁村の御菜八ヶ浦や移住型漁村の佃島と深川猟師町だけではなく、ここではふれなかったが二之江村や桑川村、長島村、船橋村などの江戸前の海の最も奥に位置する葛西方面の村々も十分な魚介類を供給するようになった。さらに三浦半島や房総半島の津々浦々でも、さまざまな漁業が発展し流通網も整備されて、漁獲物は江戸に向けてどんどん運び込まれるようになった。鮮魚の供給圏も、江戸前の海の周辺だけではなく、三浦半島や房総半島の全域、さらに冬場になると西は駿河湾から東は九十九里や常陸国の沿岸にまで拡大した。生きた鯛にいたっては、伊豆半島はもちろん、遠く瀬戸内海からも活魚輸送がおこなわれていたらしい。

こうして江戸の人口が百万人に達した一七〇〇年前後、遅くとも高度経済成長期にあたる元禄時代（一六八八～一七〇四年）には、江戸前の海の漁業や流通機構はほぼ全盛期に達した。

江戸時代の中期から後期になると、江戸で消費する魚介類は膨大な量になり、種類も多様になる。漁場をめぐる紛争や浦と浦との諍いも熾烈になってくるのが当然である。資源的にも乱獲の兆候がみえはじめる。ここでは、江戸時代中期から後期にかけての漁業の停滞あるいは疲弊する様子について、御菜八ヶ浦を中心とした漁村の状況と幕府の対応、あるいはいくつかの漁業紛争などからみていこう。その後、江戸前漁業が成熟したとされる文化十三（一八一六）年の「神奈川浦会合」についてふれることにする。

在来漁村の停滞

高度経済成長期が終わると景気にかげりが出てくるのは、私たちが経験した平成のバブル景気と同じである。八代将軍吉宗の主導によって、質素倹約を中心にした享保の改革が在職中（享保元〈一七一六〉年から延享二〈一七四五〉年）に実施された。さらに、急増した人口も停滞した。こうした影響から、日本橋魚市場は享保期（一七一六～三六年）には不景気になったとされている。また、魚介類の十分な供給にともなって、在来の漁村は停滞あるいは疲弊していった。

享保五（一七二〇）年に芝の二浦と品川、大井御林、羽田の五か浦に対して幕府から「御尋」があり、当時の猟の様子と魚の売りさばき状況について返答している。それによって、羽田以外の四か浦は「小猟」であること、イワシは鵜縄網や地引網などで獲ること、金杉と本芝以外の三か浦は魚を取り上げるとすぐに日本橋小田原町や芝金杉町、本芝の問屋に搬送していること、さらには網の大きさなどによって問屋から借金をしていることなどを知ることができる。

御菜八ヶ浦組合の成立

こうした中、幕府は享保七（一七二二）年に御菜八ヶ浦や深川猟師町、さらには葛西方面の浦々に御菜上納の廃止を命じた。これに対して猟師たちは、上納を励みに漁業にいそしんできたので上納を継続させてほしいと懇願したので、幕府は撤回した。それから十二年後の享保十九（一七三四）年には、金杉町と本芝町、品川猟師町から臨時の御菜上納について、漁獲量が減少して猟師が困窮していることを理由に、その軽減を願い出ている。このころにはすでに漁獲量の低下、資源量の減少があったのだろうか。

さらにその翌年に、御菜八ヶ浦が臨時の上納に関する願書を提出している。これは、臨時の御菜御用はだいたい前の日のお昼ごろあるいは夕方の四時ごろに御触れがあり、それからこの触れ状を芝から羽田をまわって神奈川にまわすのは急いでも夜中になり、それから猟にでていては翌朝の御用に間に合わない。そこで、今後の臨時御用は生麦と新宿、神奈川の三か浦を除いた五か浦で負担するが、神奈川の三か浦は諸経費を分担することにしたい、という申し出である。この時点、享保二十（一七三五）年が御菜八ヶ浦組合の成立とされている。江戸時代初期に本格的な漁業の黎明期を支え、発展し、さらに全盛の時代も過ぎて、停滞あるいは疲弊の時代に入って御菜八ヶ浦の組合が成立したということになる。

江戸前の海の漁業紛争——一六〇〇年代後半

一六〇〇年代の後半には、多くの漁村が形成されて漁民数も増え、漁業の方法や種類も多様化した。さらに、お墨付きをもった猟師だけではなく、農民が肥料として海藻を集めたり貝取りなどをしたりするようになる。すでに江戸前の海の漁業は飽和状態になり、浦と浦あるいは漁村民や農村民との間で紛争が増えるのも当然といえば当然である。

寛文九（一六六九）年には、佃島の漁民の申し立てによって、日々網の設置が禁止されている。日々網は、竹を立てて設置する定置網で、猟に差し障りがあるだけではなく、入舟出舟の障りにもなる。日々網の設置問題は宝永元（一七〇四）年や元文《げんぶん》四（一七三九）年などにも勃発しているので、かなり広くおこなわれていた漁業なのであろう。貞享元（一六八四）年には上総国の富津村が地先でほかの村が鰯漁をすることを禁じた。また、元禄四（一六九一）年には佃島漁民と白魚役との間で漁場をめぐる紛争があったが、紛争のたびに裁定によって絵図面が作製されて、漁場の区分けを示す線が引かれたにもかかわらず、延享三（一七四六）年には再び紛争になっているので、表には出てこないような悶着は長い期間にわたってかなりあったものと推測できる。

江戸前の海の漁業紛争——一七〇〇年代前半

江戸前の海の玄関口にあたる東の富津村と西の野島浦の間では、元禄十四（一七〇一）年に漁場をめぐって富津村の漁師が野島浦の漁師を拘束し、船を取り上げるという事件もおきた。裁定の結果、野島浦の者が入会ではない富津村の地先で操業をしたと認められ、富津村の勝訴となった。

江戸前の海の最奥部では、江戸時代の初めから、佃島猟師たちがお墨付きを振りかざして横暴な漁業をしていたとされているが、宝永六（一七〇九）年になって、葛西の二之江村、下今井村、長島村が、自分たちの白魚漁場に佃島の猟師たちが入り込んで漁をすると訴え出た。これは元禄十六（一七〇三）年の元禄地震の後に江戸川河口の澪筋が変わったためでもあるが、結局、河口の東は葛西三か村、西は三か村と佃島の漁場であるという葛西三か村にとって有利な裁定がくだされた。また、貝漁にかなり特化していた移住型漁民の深川の猟師たちも、大森から羽田の海岸で貝漁をおこなっているということで、正徳五（一七一五）年に両浦から訴えられた。その結果、深川猟師は大森と羽田の両浦に立ち入ってはいけないという裁決がだされた。こうした裁断は、猟師町の特権がすでにこの時代になるとかなり薄れてきていることを示している。

猟師町ではない場所での紛争も多くなっている。たとえば正徳六（一七一六）年には、大森村にとっては田畑に施す肥料となるアオサなどの海藻類の採集場所である羽田から大森地先の洲に、蒲田などの村民が爪のついた籠で貝を取る貝巻漁をしているということで訴え出た。その結果大森地先の洲では、大森村以外の者は、アオサなどの海藻取りはしてもよいが貝籠で貝類などをとってはいけないという裁決がでた。さらに享保十（一七二五）年ごろからは船橋浦と猫実《ねこざね》・堀江両村とで漁場争いがおきていたようで、享保十四（一七二九）年には堀江村の漁師二人が船橋浦でバカガイ取りをしていたところ、船橋の漁師が道具を取り上げて紛争になったという。

山野海川入會

江戸幕府がこうした漁業紛争を少しでも減らそうと作成したのが「山野海川入會」で、寛保元(一七四一)年にまとめられた『律令要略』に書かれている。時期的にはかなり遅いように感じるが、自らの領地の独占的使用とともに、山や川は集団的な共同利用が社会的に承認されて入会権が認められていた。領主が村々の地先の海面の利用を許すとともに、沖合いについては入会でいくつかの村が共同的に利用していた。ところがすでにみてきたように、一六〇〇年代の後半からとくに一七〇〇年代に入ると、江戸前の海のあちこちで漁業紛争がたびたびおきた。

「山野海川入會」には二十八項目が掲げられているが、そのうち川でのアユ漁をふくめて十五項目が海川に関することである。

まず「漁猟の入会の場に国の境は無い」(魚獵入會場は、國境之無差別)、つまり沖合いは村の境のない「公海」であることをはっきりとした。とくに江戸幕府の漁業制度の根幹となるのが「沖は入會であるが、磯猟をする沿岸では地付であり根付であること」(磯獵は地附根附次第也、沖は入會)である。これは、すでに慣行としておこなわれていたが、この時期になって明文化されたということであろう。

しかし、磯猟をする沿岸と入会をする沖合いの区別は、統一された基準はなく、海岸からの距離であったり水深であったりしたようだ。

神奈川浦会合

文化十三（一八一六）年になって、江戸前の海の漁業者が一同に会して会合を開いた。開催場所にちなんで神奈川浦会合とか神奈川会合とよばれているもので、現在まで受け継がれている日本の漁業者による自主的な資源管理の原点として知られている。

参加したのは木更津村（現在の千葉県木更津市）から篠部《しのべ》村（千葉県富津市）までの上総国の十五村と浦郷《うらごう》村（現在の神奈川県横須賀市）から久里濱村（横須賀市）までの相模国の九か村（ただし馬堀村と大津村からは兼任の名主一名が調印している）、および本芝浦から野島村までの武蔵国の二十か村・浦、合計四四か村・浦である。金杉浦と佃村、深川猟師町、あるいは葛西方面の下総の村や浦は参加していない。

議定一札之事として会合の記録が残されている。その前文には、武蔵と相模、上総、下総の国々の内海では猟師たちが前々から集会を開いていろいろな事を申し合せてきたことや小前猟師（規模が小さいのか、あるいは磯猟だけをする漁師）にもしっかりと申しふくめて猟師村に差し障りのある猟業はもちろんのこと新規のことは始めないことが記されている。さらに、以前から集会が開かれていたのか、「前々回の議定の通り」（前々議定通）万が一にも難破船のでるような事態になれば、お互いに助力することを上申するとともに、守るべき三箇条、すなわち、会合を毎年開催し、漁具漁法を守り、取り決めには従おう、を示している。これらの前文から、いつのころかは不明であるが、江戸前の海の猟師たちがかなり広範囲に頻繁に集まっていろいろなことを相談していたことがうかがわれる。

内灣漁猟職業三拾八職

「神奈川浦会合の議定書によって内湾三十八職（職はここでは漁具漁法をさす）が決められた」とよくいわれる。しかし文化十三（一八一六）年の議定書には、新規の漁猟の禁止は明言されているが、具体的な漁具漁法の記録は見あたらない。『富津水産採捕史』では、万延（一八六〇年〜）から明治二十四（一八九一）年までの「内湾で行われた漁職表」をまとめ、四十四種類の漁具漁法が示されている。文化十三年の議定書前後のどこかの時点で内湾三十八職が決められたのかもしれない。その一方で、旧来からの慣行によって何となく三十八職が認められていたとも考えられる。

こうした会合を開きながら、また漁場や漁具漁法をめぐる諍いが勃発しながらも、時の流れは幕末から維新、そして明治へと激動の時代になっていく。東京湾漁業の姿がきちんとまとめられるのは、明治になってからである。

江戸時代に獲られ・食べられていた魚介類

漁業資料にでてくる魚介類

江戸時代に入って漁業やその流通機構などが急激に発展したが、その対象となった江戸前の海の魚介類をきちんと記録した資料となると、とくに江戸時代初期には、なかなか見つけることができない。

家康の江戸入府（天正十八〈一五九〇〉年）とともに、在来型漁村の代表である芝村では、イシガレイや海藻類、ハマグリを献上していたという記録がある。また、三代将軍家光が生まれた慶長九（一六〇四）年にはタイ（これはふつうに考えればマダイだろう）とボラ、スズキが納入された。慶長（一五九六～一六一五）年間には、葛西の二ノ江村で、地曳網によってカレイ（イシガレイやマコガレイの区別はしていない）やキス（ふつうはシロギス）、サヨリなどが獲られていたという。

少しまとまった報告があるのは神奈川三か浦で、宝暦から明和（一七五一～七二）年間に三か浦が報告した書状『恐乍書付を以奉申上候』がある。漁期と漁法、対象種を次のようにまとめることができる。

春から冬までは、藻曳網、手繰網、小網漁、鱚網、長縄猟、赤貝猟によって、石かれい、もうを（主にカサゴ類）、あゆなめ、車ゑひ（クルマエビ）、石首魚（いしもち―東京湾ではふつうシログチが獲れる）、鱚（シロギス）、ひらめ、鮍（コチ）、鯛、ふっこ（スズキ）、ゑい類（エイ類）、ぼら、かいず（クロダイ）、藻鰈（マコガレイ）、青鱚（アオギス）、其外小魚、赤貝、にし貝が漁獲されている。

夏には鰍《いなだ》網と六人網で、いなだ（ブリ）とせいこ（スズキ）、いな（ボラ）、このしろが獲られ、夏から秋までは、手繰網と地曳網で、あゆなめ、石持（シログチ）、車ゑひ、もかれい（マコガレイ）、鯛、ふっことせいご（スズキ）、ひしこ（カタクチイワシ）、小あし（小さなマアジ）、いなた（ブリ）、其外小魚が獲られている。

秋から冬までは八田網でいわし（マイワシ）、このしろ、ひしこ（カタクチイワシ）が、二月から十月までは鵜縄網でなよし（ボラ）、さより、いなすばしり（ボラ）が、また十月から翌四月までは海鼠猟でなまこが獲られている。

冬には小網猟と八田網で、もかれい（マコガレイ）、石かれい（イシガレイ）、こはた（コノシロ）、いわし（マイワシ）、ひしこ（カタクチイワシ）が獲られている。

こうした江戸前の海の漁業関係の資料をまとめると、一八〇〇年くらいまではほぼ二十五種類ほどが、また一八〇〇年代になってもせいぜい三十種類ほどが漁獲の対象として記録されているにすぎない。少ないような気もするが、これらの資料にはシラウオやウナギ、あるいはアユなどがでてこない。もちろん、もっと詳細に文献をあたれば、江戸前の海で漁獲されていた魚介類の種類数は増えるものと考えられる。

そこで少し視点を変えて、食文化の中の魚介類についてみてみよう。

大饗料理から自由な料理へ

日本の料理様式は古代におこなわれた神饌《しんせん》料理から始まるとされるが、その詳細は不明である。現在知られている最も古い料理様式は、平安時代の貴族の儀式料理である大饗《だいきょう》料理といわれている。それに対して武家が模索した儀式料理が本膳料理で、室町時代に確立されて江戸時代に発展した。本膳料理は、日本料理の原型が完成した料理であるといわれ、出汁の基本としてカツオとコンブが用いられるようになった。しかし基本的には儀式料理であり、作りおかれたものが提供された。

この本膳料理から、自由においしく食べようということと、当時発達してきた茶の湯の作法に則ろうとしてできたのが懐石料理である。懐石料理では、季節を感じるような旬の素材にこだわり、茶会のおもてなしに従って料理の器や盛り付け、料理を出すタイミングにも気配りをする。食べる方も、いろいろな作法にしたがって食をすすめる。

江戸時代に入ると、懐石料理から茶の湯の要素を取り除いて、お酒を飲みながら、もっと自由に会食をすることがおこなわれるようになってきた。自由な料理である。こうした料理を提供する料理屋も街なかに出現し、さらに料理そのものの知識を公にする料理書の出版も盛んになった。

江戸時代の料理本の概要

江戸時代に出版された料理書は、刊行時期が明らかなものだけでも二百点近くにのぼるという。料理本によって江戸時代を区分けすると、次の四つの時代に分けることができる。

一、一六〇〇年代前半は、儀式としての形式的な料理から自由に味覚を楽しむ料理への移行期で、具体的な調理法などを記述した本が刊行された。代表は『料理物語』(寛永二十〈一六四三〉年)。

二、一六〇〇年代後半から一七〇〇年代にかけては、料理をふくめた江戸文化が隆盛し発展する時代で、『料理塩梅集』(寛文八〈一六六八〉年)や『江戸料理集』(延宝二〈一六七四〉年)が刊行された。

三、一七〇〇年代は日本料理の発展期であり、その後半にはほぼ完成したとされる。その代表として『黒白精味集《こくびゃくせいみ》』(延享三〈一七四六〉年)があげられる。また、一種類の材料についていろいろな料理法を解説する、いわゆる「百珍物」が相次いで刊行された。魚介類では『鯛百珍料理秘密箱』(天明五〈一七八五〉年)や『海鰻百珍』(寛政七〈一七九五〉年)があるが、有名なのは『豆腐百珍』(天明二〈一七八二〉年)である。

四、一八〇〇年代に入ると、化政文化ともよばれる江戸を中心とした文化が花開いた文化・文政期(一八〇四〜三〇年)に突入する。この時代を代表する料理本として、江戸料理八百善の四代目当主善四郎が著した『江戸流行料理通』（初編〜第四編　文政五〈一八二二〉年〜天保五〈一八三四〉年）があげられる。

『料理物語』と『黒白精味集』——その概要

江戸時代初期の料理書として最もよく知られているのが『料理物語』であるという。それは「前時代の料理書の形式主義から脱却して、具体的に平易に、料理の材料や調理法を書いた、最初の画期的な料理書である」（『古典料理の研究〈八〉　寛永十三年「料理物語」について』松下幸子ほか著）。『料理物語』のこれまでの刊本には、跋文の末尾に「於武州狭山書之」、つまり武蔵国の狭山（現在の埼玉県狭山市なのか）で書かれたと記されている。しかし著者は、大阪生まれの商人で京都定住者であるともいわれているが、不明である。大阪にも小田原北条氏の末裔が藩主であった狭山藩（現在の大阪狭山市）があり、江戸時代には日比谷に上屋敷があった。それはともかく、『料理物語』の内容は、京や大坂の上方を中心とした料理の聞き書きの江戸時代初期の集大成とされている。

一方、『料理物語』から百年以上経って刊行された『黒白精味集』の編集は孤松庵養五郎。詳しい来歴は知られていないが、料理の語彙に関西方言がないといわれている。さらに序文では、自ら「江戸川散人」と記し、内容的にも江戸周辺の魚介類の産地などが所々に付け加えられ、「江戸前名物」という項も立てている。

『料理物語』と『黒白精味集』――上中下魚の比較

ここで、上方の『料理物語』(以下『料理』と略す)と江戸の『黒白精味集』(『黒白』)で示されている「上中下」の等級をみてみよう。

『料理』では「虫魚類　上中下記之」として「上食の分」、「中食の分」、「下食の分」と分けている。項目数は百三で、そのうち魚類は六十四種、貝類は十一種。『黒白』では「一色料理　上」と「一色料理　下」、「介貝の類」に分け、さらにこれらに「上」、「中」、「下」の等級をつけているが、項目数は七十八で、魚類は五十五種、貝類は十五種である。これらを一覧表にした(表3-1)。ここでは私たちの江戸前の海でおなじみの魚介類を中心にみていこう。

まずは鯛である。徳川家の祝い事などでもたびたび出てくる魚で、この時代、江戸ではかなり重宝されていたのだろう。『黒白』でも当然「一式料理　上」の最初に紹介され、「料理一道の主也」と記されている。その一方で『料理』では、本文の「海のうをの部」では最初に紹介されているのに、評価は「下食の分」である。江戸前の海には欠かせないスズキも、『黒白』では「一式料理　上」の二番目に出てくるが、『料理』では本文では鯛の次に紹介されているのに評価は「中食の分」である。他にも『黒白』では「上」なのに『料理』では「中食の分」なのがサケ、サワラ、タラ、ナマコで、「下食の分」なのがフナ、マス、アンコウ、キス、アユ(ただしヒヲは体が透明なアユの仔で「上食の分」になっている)、それとタコである。

	黒白精味集				料理物語
	一式料理 上	一式料理 下	介貝の類		虫魚類　上中下記之
上の魚	鯛、鱸、鰭白、鯉、鮒、鮭、鱒、鰆、鮟鱇、石鰈、甘鯛（「糸より甘鯛」と「糸より鯛」の表記あり）、鱠残魚（キス）、細魚（サヨリ）、鮎、白魚（シラウオ）、生鱈、蛸、烏賊、海鼠（ナマコ）		伊勢海老、車海老、鮑、虫へんに夜（タイラギ）、海松食（ミルガイ）、蠣（カキ）、馬力（マテガイ）、虫へんに甘（アカガイ）、蜆（シジミ）	上食の分	鯉、王餘魚（カレイ類）、イトヨリ、ナマズ、エソ、コチ、鰩（つくりは謡のつくり：トビウオ類）、カマス、メハル、カジカ（カサゴ類とハゼ類があり）、鰌（ドジョウ）、ウナギ、ヒヲ（アユの仔？）、アジ、マナガツホ、干鰹、イシモチ、イサキ、カナ（沖ススキとも：アラか？）、イカ、スルメ、ハマグリ、虫へんに甘（アカガイ）、カキ、シジミ、アミ、クラゲ、ホヤ、コノワタ、セワタ、ハム、ゴンギリ、ニトリ、カラスミ、ヨド
中の魚	鰡、鯒、赤魚（たとえばアコウダイ）、魚ヘンに廣（ヒラメ）、鰹、目近（ソウダガツオ類）、赤鱏（アカエイ）、茂魚（カサゴ）、魴鮄（ホウボウ）、鯵、読解不能の漢字（アユナメ）、石首魚（いしもち：東京湾ではシログチか）、鱓（ウナギ）、鯇（アラ・ハタの仲間か）、魚へんに碌のつくり（ボラ・2回でてくる）	芝海老、川海老、手永海老、ゑびざこ	蛤、蜊（アサリ）、栄螺（サザエ）、蓼（同じ難字）（ニシ）、田（難字）（タニシ）、海（同じ難字）（バイ類）、さるぼう（サルボウガイ）	中食の分	鲈（スズキ）、雷魚（タラ）、ハマチ、サワラ、ウルカとユルカ（アユの塩辛）、コノシロ、鰯（マイワシか）、サメノタレ、ハエとモロコ（コイ科の中小淡水魚）、ウグイ、イサザ（ハゼ科か）、ハス、カツオ魚、厥魚（サケ）、カラサケ（干サケか）、イハナ（イワナ）、タナゴ（ウミタナゴか淡水のタナゴかは不明）、海老、栄螺（サザエ）、バイ、トリガイ、馬刀（カラスガイ：黒白ではマテガイになっている）、田螺（タニシ）、ノシ（熨斗鮑、ノシアワビか）、ナマコ、イリコ（干ナマコ）、ヲモト、ウホノミ、コマメ、カドノコ、シトトビ、スス
下の魚	生鰤（ブリ）、鯥（ムツ）、めはる弁同、黒鯛、魚ヘンに於（ドジョウ）、朧魚（オコゼ）、沙魚（ハゼ類）、嶋鯵（シマアジ）、鰀（カマス類）、生鯖、いさき、鷹の羽（タカノハダイか）、魚ヘンに犬（ウグイ）、鰊（ニシン：表記が乱れて、ウグイと混同している）、生鯨、鮫、まぐろ（「しび」と「びん長」の表記もあることからマグロ類）、生鰯（マイワシ）、ひしこ（カタクチイワシ）、河豚（フグ類）、鮗（コノシロ：「こはだ」と「さっぱ」の表記もある）	蟹	ばか（バカガイ：柱は中になっている）	下食の分	鯛、鱒（ふつうサクラマス：陸封型はヤマメ）、アメ（ビワマスやアマゴなどのマス類か）、鮒、鯖、シイラ、鰤、クチ（ニベの仲間？）、キスゴ、鮎、フク（フグ類）、鯨、フカ（サメ類）、シビ（クロマグロ）、ギギ（淡水魚のギギ類？）、ミゴイ、ワタカ（コイ科の1種）、タナゴ（海水魚、淡水魚？）、カナカシラ、エイ、白魚（シロウオとルビ）、アンカウ、チニ（クロダイ）、クロヤ（メジナ？）、サイリ（サンマ？）、イセゴイ（ボラ）、亀、蛙（カハヅ）、蛸、カニ、ガザメ（ガザミ）、小エビ、トベタ、爪班（ツマクロ）

表 3-1　『料理物語』（寛永 20〈1643〉年）と『黒白精味集』（延享 3〈1746〉年）の上中下魚の比較
松下ほか（1982 および 1988）を参考にして作成

鰆白（ハタ類あるいはマハタ）と甘鯛、サヨリの三種は、『黒白』で「上」なのに『料理』では出てこない。ハタ類は、今では関東よりも西日本で親しまれている魚である。さらに甘鯛も現在では関西方面でよく見かける。ただし『黒白』の本文での甘鯛の説明では「糸より甘鯛」や「糸より鯛」ともあり、イトヨリダイ（これも今では関東よりも関西で多く見かける）であれば『料理』でも「上食の分」とされている。

『黒白』でも『料理』でも「上」と判定されているのは、コイとカレイ（石鰈と王餘魚）、イカの三種類だけである。

江戸前の海でおなじみのボラやコチ、ヒラメ、カツオ、アジ、シログチ（いしもち）、ウナギなどは『黒白』では「中」に、ブリ（生鰤）やクロダイ、ハゼ類、コノシロ、マイワシとカタクチイワシは「下」に評価されている。逆にいえば、こうした魚は江戸の庶民がふつうに食べていたと考えることもできる。

浅草海苔から垣間見る江戸前の海の水質

これまでの「水質」の記録

私たちの江戸前の海の「水質」を、科学的な視点から論じるには、明治時代を待たなければいけない。

しかしすでに、一二〇〇年代前半の鎌倉時代の歴史書である『吾妻鏡』で、「腰越のあたりの潮が赤くなって血のようだ」とか「先日、由比の海水が赤くなった」といった赤潮を連想させるような記事のあることを紹介した。これは、屎尿《しにょう》などの生活排水（有機物）が海に流れ出し、それが分解されて栄養塩がつくられ、さらに日差しが降り注いで水温も上がったところで植物プランクトンが大発生し、赤潮がみられたのかもしれない。当時の鎌倉には五〜十万人くらいが住んでいたと推定されている。これは江戸入府から間もない一六〇〇年ごろの江戸の人口である。それから百年あまりで江戸は百万都市にまでなった。つまり江戸時代の江戸の人口は、百年ほどの間に鎌倉時代の鎌倉の人口の十〜二十倍になり、それだけの数の人たちが江戸前の海に影響を与えるようになったということである。江戸時代の江戸前の海でも、赤潮が発生することはおおいに推測できる。

さらに、江戸時代中期の芝の雑魚場の調査で汚染に強いホトトギスガイが出土したことから、江戸時代中期には江戸前の海の湾奥でも汚染が始まったのではないかとも考えられている。ここでいう汚染というのは、有機物が流入することであり、さらに分解されて富栄養化が進むこと、植物プランクトンが大増殖することなどをさしている。

海苔に注目

そこでここでは、栄養塩によって成長や品質が左右され、さらに塩分にも影響を受ける海苔に注目して、江戸時代の水質の変化を推測してみよう。

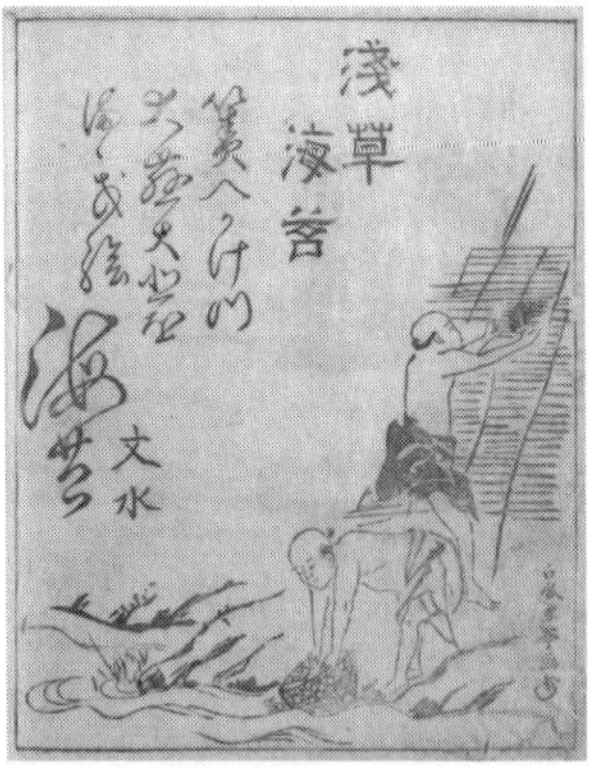

図 3-7　浅草海苔
『名物鹿子』（享保 18〈1733〉年）
国立国会図書館デジタルコレクションより転載

海苔は、平安時代に成立した『延喜式』などに記されているように、飛鳥時代から奈良・平安時代の調や庸として納税された品目に「紫菜」としてでてくる。私たちが一般に海苔と認識しているのは、ウシケノリ科のアマノリ属に分類される藻類である。現在私たちが実際に食べている海苔は、アサクサノリやスサビノリといった種を品種改良したオオバアサクサノリ（愛媛県西条市で品種改良）やナラワスサビノリ（千葉県袖ヶ浦市奈良輪）がほとんどである。

浅草海苔と葛西海苔と品川海苔

江戸前の海で知られているのは「浅草海苔」である。浅草海苔は、種としてのアサクサノリではなく、かつては紫菜とよばれたアマノリの仲間で、遅くとも江戸時代初期から浅草で売られていた海苔のことである。

当初は浅草で採られて、浅草で製され、浅草で売られていた。しかし浅草での収穫ができなくなると、江戸前の海の方々から運んできて、浅草で乾海苔として製品にしていた。浅草海苔というのは、今でいうブランド名で、やはり江戸前の名物として売れていたのだろう。しかし浅草海苔がいつごろから売られていたのか、ということについてははっきりしない。浅草寺のご本尊が現れた飛鳥時代から奈良・平安時代にかけて、浅草寺にお参りをする人が徐々に増え、門前町として発展するにともなって門前市で売られ始めたのだろうか。

さらに、浅草でノリがいつごろまで採れていたのか、ということについては諸説ある。日本の藻類学の祖である岡村金太郎は『浅草海苔』で「永禄年間（一五五八～七〇年）にはもはや浅草観音より下流になり、元亀・天正頃（一五七〇～九二年）には両国辺り、その後は海にでて、金杉、芝、葛西辺りが漁場になった」と述べている。『浅草海苔盛衰記』（片田實著）では、斎藤月《げっ》岑《しん》編纂の『東都歳事記』の「往古浅草の地元、元亀・天正の頃までは、路の傍《かたわら》で漁家や農家が採って干し広げた海苔を鬻《ひさぎ》しより（販売していたことから）浅草海苔の名あり」を引用し、「家康江戸入り（天正十八〈一五九〇〉年）からあまりかけ離れていないある時点で、河口付近を含めて浅草川全域から、ノリはぷっつりと姿を消した」としている。

ノリが浅草から姿を消した原因は、江戸前の海の奥の大改造である。浅草から下流西岸の埋立てや東岸の開発については、すでに述べたとおりである。それによって「海水が溯《さかのぼ》りにくくなり、埋立て工事の流出土砂が水を濁し、ノリを覆って枯死させただけでなく、そこに沈積して貝殻を埋めてしまった」（『浅草海苔盛衰記』）。貝殻は、ノリの生活史の一時期に糸状体という形ですみつくための場所として必要である。貝殻がないとノリのタネがなくなってしまう。

浅草でノリが採れなくなるとどうしたのかというと、まず葛西で採れていたノリを、その後は品川で採れていたノリを浅草に送って、浅草で浅草海苔を製していた。そこで以下では、とくに品川海苔の「三段階の変化」、すなわち①赤から黒、②黒不味《まず》い、③黒美味《うま》いという変化に注目して、江戸前の海の水質の変化を推測してみよう。

赤い海苔

江戸時代初期の一六〇〇年代前後には、浅草海苔も品川海苔も赤かった。「海苔は黒いでしょ」と言いたいところではあるが、前の章でてきた『料理物語』には「浅草のり　いろあかし」と書かれている。また、万治（一六五八～六一）年間の出版とされている『東海道名所記』では「品川苔とて名物なり。色あかくかたち鶏冠苔《とさかのり》のちいさきもの也」とある。さらに『毛吹草《けふきぐさ》』（松江重頼著、正保二〈一六四五〉年刊の俳句の書）の巻四には本邦古今の名物（物産）を国別に並べているが、その「下総」の項に「葛西苔《かさいのり》　是ヲ浅草苔トモ云」とあることから、浅草海苔の原料となった葛西苔も赤かったと考えられる。

岡村金太郎は『浅草海苔』で品川海苔が赤いのは「品川が淡水の影響を受けることが多くなく、海水のみであった証拠で、真潮（塩分の高い海水）の処に生えるもののように紫紅色であったに違いない」としている。また、赤っぽくなくなったのは「家康入府の後の土木工事で、淡水が直接品川方面に流れるようになり、自然品川大森方面が、海苔の成長に適するような塩分の稠度（もともとは流動性を表すが、ここでは塩分の濃淡）を得るに至ったのである」とした。つまり、海苔が赤くなったり黒くなったりするのは、同じ種類ではあるが、生息している環境水が塩分の高い海水かあるいは淡水が混じって少し甘くなった汽水かによるとしたのである。

これに対して片田實は『浅草海苔盛衰記』で、品川でも葛西でも最初の赤いノリはカイガラアマノリという別の種類であるという仮説をたてた。そして品川では、赤いカイガラアマノリが黒いノリであるアサクサノリやコスジノリに、種類が変化したという説を展開している。

黒いが不味い海苔

ここでは、どちらの説が正しいのかを判断する能力も紙面もないので、江戸前の海の埋立てによって品川浦の塩分がやや甘くなり、それによって品川海苔が赤から黒に変わったということだけを確認しておこう。年代的には、一六〇〇年代の半ばごろだろうか。

しかし残念なことに、品川の海苔は黒くなったけれども不味かったらしい。それは元禄十（一六九七）年刊の食物本草書である『本朝食鑑《ほんちょうしょくかがみ》』（人見必大著）の「浅草苔」の項に「浅草苔はもともと総州葛西の海中に多く生じ、土地の人が採って浅草村の市に伝送したものである。生の時は蒼色、乾いた後は紫蒼色のものを上とする。浅草・葛西の苔がこれである。評価も高い。武州の品川にもある。品川の苔は、生時《なまのとき》も乾後《かわいたあと》も淡《うす》青黒く、ほぼ麁《あら》くて密でない。それで味もやはり美《よ》くない」とされている。

黒くて美味い海苔

ところが三十五年後の享保十七（一七三二）年に刊行された江戸の地誌である『江戸砂子』（菊岡沾涼《せんりょう》著）では、巻之二の浅草の項の浅草川に「浅草川　上ハ荒川と云　隅田川宮戸川とも云浅草海苔当所の名物　むかしハ此近き邉まで入江なりしと也　今ハ品川海苔を当所にて製す」とある。また、同じ著者ではあるが享保二十（一七三五）年刊の『續江戸砂子温故名跡志』の巻之一の江府名産では「浅草海苔　雷神門の辺にて之を製す　二三月の頃盛也　品川生海苔　品川大森の海辺にて取る　浅草にてせい（製）する所乃のりは則此所ののり也　葛西海苔　葛飾郡桑川舟堀二の江今井これらの所にて取り其所にて製す　名産なり」と記している。

つまり、品川海苔が浅草海苔の原料としての評価が高くなったことによって、葛西海苔に取って代わったこと、および葛西海苔を一地方の名産にしてしまったことを伝えている。

では、どうして品川で採れるノリの品質がよくなったのだろうか。それはやはり江戸の人口の急増に関係していると考えられる。江戸の人口は一六〇〇年代の中ごろには五十万人であったが、一七〇〇年代前半には百万人に達した。そうした江戸の人たちの生活排水、ある意味では栄養の素をたっぷりと含んだ隅田川の水が直接芝浦から金杉浦、品川浦を直撃するのである。それにともなってノリの品質も向上した。「水清ければ魚棲まず」ではないが、ある程度の栄養塩がないとノリも成長しないし品質も悪くなる。

しかし、こうした間接的な証拠で水質を語るには限界がある。江戸前の海の水質を科学的に知るには、やはり明治という時代を待たなければいけないようだ。

第四期

明治時代から戦前まで

——近代化に歩みだした江戸前の海

はまぐり桁網　羽田沖
『水産調査報告後編ノ二』水産研究・教育機構図書資料デジタルアーカイブより転載

科学的な漁業の幕開け

低調な明治時代の漁業

「漁業は洋々たる希望と前途をもって明治維新を迎えたわけではなく、総体としてみれば、全国漁業生産総量は停滞状況に入りつつあった」(『日本漁業近代史』二野瓶徳夫著)。その理由は、狭い漁場で多くの漁民が操業したり、あるいはあまり能率のよくない大がかりな漁業技術が普及していたりしたためであるという。沿岸域で展開される大がかりな地引網漁業やいろいろな形式の定置網漁業がこれに該当する。一方発展した漁業としては、漁場を拡大したり能率化を遂げたりした、やや沖合の打瀬網《うたせあみ》漁業や流し網漁業、あるいは巾着網《きんちゃくあみ》などのようなまき網漁業があげられている。

近代的な漁業技術の開発、とくに漁網と漁船の発達には明治期いっぱいを要し、普及するには大正期を待たなければいけない。また、明治初期から中期にかけては、漁業統計もまだ整備されていない状態であった。

水産博覧会と漁業調査

ここでは、明治時代の私たちの江戸前の海の漁業の実態を知るために、水産博覧会と漁業調査をみてみよう。

江戸時代の終わりに開催された文化十三（一八一六）年の「神奈川浦会合」は、名前こそよく知られてはいるが、その当時の漁業の実態についてはあまり詳しくわかっていない。多くの資料が散逸したり不正確であったりするためである。しかし明治時代になると、明治政府も漁業生産量の増加が急務であったため、明治十四（一八八一）年に農商務省を新設して農務局の中に水産課を設け、水産博覧会の開催や漁業の実態調査を積極的におこなった。

水産博覧会は、在来の優良な水産の技術を発見し普及するためにおこなった事業で、第一回は明治十六（一八八三）年に東京の上野公園で開催された。第一区の漁業の部から第二区製造の部、第三区養殖の部、第四区図書ならびに鑑品の部があり、出品数は一万四千五百八十一件、来場者数も二十三万人を数えた。各府県が地方の水産誌や図説などを出品し、東京府も『東京捕魚採藻図録』と『水産物売買統計表』を出品した。

さらに明治十八（一八八五）年に設置された水産局は、水産業発展のために学理研究にもとづく水産調査を計画し実施した。しかし計画された「豫察調査」と「本調査」のうち、「豫察調査」だけがおこなわれた。東京湾も東海區の中の第九區として、明治二十四（一八九一）年に『水産調査予察報告』（著者は、日本の水産学を興した一人で、水産動物の形態や分類、生態、あるいは漁法などの研究をおこなった農商務技師の岸上鎌吉）として刊行されている。

明治二十六（一八九三）年になると水産調査所が新設され、「水産動植物の調査、漁具漁船及漁法の調査、漁場の調査、水産物の繁殖製造及漁撈の試験、製鹽《せいえん》の調査及試験、水産物販路の調査、漁業經濟及統計の調査、水産に關する慣行の調査の事務ヲ掌《つかさど》ル」とされた。そこで実施されたのが漁場調査で、東京湾に関しても明治二十八（一八九五）年から三十年にかけて調査がおこなわれ、その結果は『東京捕魚採藻図録』『東京灣漁場調査報告』として公表されている。

以下では、『東京捕魚採藻図録』と『東京灣漁場調査報告』にもとづいて、明治時代の江戸前の海の漁業についてみてみよう。

『東京捕魚採藻図録』

原本は所在不明となっているが、いくつかの写本が知られている。東京海洋大学附属図書館のホームページでは二冊の写本が紹介されており、「図版の順序、正確さの点で彩色版の方に若干の難がある」ので、ここでは主に白黒版にもとづいて紹介することにする。しかし白黒なのは漁具の図解などで、東京湾の図などは彩色されている。

「東京灣漁場の畧圖《りやくず》」の後、「東京灣漁場の事」、「漁場慣例の事」、「漁場沿革の事」に続いて、佃島から羽田浦までの浦々および沿海漁村が紹介され、さらに「東京灣魚藻名稱《めいしょう》の事」があり、各漁法の説明の後、「海苔採場位置畧圖」と海苔漁業についての記載がある。総頁数では手書きで七十六頁（彩色版は八十四頁）である。

まず、最初の畧圖では、描かれているのは富津岬の「冨津」と観音崎の南の鴨居《かもい》よりも北の海

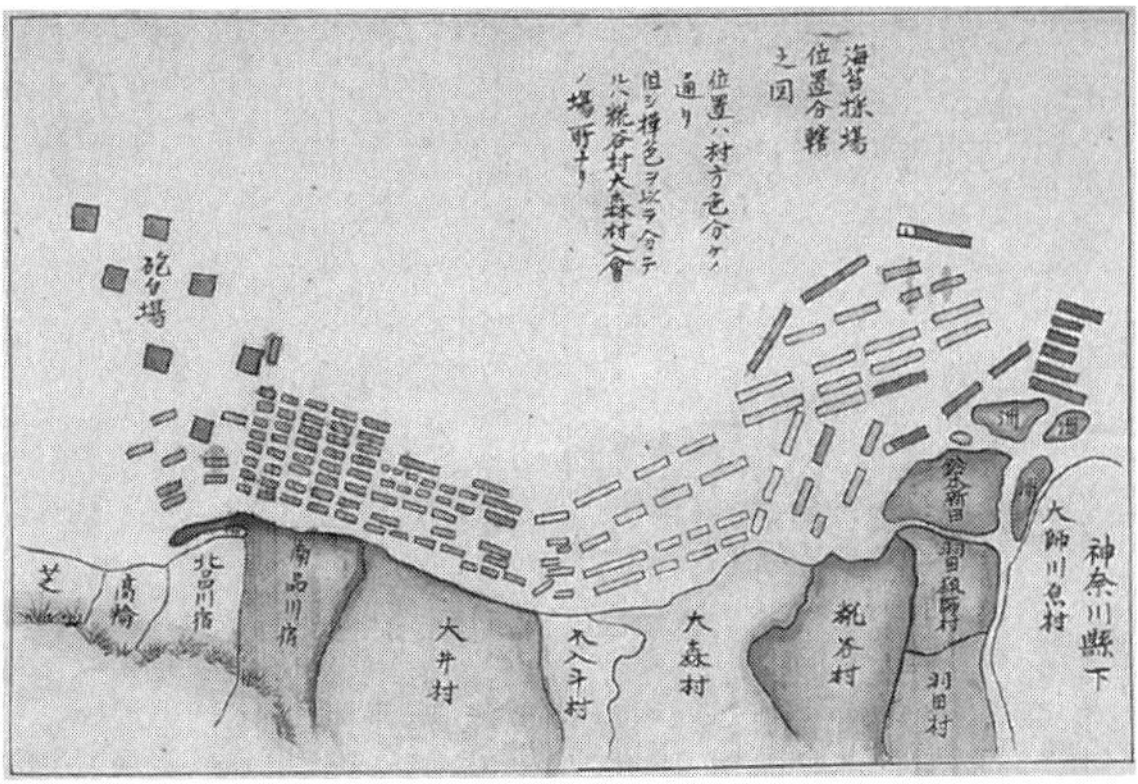

図 4-1　海苔採場位置畧圖
『東京捕魚採藻図録』（明治 15〈1882〉年）国文学研究資料館所蔵

域で、東京府の「管轄界」として、多摩川と江戸川に破線が引かれている。さらに「玉川」の河口には「藻通り標柱」とそれをつなぐ「藻通り界線」の赤線が引かれている。藻通りというのは「海岸ヨリ凡ソ七尋（約十メートル）立チ位」をさすが、これは、磯猟をする沿岸と入会をする沖合の区別の目安である。さらに藻通りは「魚苗育養ノ場所」であるという。沿岸には羽田浦から葛飾濱までが書き入れられている。

「漁場沿革の事」では、いわゆる三十八職として三十八の漁具が記されている。次いで、各浦の起立や漁場、人数、戸口、漁具漁船について記されている。お菜浦と称された「芝金杉品川御林羽田浦」は「浮キ漁」として沖の漁をするのに対して、他の浦々は「兼業」あるいは「地付漁」をするとしている。

「東京灣魚藻名稱の事」では、百八十の魚介類の名称がいろは順に、漢字とカタカナで列記されている。ただし、ボラとイナとオボコ、コノシロとコハダ、クロダイとカイヅのように、同じ種類を指すが大きさによって呼び名が変わるものも数えられている。また、魚類や貝類だけではなく、イカ、イルカ、カメ、カニ、海藻類なども記されている。

次いで「手繰網《たぐりあみ》漁法ノ事」から「藻苅法《もかりほう》ノ事」まで、四十一種類の漁具漁法について、どういった漁具を使って、どのような漁法で、どんな魚を捕獲するのかを、時には図解入りで説明している。最後に海苔を取り上げている。まず「海苔採場位置略圖」（図4-1）では、多摩川の河口から砲台場のある北品川まで、各村とその保有する海苔採場を村ごとに色を変えて示している。ほとんどが地先に海苔採場があるが、大森村だけは南のやや沖合、多摩川の河口部にまで拡がっている。面積も総計四十二万四千坪のうち、大森村が十九万三千坪で、四十五パーセントを占める。大森村は戸数でも千十五戸のうちの五百戸でほぼ五十パーセントを、また海苔採船の数でも二千二百二十七艘のうちの千三百七十一艘で六十パーセント以上を占める。こうした海苔採場の面積や創業、沿革などを説明した後、「海苔稼」として海苔漁業の概要や「海苔採法」、「海苔製造法」を詳しく説明している。

『東京灣漁場調査報告』——その概要

東京湾の漁場調査は、明治二十八（一八九五）年から三十年にかけて、農商務技師の金田歸逸《きいつ》と農商務技手の熊木治平《じへい》によっておこなわれ、その結果は『東京灣漁場調査報告』の『前編』（明治三十一〈一八九八〉年）と『後編ノ一』（明治三十三年）、『後編ノ二』（明治三十五年）として公表されている。

前編は、「總論」と「調査ノ方法」、「漁場」、「水族」、「漁具」からなるが、後編では大きく「漁場誌」と「重要漁業　漁具漁法ト生物ノ習性及漁場地文トノ関係」の二項目からなる。しかし頁数では、前編が七十三頁に版とよばれる附図が八枚、後編ノ一が百八十六頁に四十三附図（第十版から五十二版まで）、後編ノ二が百九頁に四十五附図と、後編の方が圧倒的に多い。また、後編ノ一では重要漁業の途中までを記し、後編ノ二では前書きも何もなく重要漁業の続きが記述されているため、実質的には後編の方は一と二で一つの大きな論文になっている。

では、その内容を前編と後編にわけてみていこう。

『東京灣漁場調査報告』――『前編』

前編の前に「緒言」がある。そこでは、漁場調査の目的として、将来的に漁場の拡張や漁具漁船の改良を図る際の「根底ヲ定ムル」こととしている。具体的には、漁場地文と漁獲物の習性との関係およびこれらと漁具漁法との関係を調査することによって、新たな漁場開拓や漁具漁法の改良に資するという。こうした緒言を読むだけでも、これまでの江戸時代から明治の初めにかけての書き物よりもかなり科学的であることがうかがわれる。

「總論」では東京湾の位置や地形、流入する河川や島が紹介されている。東京湾の区分は現在私たちが使っているものと同じで、南端は劔崎と洲ノ崎である。さらに、観音崎と富津砂嘴《さし》との間は「東京灣ノ咽喉トモ稱スヘキ部分」として、これより北の海域を「東京内灣」としている。漁場と漁獲物の概要の後には、漁村を人口によって四千四百人以下から百人以下に分けて列記している。最も多いのは四千四百人以下の東京府の羽田で、次いで三千六百人以下の千葉縣富津、三千百人以下の東京府大森と千葉縣船形（現在の館山市）が続いている。総計百二十一漁村がでているが、今までの私たちの江戸前の海にでてきた漁村では、品川と金杉が四百人以下、生麦と佃島、本芝が三百人以下、神奈川が二百人以下、砂村新田が百人以下と、漁村としてはかなり小さくなっていることがわかる。

「調査ノ方法」では実施するべき事項として、生物の分布と習性、漁場の位置と水深や底質、水温、塩分などの地文、漁具漁船の構造と使用方法、およびこれらの相互関係としている。調査のためにはまず、漁業の盛んな、ある種の漁業に巧みな、あるいは水族の分布や習性などを調査するのに必要な漁村、すなわち「根據地《こんきょち》」を選定している。根據地は、東京府では羽田、品川、金杉の三漁村、千葉縣では堀江や猫實、船橋などの四十六漁村、神奈川縣では神奈川や新宿、子安などの二十八漁村、合計で七十七の漁村である。これらの漁村の場所は、水深や潮流、塩分（比重）とともにカラー版の第一版に示されている（図4-2）。これらの漁村で漁業者数名を雇い入れ、調査員が派遣されて、実際に漁場調査や漁具漁船調査、生物調査がおこなわれた。

「漁場」では、まずその位置について「後編ニ掲載スヘキ漁場圖ニ配列セル各漁場ノ位置ヲ定ムル」ために、海軍水路部発刊の海図にもとづいて、「山立法」や器械を用いた方位の決め方、水深や底質、潮流の方向や速力、気温、水温などの測定方法を解説している。こういった方法は、これまでの書物にはなかったものである。こうした情報にもとづいて作製されたのが「東京湾漁場図」で、これについては後でみてみよう。

さらにここでは、漁場を不定漁場と被定漁場に分けている。不定漁場は、いわゆる回遊魚を捕獲するために位置を特定しない漁場で、生物の分布する場所であればどこでも漁場が形成され

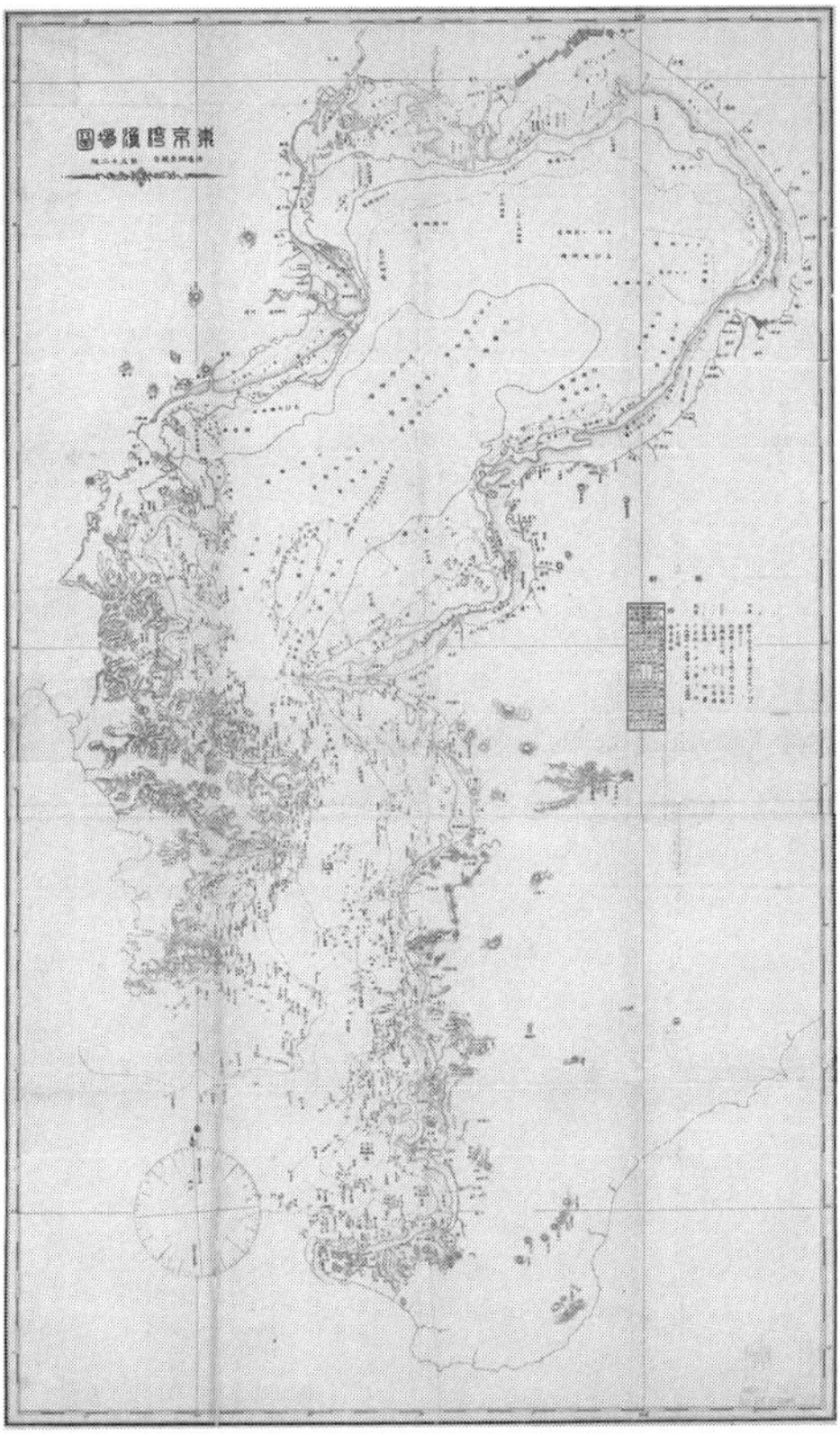

図 4-2　水底ノ深浅．潮流ノ方向．海水の比重主ナル漁村．調査の根據地．
『東京灣漁場調査報告』前編（明治 31〈1898〉年）第一版　東京海洋大学附属図書館所蔵

る。図版の第五から七版には「さば族」、「あぢ、ぼら族」、「いわし、さより族」の分布図が掲げられている。一方、被定漁場は一定の場所に周年もしくはある期間に生息する魚貝類を捕獲するような漁場である。

「水族」では、魚類九十六種類、軟体動物三十五種類、甲殻類十八種類、藻類十五種類、その他十六種類の合計百八十種類が、分類群ごとに羅列されている。さらに「生物ノ分布表」によって各種類の「地理上ノ分布」と「水深上ノ分布」、「底質上ノ分布」が、「後編ノ漁場誌ヨリ援摘《えんてき》セリ」と八頁にわたって示されている。また、漁獲される場所、たとえば水面や水底、その間、あるいは内海や外湾など、かなり細分化した場所によって漁獲物を分類している。

最後に「漁具」では、二百二十種類の漁具の分類表を示している。各漁具の構造や使用方法、捕獲物の習性、漁場地文に関係する事項については、後編で詳述するとしているが、ここでも各漁具の概略をかなり詳しく説明している。

東京湾漁場圖

「漁場誌」と「重要漁業」の二項目からなる「後編ノ一」には、冒頭に「漁場」という見出しがあり、「東京湾の漁場については第十版の漁場図に位置や水深などは示したが、そこに生息する生物の種類や漁業の状況などを図中に書き入れるのは煩雑なため、各漁場の状態や漁業の種類を加えて「漁場誌」で記述するという説明がされている。

この漁場図が、東京湾の漁業を語る時に必ずでてくる「東京湾漁場圖　漁場調査報告　第五十二版」である。ただし、「後編ノ一」の第十版ではない。第十版は「さば延縄及天秤釣」である。大判の一枚紙である漁場図は、何かの手違いがあって、「後編ノ一」の最後の第五十一版に続けて第五十二版とした可能性が高い。それは、「後編ノ二」では第一版からはじまっていることからも、妥当であろう。ちなみに「前編」では第八版で終わっているが、「後編ノ一」では第十版から始まっているというように、図版の割り振り方に少し混乱がある。

さらに「泉水宗助の東京湾漁場図」という言い方をすることがある。これは千葉縣眞舟《まふね》村（現在の千葉県木更津市）で漁業指導をしたり県議会議員を務めたりした泉水宗助が明治四十一（一九〇八）年に「農商務省認可版」として復刻したものである。

『東京灣漁場調査報告』——『後編ノ二』の「漁場誌」

「漁場誌」では、東京湾を以下の七区に分けている。一「自洲ノ崎至大房鼻」（大房鼻《だいぶさ》は現在の千葉県南房総市の大房岬。自と至は起点と終点の意味で、以下では〜で示す）、二「大房鼻〜明金崎」（現在は明鐘岬《みょうがねみさき》で千葉県鋸南町《きょなんまち》）、三「明金崎〜富津砂嘴」、四「富津砂嘴〜羽根田角」、五「羽根田角〜観音崎」、六「観音崎〜千駄崎」（千駄崎は神奈川県横須賀市）、七「千駄崎〜劔崎」。これらの各区を分ける場所と各区内の地形が詳しく説明され、漁村とそこで展開されている漁業と対象種、漁具が概観されている。さらに主要な漁場について、いつ、何を、どのように漁獲するのかを細かく記述している。

とくに私たちの江戸前の海とも呼べる第四区は「海岸には山はなく、海は遠浅で、海底には岩礁はない…」で始まる。さらに第四区を富津砂嘴～盤洲鼻（現在の木更津市見立船溜附近）～養老川尻（川尻は河口）～江戸川尻（今の旧江戸川河口）～羽根田角（現在の羽田空港第三ターミナルの東側）の四つと「羽田村ノ藻場」に分け、これらの漁場を詳しく説明している。たとえば、最後の江戸川尻から羽根田角の間では、三枚洲、にら藻場、出洲、上總澪筋、篊柵《ひびさく》間ノ漁場、江戸前洲、第一臺場ノ附近、品川ノ前洲、前洲ノ根、羽田村海苔篊柵間ノ漁場、羽田前ノ洲通りに分けて説明しているが、東京湾漁場圖で確かめながら読むと面白い。たとえば、「羽田村海苔篊柵間ノ漁場には漁場圖中（A）という篊柵の場所に夏季、水の濁るときにはウナギを多く捕獲する。その漁具は延縄および筒。さらに引き潮の時に干潟になる砂泥底でアサリやサルボウを大巻具で採捕する」という。東京湾漁場圖には、ノリヒビの間（海苔篊塲間）に隠し文字のように「A」が二つ書かれている。さらに「漁場圖中（B）の場所にはサルボウが多く生息し、三十年ほど前にはバカガイが多く繁殖していたが、以来おおいに減少し、近年はほとんど見ることがない」と記している。ただ、図中には「A」の横に「G」という文字はあるが、「B」が見当たらない。

『東京灣漁場調査報告』――『後編ノ一と二』の「重要漁業」

「後編ノ一」の「重要漁業　漁具漁法ト生物ノ習性及漁場地文トノ関係」では、魚種別に漁具や漁法などが説明されている。その項目は、「後編ノ一」では、「さば漁」から「かつを漁（附《つけ》りそうだがつを）」、「しび漁」などの二十二項目で、それにカッコ内の六種を加えて計二十八種類の魚類がとりあげられている。さらに「後編ノ二」では、前書きも何もなく、「いわし漁」から「つのまた」まで四十六項目が記述され、それぞれの内わけは次のとおりである。魚類が、いわし、ひしこ（附《つけ》り　しらす）、このしろ、ひらめ、いしかれい（附り　ひらめ、かれい類各種漁）、さより、だつ、とびうを、いかなご、しらうを、うなぎ、あなご（附り　くろあなご）、えい（えい類各種）の十三項目＋カッコ内の五種以上＝十八種類で、後編の一と二で合計四十六種類以上の魚類の漁具漁法が紹介されている。

さらにタコ・イカ類で七項目、貝類では十一項目、エビカニ類では六項目、さらにしやこ、じゃこゑび、あみ、なまこの四項目、それと藻類の六項目の漁具漁法がかなり詳しく説明されている。総計では八十五種類以上の魚介類がとりあげられている。

各項目の漁は、今でも通用するくらいに詳しく丁寧に説明されている。とくに「後編ノ二」の「ひらめ、かれい類」の「七目網」では第二十版で「七目網ト其漁船」という「船形村堂ノ下撮影」の写真が、また「はまぐり」の「はまぐり桁網」では第三十五版で「桁網ヲ使用スル所」という「羽田沖撮影」の写真が掲げられている（一八三頁の写真参照）。

Box 8

紆余曲折の明治の漁業制度

明治時代になると、さまざまな制度が混乱の中にも整備されていったが、基本は欧米諸国の近代的な法制度である。しかしそれは、とくにこれまでさまざまな慣習にもとづいておこなわれてきた漁業制度にとっては、なかなか相容れない制度であった。

それが象徴的に顕在化したのが、海面の所有についてである。新政府は明治六（一八七三）年に官簿に記載された山林野澤湖沼の類は「官有地」とし、さらに翌七年には民有地ではない河海湖沼澤などをふくむ場所を官以外が使用する場合には「借地料及ヒ區入費」を賦課することにした。そして明治八年には海面官有宣言がだされ、海面は借区制《しゃくくせい》となった。これまで、海面は各藩の管理下にあり、管理の基本は「沖は入会、磯は地元集落の管理・運営」ということが、慣習的に守られてきた。そこへ新規の人たちが海面を借りて漁業に乗り出すと、さまざまな問題がおきるのは当然である。江戸前の海でも漁業秩序が乱れ、漁場争いや禁止漁具の使用などによって紛争が多発した。

政府は慌てて翌年、明治九（一八七六）年に海面借区制を取り消すとともに、これまでの漁場利用の権利や慣習を承認することにした。海面公有論（海面は公有であり、漁業権は私権であること）である。この問題、つまり「海はだれのものか」といった問題は「占有利用権」として現在まで議論の対象となっている。

さらに政府は明治十四（一八八一）年一月に、「一層漁業を保護し、水産の盛殖に注意いたすべ」く「漁業保護水産盛殖を謀る件」を布達した。これを契機に江戸前の海では、同年六月に、文化十三（一八一六）年の「神奈川浦会合」に参加した四十四浦に加えて四十浦が新たに加入し、計八十四浦で「内湾組合漁業契約証」を締結した。さらにそれから三年後、農商務省は、明治十七（一八八四）年に「同業組合準則」を、明治十九（一八八六）年に「漁業組合準則」を発布した。こうした動きに対して、江戸前の海に面した九十九か町村が明治十九年に「東京湾漁業組合」の、明治二十一（一八八八）年にそれを改正した「東京内湾漁業組合」の許可願いを提出し、認可された。

この後、明治三十四（一九〇一）年の第十五回帝国議会で十年越しの「漁業法」を成立させ、翌三十五年の七月一日から施行された。この法案は後に「旧漁業法」とよばれるように、明治四十三（一九一〇）年には全面改正がおこなわれ、「明治漁業法」が制定された。

戦前の漁業の発展

大正から戦前までの漁業――全国の動向

ふたたび『日本漁業近代史』によると、「わが国における近代的漁業技術の開発が、明治末期までにおおよそ達成され、その上に立って大正期以降、沖合遠洋漁業がかなり順調に発達するようになった」が、その一方で「第二次大戦前においては、まだ沿岸漁業の比重が圧倒的に大きかった」という。

この、明治の時代に開発がおこなわれ大正期以降に実際に漁業の発展を促した技術は、漁網と発動機である。明治時代よりも前には、藁縄や麻が網の材料として使われていたが、強度も弱く、粗悪なものが多かった。それが綿糸を材料にした、機械による製網技術が明治時代に発達し、明治三十（一八九七）年以降には良質の、大量の綿網が安価に提供されるようになった。一方、江戸時代の終わりに日本人をびっくりさせた蒸気機関は、小回りが利かないうえに大量の石炭などを積む必要があり、漁船用の動力機関としては不向きであった。そこで明治三十六（一九〇三）年から三十九年にかけて石油発動機の漁船への導入試験がはかられたが、実際に漁船の動力化が普及しはじめたのは大正時代に入ってからである。江戸前の海でも、大正七（一九一八）年に品川浦漁業組合で初めて動力化された漁船が登場し、大正十五（一九二六）年には百三十二隻を数えたという。

大正から戦前までの漁業――江戸前の海の漁業

江戸前の海では、漁具や漁法、あるいは漁獲対象種についても、明治から大正あるいは昭和の初めにかけては、あまり変化がなかったのではないかといわれている。

ただ、大正から昭和にかけては、江戸前の海の周辺、とくに東京府の人口は大正九（一九二〇）年から五年ごとの国勢調査で、三百七十万人から四百五十万人、五百四十万人、六百三十七万人、そして昭和十五（一九四〇）年の七百三十五万人とほぼ倍増している。それによって、水質汚濁に関する問題もちらほら見えてくるが、それよりも適度な栄養塩が江戸前の海に注がれていると解釈した方がよさそうである。さらに昭和に入ると、満州事変（昭和六〈一九三一〉年～七年）から二・二六事件（昭和十一〈一九三六〉年）、さらに昭和十三年の国家総動員法と、戦時色が強くなる。

こうした時代背景もあって、江戸前の海の漁業は、大正から昭和にかけて、採捕漁業よりも海苔を中心とした養殖漁業が重視されるようになった。そのあたりのことは、この後に漁獲統計をみることによって、少し詳しくみてみよう。その前に、江戸前の海の漁業に関する記録が少ないとされる大正時代をはさんで、昭和十五（一九四〇）年に東京府水産會が『東京府内灣漁具圖集』

をまとめた。これは、先の水産調査報告以来のまとまった江戸前の海の漁業調査であるということで、これによって明治から昭和にかけての変化をみてみよう。なお、昭和三（一九二八）年には東京府の水産試験場ができている。

『東京府内灣漁具圖集』

「序言」、「凡例」、そして「目次」があり、主な内容は漁具の種類別に以下の十六の項目で詳しく説明している。刺網類（鱸流網《ながしあみ》漁業など）、引網類（打瀬網漁業など）、敷網類（四手網漁業など）、旋網《まきあみ》類（旋網漁業）、張網《はりあみ》類（樫木張網漁業）、抄《すくい》網類（白魚網漁業）、掩網《かぶせあみ》類（投網漁業）、桝網《ますあみ》類（桝網漁業）、筍類（ウナギ漁業としてウナギ筊〈ドと読み、鳥かごのこと〉があげられている）、壺類（やはりウナギ漁業としてウナギ筒とウナギ竹筒があげられている）、爬具《はぐ》類（貝類漁業）、鈎具《こうぐ》類（各種漁業としてウナギ鎌やカキ挾《ばさみ》があげられている）、漬柴類（漬柴漁業として竹ボサと杉ボサがあげられている）、延縄《はえなわ》類（各種漁業として穴子縄や青ギス縄などがあげられている）、竿釣《さおづり》類（各種漁業としてハゼ流釣や鯔《ぼら》釣などがあげられている）、禁止漁業（簀建《すだて》や建干《たてぼし》網《あみ》など五つがあげられている）。さらに「東京府内灣漁場圖」、「内灣に於ける漁具、漁獲物の沿革」、「東京府内灣漁業組合状況調」が各一頁ずつ付けられ、総頁数では八十頁である。

まず「序言」では、明治の終わりまでは、大江戸の発達によってその「好ましき影響」で浅草海苔が発達し、魚介藻類の発育がよく、浅海一帯は魚介類の揺籃《ようらん》地（ゆりかご＝初期発育の場）

で採捕するのも容易で、内湾一帯の漁村は繁栄していることを記している。しかし昭和に至って、大東京の発展につれて河川は汚濁し、港湾や運河、飛行場の建設が相次ぎ、魚族の揺籃地はその跡をとどめず、漁場は荒廃著しく、その情勢は全く一変した。そこで本調査は、今後官民協力して漁村の保持に力を入れるために、内湾で使用されている漁具漁法について実施したものである、という。

「凡例」では、東京府内湾における網漁具三十一種、延縄漁具十二種、竿釣十一種、禁止漁業五種、その他十二種の計七十一種類について、漁具の構造、漁期、漁場、漁獲物、漁法等を調査したことを記している。その後に、すでに紹介した十六項目について、漁具を紹介している。

さらに「東京府内灣漁場圖」では、多摩川から江戸川まで「十米線」よりも浅い部分にびっしりと海苔漁場が広がり、その周りには貝類漁場もあることが示されている。また、羽田浦から、糀谷《こうじや》浦、大森、入新井、大井町、南品川、品川猟師町、芝浦、金杉浦、湊町、京橋築地浦、佃島、深川浦、砂町、葛西浦と十五の漁業協同組合の名称とその場所が図に示されている。

「内灣に於ける漁具、漁獲物の沿革」では、①「文化十三年取極大目三十八職」と②「明治三十四年時代の漁具及び漁獲物」、③「現今に於ける漁具及び漁獲物」の漁具と漁獲物が比較されている。それによると、①では三十八の漁具と六十八の漁獲物が、②では五十二の漁具と三十の漁獲物が、③では三十二の漁具と三十九の漁獲物が示されている。

最後に「東京府内灣漁業組合状況調」では、各漁業協同組合の組合員数、漁船数、最近漁獲高を示している。それによると、総組合員数は六千二百六十九人で、多いのは葛西浦の千八百四十九人、大森の千三百八十人、羽田浦の千百十五人など、また動力付きの漁船も千九百四十四隻で、多いのは大森の五百九十三隻、葛西浦の四百八隻、羽田浦の三百二十八隻などである。大森と葛西浦、羽田浦が群を抜いているが、それは海苔の漁獲高にも表れており、総額六百四十三万四百圓のうち大森が四割弱、葛西浦が二・五割、羽田浦が一・五割と、これら三か浦で八割を占める。海苔の生産額自体が介類およそ百万圓の六倍、魚類およそ百二十五万圓の五倍を占める。介類もこれら三か浦の漁獲高が多いが、魚類では羽田浦五十四万圓、品川猟師町二十万圓、大森十一万圓、佃島八万圓の順になっている。

大正から昭和にかけての江戸前の海の漁業は、採捕漁業から海苔を中心とした養殖漁業に重心を移した、とすでに記したが、そのあたりの様子を漁獲量の変遷によってみてみよう。

明治から戦前の漁業統計

東京府統計

そもそも日本の水産統計調査は明治三（一八七〇）年から四年にかけての民部省の「府県管内物産取調」から始まったとされている。しかし明治の半ばまでは物産に限られていたため、魚種別の生産量などは不明のままで、一九〇〇年前後の明治三十年代になって魚種別の生産量などが明らかになってきた。

東京府の統計もすでに明治三年からあるが、残念ながら「漁業」という項目はない。ただし、「物産」の項目に「乾海苔」（荏原郡）九百四十六万三百五十帖と記載されている。一帖は乾海苔の全形十九センチメートル×二十一センチメートルが十枚で、生ノリ一キログラムから二帖ができるとすると、生ノリでは約四千七百三十九トンになる。「漁業」という項目ができたのは明治十五（一八八二）年であり、漁獲対象となる種別の生産量が統計上でてくるのは明治三十二（一八九九）年からである。

明治三（一八七〇）年からのほぼ三十年の間は、漁業従事者の人数や戸数、漁船の数、あるいは物産としての乾海苔の産額（帖）や「價額」（円）、海苔の採集および製造者や問屋の数、あるいは「海苔採場」（坪）などが記録されている。少し面白いのは、明治二十四（一八九一）年以降の「養蠣場」、すなわちカキを養殖する場所で、「三番砲臺際、芝地先、深川地先、中川沖」の四か所に合計十七万三百坪（その前年は五万七千七百坪）が計上されている。

戦前までの漁獲量の推移

魚種別の漁獲量が統計にあらわれてくる明治三十二（一八九九）年以降は、「農業及漁業」という大項目の中に「漁業」と「乾海苔」に加えて「漁獲物」という項目がある。「漁獲物」では、東京市や荏原郡といった「群市」ごとに金杉浦や本芝浦、多摩川や荒川といった「濱浦湖川名」があり、各郡市での漁獲物の「種類」ごとに「數量」（貫—尺貫法では一貫がほぼ三・七五キログラム）と「價額」（円）が記入されている。「種類」は鰮《いわし》や鱸《すずき》、牡蠣《かき》、雑魚など四十四項目であるが、鱸と小鱸《セイゴ》、黒鯛とカイヅ、鯔《ぼら》とオボコのように大きさが違うだけで同じ種類の魚がそれぞれ項目になっているし、鮒や鯉などの淡水魚も計上されている。

ここで、大分類として海苔（養殖）と貝類、魚類、およびその他（エビ・カニ類、イカ・タコ類、ナマコ・クラゲ類）に分けて、しかも貫からトンに換算して、明治三十二（一八九九）年から昭和十五（一九四〇）年までと昭和十八（一九四三）年から二十年、および戦後になってしまうが昭和二十五（一九五〇）年から三十一（一九五六）年の漁獲量をみてみよう（図4-3）。東京府統計は昭和十五年までしかないが、『東京都内湾漁業興亡史』の中の「都水産課資料」から昭和

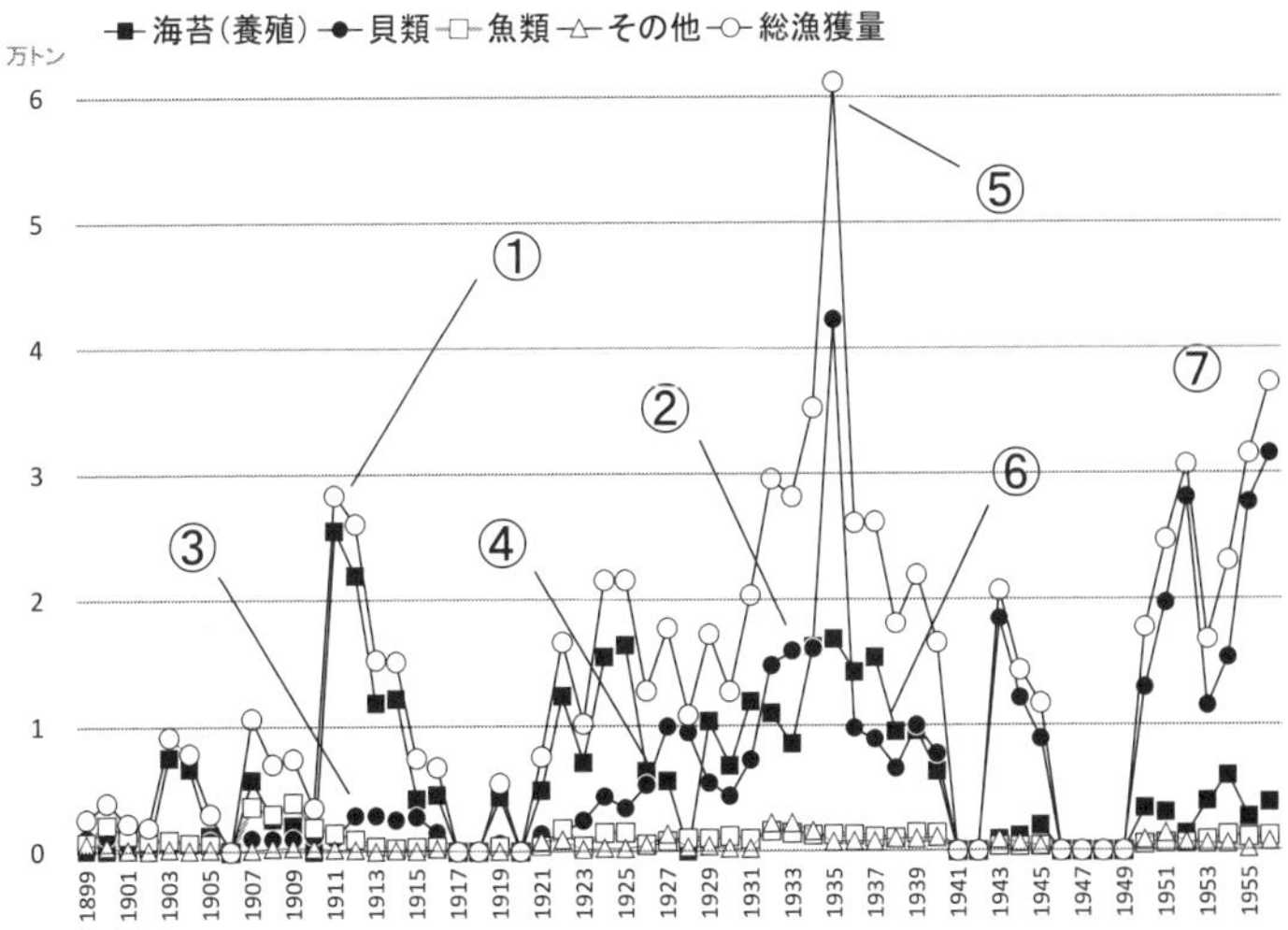

図 4-3　東京府（都）の戦前と戦後すぐの漁獲量（万トン）
東京都内湾漁業興亡史刊行会（1971）をもとに作成　①から⑦は本文を参照

十八～二十年および「水産課統計」から戦後の昭和二十五～三十一年までの統計を引用した。なお、なるべくわかりやすくするために、文中の説明に○数字をつけた。同じ○数字が図4-3の中にもあるので、図をみながら説明を読んでいただくとわかりやすい。

①明治から大正にかけて（一八九九～一九二六）は海苔（図中の■）の生産量が大きく、全体の漁獲量（図中の○）に影響しているのがわかる。②しかし昭和になると、貝類の漁獲量（図中の●）も上昇し、海苔とともに総漁獲量に影響をあたえるようになる。全体的に右肩上がりであるが、海苔の増減は激しい。海苔の生産が天候や海況に左右され、いわゆる「運草《うんぐさ》」とか「お陽気草《ようきぐさ》」、「博打草《ばくちぐさ》」とよばれる

所以である。③貝類は大正のはじめ、一九一二年から数年は漁獲量が少し大きくなり、④その後大正の終わり、一九二五年ごろから右肩上がりになる。⑤総漁獲量のピークは昭和十（一九三五）年の六万千二百二トンで、⑥それを過ぎると海苔も貝類も減少する。⑦戦後は、昭和二十五（一九五〇）年から漁獲量が計上され、とくに貝類が急増している。その一方で、海苔はやや増加しているが、魚類とその他は量的には少ない。

貝類の増減を決定しているのはアサリで、昭和十（一九三五）年には総漁獲量の半分以上、三万七千五百トンを記録している。アサリの次に多いのはハマグリで、昭和十八（一九四三）年に最大の一万トン強を記録している。他には、カキやシオフキ、シジミ、サルボウガイ、アカガイ、バカガイ、トリガイなどが漁獲されている。

魚類は雑魚をふくめて三十種類が記録されている。魚類の総漁獲量は、最大でも二千トン、多くは千五百トンよりも少ない水準で横ばい傾向である。明治から大正、昭和を通してコンスタントに漁獲されているのはボラとウナギ、クロダイ、カレイの四種類である。明治の終わりから大正年代に漁獲されていた魚種としてはメナダとサヨリ、コチ、ヒメジ、カマスがあげられる。大正の前半まで漁獲されていたが、途中漁獲が途切れて昭和の初めから再び漁獲されているのはシラウオとアナゴ、ハゼ、スズキの四種類である。

Box 9

ペリー来航の背景とその影響

ペリー（Matthew C. Perry）が浦賀に入港して開国を迫ったのは嘉永六（一八五三）年六月三日である。しかし半世紀前の一八〇〇年前後から、日本周辺にはアメリカだけではなくイギリスやロシアの艦船が出没していた。それにともなって海防論が高まり、江戸前の海でも、一八〇〇年代に入ると三浦半島側には平根山台場（浦賀の入り口）や猿島台場（ともに神奈川県横須賀市）などが、房総半島側にも富津台場や竹ヶ岡台場（ともに千葉県富津市）などが建設された。

ペリー艦隊のうち蒸気船ミシシッピ号は、測量船とともに、六月六日には内湾奥深く、品川沖までできて水深を測定している。『アメリカ艦隊による中国海域および日本への遠征記：合衆国政府の命を受け合衆国海軍M．C．ペリー提督によって一八五二、一八五三、および一八五四に実施された』という長い題名のペリーの報告書の中の地図「Gulf and Bay of Yedo」には、観音崎の少し南の久里浜沖から多摩川河口まで、水深を表す数字がびっしりと書き込まれている。ちなみに横須賀市沖の猿島には「Perry I.」と抜け目なく自分の名前を冠している。

嘉永七（一八五四）年一月にはペリーがふたたび来航した。そして三月には、伊豆下田と松前箱館の二港を開港して、アメリカ船に薪や水、食料、石炭などを供給するという日米和親条約を締結した。その後、安政五（一八五八）年にアメリカ総領事のハリス（Townsend Harris）が、世界情勢の知識というソフトと軍艦というハードな武器を背景にして、幕府に日米修好通商条約を締結させた。この日米修好通商条約は、不平等条約として有名であるが、この後ほぼ同じ内容でイギリス、フランス、ロシア、オランダとも締結し、「安政の五か国条約」といわれている。江戸幕府の大老・井伊直弼が勅許を待たずに調印したため、仮条約ともよばれ、その後、安政の大獄や桜田門外の変などを招いたとされる。明治政府はこの後、この条約を改正するまでに五十年以上の歳月をかけることになる。

港に注目すると、日米修好通商条約の第三条によって、下田と箱館の港のほかにも、神奈川（開港六か月後には下田を閉鎖する）と長崎、新潟、兵庫を開港し、また江戸と大坂の二か所は貿易の目的で逗留することができるとされた。

明治から戦前の埋立て

二つの異なる目的による埋立て

明治維新をはさんで、二つのまったく異なる目的によって、江戸前の海の最奥部で埋立てがおこなわれた。一つは江戸時代の終わりに大急ぎで造られた台場で、侵入してくる外国船を排除するための砲台を設置するためである。もう一つは明治時代後半から急ピッチで築造された東京港の整備にともなう埋立てである。東京港は江戸から東京へと拡大する都市機能を維持するために外から物資を取り入れるための港である。

ここでは、時代を少しさかのぼるが、江戸時代の終わりから明治・大正時代にかけての江戸前の海の埋立ての様子を、台場と東京港を中心にみていこう。

海岸の見分と品川台場の築造

「泰平の 眠りを覚ます 上喜撰《じょうきせん》 たった四はいで 夜も寝られず」（上喜撰は宇治の高級茶で蒸気船とかけている）と泰平の江戸の世を騒がせたペリーが、翌年の再来日を予告して去った嘉永六（一八五三）年六月十二日のすぐ後、六月十八日に幕府も対応策をとるために、若年寄の本多越中守忠徳《ただのり》に武蔵や相模、房総の海岸の見分を命じた。総勢二十二名の中には韮山《にらやま》代官所（伊豆国や武蔵国などの幕府直轄領を支配する役所）の世襲代官である江川太郎左衛門英龍《ひでたつ》などがふくまれている。折しも第十二代将軍徳川家慶《いえよし》が逝去した日である六月二十二日に出発して七月十六日にかけて、三浦半島や房総半島に設置した砲台で試射をおこなったり、地勢の調査、水深の測量などをおこなったりした。そして、本多忠徳や江川英龍などが意見を交換することで、機動性のある軍船を導入することや旗山―十石崎（どちらも現在の横須賀市走水）と富津との間あるいは羽根田の地先の洲に海上砲台を築造することなどを起案した。

しかし財政上の理由や時間がないことなどから、幕府は海上台場を品川沖に築造することを決定し、七月のうちには江川英龍など四人に台場築造に関する調査を命じ、台場築造がすすめられることになった。水深の浅い洲を選んで海上に二列十一基の台場を造成する計画を立て、入札制度によって工事請負人を決定した。台場の周囲を固める石積護岸のためには伊豆半島や真鶴半島の堅い安山岩を調達し、埋立て用には近隣の品川御殿山や赤穂義士の墓で有名な高輪泉岳寺の山などから大量の土砂を運び出している。工事は急ピッチで実施され、翌年、嘉永七（一八五四）年の四月には第一、第二、第三台場が竣工し、十二月には第五と第六台場、および御殿山下砲台が竣工した。御殿山下砲台は、資金難と時間制約のために、砂州でできた品川猟師町、現在の品川区立台場小学校のある場所に急きょ設置された陸上台場である。しかし、第四と第七台場は途中で工事が中止され、第八台場以降は計画そのものがなくなってしまった。

これらの台場からは一発の砲弾も発射されることはなく、明治を迎えることになる。ただし現存しているのは、東京の湾岸エリアを代表する行楽地である「お台場」を構成する第三台場と第六台場だけである。

横浜開港と浅い江戸湊

さて、日米修好通商条約によって開港が迫られたのは神奈川である。神奈川湊は、すでにこれまでにも見てきたように、鎌倉時代から室町時代にかけては江戸前の海の海上交通の要衝であった。また、江戸時代になると御菜八ヶ浦の一つであり、東海道五十三次の一つとして重要な宿場町であった。だからこそ江戸幕府は、開港するのは神奈川湊ではなく、対岸というか、それこそ横の浜である半農半漁の寒村を安政六（一八五九）年に開港した。

日米修好通商条約の草案では江戸と品川の開港もふくまれていたとされているが、幕府の中心地であるため、幕府全権であった幕臣の岩瀬忠震《ただなり》は横浜開港を主張したとされる。もちろんアメリカ側も、多摩川河口あたりの水深が浅いこともわかっていたはずである。

そもそも江戸湊は、隅田川や江戸川、さらには多摩川といった大河の河口にあり、洪水ともなれば莫大な量の土砂が流れ込み、広大な干潟域が形成されて遠浅の海が広がっていた。干潮時には、多摩川河口の羽根田角と大三角とよばれた江戸川の河口洲とを結んだ線よりも内側の品川湾や品海ともよばれた部分のほとんどが、三尋（約五・四メートル——一尋が六尺とされ、約一・八メートル）よりも浅い状態であった。江戸湊へと通じる澪筋でも、第二台場と第五台場の間の水深は二尋（約三・六メートル）しかなかった。ペリーの送り込んだミシシッピ号はおよそ三千二百トンで水深六メートルほどが必要であることから、測量船を従えていたとはいえ、多摩川河口よりも北の海域での水深の測定はおこなっていない。

鉄道建設と小河川港

慶応三（一八六七）年の大政奉還から翌年の「江戸ヲ東京ト改称ノ詔」の発布と明治改元などが続き、江戸は東京になるとともに、首都機能が集中してさらに発展を続けることになる。しかしその一方で、浅い江戸前の海とその奥の江戸湊は、国内の一小河川港として、国際貿易港である横浜港の後塵を拝していた。それに追い打ちをかけたのが、灯台建設技術者としてイギリスからやってきたブラントン（Richard Henry Brunton）である。ブラントンは明治二（一八六九）年に鉄道建設の意見書を提出し、日本で最初の鉄道建設を東京─横浜間でおこなう理由として、平たんな土地やちょうどよい距離感、京都などへの延長に都合がよいこと、両地は商売が多く通行が頻繁なこと、さらに「江戸は船之近寄り難く」外国との交易には不便な所のため横浜から鉄道を敷かないと江戸は盛んにはならないことをあげている。

そもそも江戸湊では、大きな船は第一台場と第二台場の間の澪筋を通って芝から永代橋あたりにかけて停泊し、そこで荷物を艀《はしけ》に移し、内陸に張り巡らされた運河の河岸に荷揚げをしていた。江戸時代後期の、積載量がおよそ百五十トンの千石船の肩深（現在では「型深さ」といい甲板までの高さ）が八尺（二・四メートル）くらいなので、船足（今でいう「喫水」）としては六尺＝一尋（一・八メートル）足らずだろうか。今、手元にある海軍水路部の「東京海灣」という海図九十号（発行は明治二十六〈一八九三〉年で、測量は明治九〈一八七六〉年以降となっている）にもとづくと、澪筋の水深は、東京港への入口付近で一・七五尋（三・一五メートル）、第一、第二、第五台場あたりで二尋（三・六メートル）であるが、永代橋のあたりで一・五尋（二・七メートル）、そのすぐ下流で一尋（一・八メートル）となっている。百五十トンクラスの船でも永代橋あたりではかなり厳しいし、芝あたりの広い水域の水深は〇・五尋（〇・九メートル）しかない。

明治五（一八七二）年には、東京（新橋）と横浜（現在の桜木町駅）との間に鉄道が開通した。浅い江戸湊は、明治になっても相変わらず外航貿易や国内航路の大型船の入港は横浜港にまかせ、もっぱら河口域にある小規模な国内航路船の港としての地位にとどまるしかなかった。

なかなか実施されない東京築港計画

東京にも港をという東京築港論は、明治十年代に、松田道之東京府知事の提案から内務省土木局のお雇い工師であったオランダ人のムルドル（Rouwenhorst Mulder）の意見、福沢諭吉の東京築港論、あるいは芳川顕正知事の上申書の提出などがあった。しかし「気運熟さず、また、神奈川県側の反対運動、その他周囲の事情にはばまれて、ついに決するに至らず、時を経過してしまった」(『東京港史』)。さらに、明治二十二(一八八九)年の内務省土木局の工師でオランダ人のデレーケ(Johannis de Rijke)の意見、あるいは明治三十三(一九〇〇)年の土木工学者の古《ふる》市公威《いちこうい》と東京帝国大学教授の中山秀三郎や明治三十七(一九〇四)年の東京港調査事務所の直木倫太郎の築港計画の作成があったが、財政上の問題や政治的な問題に翻弄されて、ことごとく見送られてきた。

ふたたび東京港の整備が必要であると認識させられたのは、大正十二(一九二三)年の関東大震災によってである。救援船が直接東京港に着岸できるどころか、大型船は潮を気にしながら狭い航路を出入りするような有様であった。東京港が国際港として開港するのは、昭和十六(一九四一)年までまたなければならない。

江戸前の海の浚渫と埋立て

しかし築港事業は、港湾施設の整備だけではない。航路の開発や溜まった土砂を取り出す浚渫、泊地や防波堤の整備などが一体となったものである。とくに江戸前の海では、洪水ごとに澪筋に土砂が流入して大型船の出入りができなくなってしまう。そのため、築港計画の一方で、明治二十(一八八七)年から澪筋の浚渫工事がおこなわれてきたが、それは江戸前の海の埋立てとも関連する。埋立ては浚渫してでてくる大量の土砂の受け入れ先であり、埋立地は港湾施設だけではなく市街地などを増設することも可能である。さらに埋立地を売却することで財源の確保にもつながる。

本格的な浚渫工事は、明治二十（一八八七）年からの十か年計画の東京湾浚渫工事である。これは永代橋から台場の外側までの澪筋を水深二尋（三・六メートル）で三百から五百トンの小型船が入ることのできる深さで、幅三十間（約五十五メートル）から七十間（約百三十メートル）に拡張するものである。

この浚渫で、もともとは隅田川の河口にあった小さな洲や干潟で、寛永から正保にかけての一六四〇年代に埋め立てられた石川島＋佃島の南東部が埋め立てられた。新佃島である。さらに隅田川の澪筋に沿って、南に月島一号地（現在の中央区月島）と二号地（勝どき一丁目から四丁目）が埋め立てられた。

第一期と第二期の隅田川口改良工事

しかし年々土砂が堆積して、明治三十七（一九〇四）年ごろになると、澪筋の水深は一尋（一・八メートル）よりも浅くなり百トンから百五十トンくらいの船がかろうじて入ることのできる水深になってしまった。そこで明治三十九（一九〇六）年から四十四（一九一一）年にかけて、隅田川口改良第一期工事がおこなわれることになった。

この工事によって、埋立工事も実施された。月島一号地と二号地に続いて、現在の勝どき五丁目と六丁目にあたる月島三号地が埋め立てられた。さらに港区の金杉から芝の海岸に沿って海岸通や芝浦を埋め立てた。現在の芝浦一丁目や三丁目の一部と日の出ふ頭のある海岸二丁目、それと薩摩藩上屋敷につながっていた入り海で現在の芝四丁目交差点から西應寺の前までである。

隅田川口改良第一期工事が終わるのを待っていたかのように、明治四十四（一九一一）年からすぐに第二期工事が始まった。第二期工事によって、第一期に埋め立てられた港区のさらに外側に埋立地が造成された。現在の海岸三丁目と芝浦二丁目、三丁目、四丁目にあたる。第二期工事そのものは大正六（一九一七）年に完了したが、埋立て工事は大正九（一九二〇）年に竣工した。

隅田川口改良第三期工事と関東大震災

大正十一（一九二二）年には第三期工事が五年継続事業として起工されたが、すぐ翌年に関東大震災が発生した。震災後には、救難物資輸送のために芝浦地先を利用する船舶の数が増加するとともに大型船の寄港も増えたことから、工事期間も予算も見直して実施することとした。

まず運河（澪筋）は水深二十二尺（約六・七メートル）、幅員八十間（約四十五メートル）を確保し、さらに第二、第五台場から先も水深二十二尺の等深線に達するまで開削し、先端の両端には灯台を設置した。また、月島三号地から沖の、第五台場の澪筋以外の場所を水深十五尺～二十五尺（約四・五～七・六メートル）の錨地として、五百トンから六千トン級の船舶が停泊できるようにした。さらに芝浦地先、現在の芝浦ふ頭に水深二十五尺（約七・六メートル）、長さ九百メートルの繋船岸壁を設け、四千から六千トン級の船舶を七隻が同時に係留できるようにした。また港内を穏やかにするため、第三台場から第六号地（東雲）まで防波堤を設置した。

第三期工事による埋立ては、日の出ふ頭の北、現在の竹芝桟橋のある海岸一丁目や日の出ふ頭の南、第二期工事で一部が埋め立てられた海岸三丁目のとくに芝浦ふ頭とよばれる海岸線、あるいは品川駅の港南口の一帯である港南一丁目が埋め立てられた。さらに月島の南側に広がる晴海、その東側の豊洲、東雲、辰巳が埋め立てられた。

河川改修工事による埋立て

東京湾奥部の埋立てに関する事業として、二つの河川改修工事がある。隅田川などの主流河川以外の河川（枝川）改修工事と目黒川改修工事である。

枝川河川改修工事は、隅田川口改良第一期工事が終わろうとする明治四十三（一九一〇）年から大正十二（一九二三）年まで継続された。浚渫土砂を使って、江東区の塩崎町（現在の塩浜二丁目）や浜園町（塩浜一丁目）、古石場町（古石場三丁目）、枝川一丁目、枝川二丁目（現在二丁目と三丁目）、豊洲（三丁目と四丁目）が埋め立てられ、大正十（一九二一）年から昭和五（一九三〇）年にかけて竣工した。

目黒川といえば、最近では桜が有名で、満開の後の目黒川の花いかだも見応えがある。その目黒川の河口は、すでに中世の部で述べたように品川湊として江戸前の海の交通の要衝であったし、幕末には御殿山下砲台が砂州に築造された。さらに江戸時代から明治時代にかけては、農業用水としてあるいは工業用水として使われ、河川舟運としても盛んに利用されていた。しかし、川底に土砂が溜り氾濫も頻繁におこるため、大正十二（一九二三）年から昭和十四（一九三九）年に改修工事をおこなって浚渫をするとともに、北に直角に曲がった河口部を東にまっすぐ開削して現在の形にした。

この改修工事で埋め立てられたのは、天王洲アイルのある現在の品川区東品川二丁目やその西側の東品川一丁目、さらにその南側に位置する東品川三丁目と四丁目および東大井一丁目である。

東京港（京浜港）の開港

江戸時代の終わりから明治と大正を経て昭和の初めには、東京は政治だけではなく経済の中心として発展し、東京港も浅い江戸前の海を浚渫と埋立てで整備して港としての設備を充実させてきた。東京港で扱う貨物量も増大したが、東京港は相変わらず国内港であり、国際港の地位は横浜港が占めていた。しかし大正時代の後半には、横浜港で取り扱う外国貿易貨物の四割、内国貿易貨物の五割が東京発着の貨物であり、しかも横浜港と東京港の間の貨物の七割が艀《はしけ》による回漕である。そのため、輸送コストや時間的ロス、さらには海難事故などによる不経済・非能率が指摘されていた。

そうなると、東京港が国際的に開港して直接海外と対峙しようとするのは当然である。横浜側の反対もあったが、横浜から東京までを京浜港として取り扱い、さらに外国航路船としては満州国（現在の中国北東部）と中華民国（ほぼ現在の中国）、関東州（現在の中国遼東半島の一部）に限るといった条件付きで、東京港は国際貿易港として開港した。太平洋戦争直前の昭和十六（一九四一）年五月二十日のことである。

幻の飛行場

江戸前の海の奥に飛行場を造る計画もあった。場所は、「城東區南砂町九丁目の地先」となっているが、現在の江東区夢の島である。計画では、昭和十三（一九三八）年から十五年にかけて、当時は世界最大級であったという二百五十一ヘクタール、東京ドーム五十三個分の飛行場を埋立地に建設する予定であった。ユニークなのは、そのうちの百六十四ヘクタールは陸上飛行場であるが、八十七ヘクタールは水上飛行場ということである。あまり私たちが目にしたことのない水上飛行機の飛行場が江戸前の海の最奥部で見ることができたのかもしれない。しかし残念ながら、戦時中のために埋立て工事は途中で中止された。戦後もＧＨＱが飛行場として羽田を選択したため、湾奥の飛行場は実現されなかった。

数字で見る江戸前の海の埋立て

埋立ての最後に、少し統計の数字を見てみよう（図は二三四頁〈図5-1〉に戦後の数字とともに示す）。

江戸時代の江戸周辺の埋立総面積は二千七百ヘクタールといわれている。これは、すでにみてきたように、日比谷入江や小名木川の南の広大な遠浅地帯で埋立てがおこなわれてきた結果である。同じように横浜や川崎でも新田の開発がおこなわれ、横浜で二百七ヘクタール、川崎で八百ヘクタール、合わせて約千ヘクタールが埋め立てられたとされている。

明治から戦前までの累積埋立面積は、東京都で千四百七十七ヘクタール、神奈川県で二千五十六ヘクタールである。東京都の場合は主に東京港に関する浚渫にともなう埋立てであり、神奈川県の場合は横浜港関連に加えて京浜工業地帯を形成する横浜から多摩川にかけての遠浅地帯の埋立てが盛んにおこなわれた。なお、明治から戦前にかけては千葉県での埋立てはほとんどおこなわれていない。

江戸前の海の埋立ては昭和三十年代から五十年代にかけて急増するが、それについては次の第五期でみていくことにしよう。

明治から戦前の江戸前の海の水質

科学的な海洋調査事始め

東京湾における海洋調査の事始めは、明治三十六（一九〇三）年に発行された『水産調査報告』の第十一巻第三冊の「航海観測報告」と「東京灣海洋状態ノ概要」に記された明治三十四（一九〇一）年三月から三十五年十二月にかけておこなった船舶による海洋調査である。この調査は、「海洋の状態を研究して海水流通の有様及原因を探求し」さらに「水中動植物繁殖移動に及ぼす影響を定めようとすれば海岸附近に於ける観測のみ」では足りないので、「瀛船を雇い入れて乗船調査」をおこなったものである。

なお、初期の海洋観測では、使用する器材や分析方法も現在のものとは異なり、しかも表記も違っている。しかしここでは、それぞれの報告書が使用している名称と単位をそのまま示すことにする。

調査項目は、水温と比重（塩分が多いと比重が大きくなる）、水深、底質、風と潮流の向き、海水の色であるが、主に記録したのは水温と比重である。冬季は、隅田川河口の八℃から南下するにしたがって上昇し、観音崎付近で十三℃前後、外湾では十三から十七℃を記録している。また比重は、隅田川河口の一・〇一七から外湾では一・〇二五内外を記録しているが、観測機器があまりよくないことも述べている。六月の調査では、東京湾全体で十八・一から二十・八℃を記録し、海岸に近いところでは冬季とは反対に水温が高いことを指摘している。八月になると、内湾ではおよそ二十四℃で沿岸に近いほど水温は高く、外湾ではおよそ二十五℃である。

春風丸による東京湾全域の海洋観測

東京湾全域を網羅した本格的な海洋調査は、昭和四（一九二九）年三月から五月にかけて神戸海洋気象台の春風丸《しゅんぷう》によっておこなわれた東京海湾海洋観測調査である。期間は限定され、また悪天候によって予定どおりの調査がおこなわれなかったとされているが、北は品川沖から千葉沖、南は館山湾口までの四十四地点＋潮流観測の四地点、計四十八地点は東京湾全体をカバーしている。調査項目も、水深や水温、流れ、透明度、水色、波浪やウネリの観測、プランクトンの採集や採泥、採水、塩分、酸素含有量（溶存酸素量）、水素イオン濃度、可溶性有機物（現在の化学的酸素要求量ＣＯＤに相当する）、リン酸塩、ケイ酸塩で、さらにさまざまな気象観測もおこなっている。しかも一日一回ではなく、たとえば水温は一時間ごとに各水深でおこない、塩分や酸素は二時間ごとに観測を繰り返して経時的な変化も調べている。春風丸による観測結果の概要は次のとおりである。

水温は、外湾では十七℃以上の黒潮系の海水が入り込むが、湾奥の東京から千葉にかけての沿岸は十三〜十五℃である。塩分は、外洋ではかなり高く三十三‰（パーミル――一キログラムあたり三十三グラム）以上であるが、湾奥では二十六‰以内になる。

溶存酸素は、表層では一リットルあたりおおむね六cc以上で低酸素という状態ではない。しかし底層、とくに海底では川崎沖に二・八ccという低酸素状態の場所があり、これは東京と横浜からの廃水や沿岸河水のために有機物が多く、その分解作用のためではないかとしている。さらに海底では、内湾の中心部は広い範囲で六ccよりも低い。

表層の可溶性有機物は、隅田川河口から羽根田にかけて、一リットルあたり一・四ミリグラム以上、最高で一・七ミリグラムであった。築地の錨地ではやや高く、満潮で一・六四ミリグラム、干潮で二・八四ミリグラムであった。底層については、内湾の中央部では一・六から一・七ミリグラムなのに対して、川崎沖では二・四ミリグラムと高い数値となっていた。

品川湾あるいは海苔養殖場における海洋化学的調査

春風丸による東京湾全域の調査の前に、大正元（一九一二）年十一月から十二月にかけて、品川湾で海苔養殖場周辺の海洋化学的調査がおこなわれていた。これはまさしく第三期で展開した「江戸時代の水質を浅草海苔の出来不出来から見てみよう」の逆である。良品質の品川産と品質の劣る下総産（養老川河口）の比較をするために、隅田川河口や品川、養老川河口、さらに金澤湾（現在の平潟湾の横須賀市側）と館山湾の海水の比重や塩素、チッソなどを調査した。その結果、隅田川の水は品川の浅草海苔の養分の大供給源になっていると結論づけられた。

それからほぼ二十年後、春風丸の調査の後、昭和九（一九三四）年には二つの調査が「農學士」である松江吉行氏と阿部竹之助氏によっておこなわれている。

阿部氏の調査は、昭和九年の五月から十二月にかけて、羽田燈台と江戸川河口を結んだ線上の三地点でおこなった水温や塩分、栄養塩、酸素、可溶性有機物などの調査である。表層の水温は十・五℃から二十六・八℃、塩分は河川水の影響があるので二十二・八‰から三十二‰まで変化している。酸素は、六月と九月の底層で一リットルあたり二cc未満の低い値を示し、さらに六月から十月までの底層は三地点すべてで三ccよりも低かった。それ以外では、おおむね五cc以上の酸素が記録されている。可溶性有機物が一リットルあたり三cc以上を示したのは、八月と九月、十一月の各表層一地点だけである。

松江氏は、昭和九（一九三四）年の四月から翌年の四月にかけて、海苔養殖場のある葛西沖と品川沖、羽田沖の各三地点、計九地点で水温と比重、栄養塩や可溶性有機物、溶存酸素ガスなどを調査した。その結果、品川湾全体でチッソやリンが豊富であることが質のよい海苔を生産する主な要因であるとされているが、ここでは、とくに水温が一月の最低六℃から最高は八月の二十九℃の間を変化したことと、可溶性有機物が一リットルあたり一から四ミリグラムの間を増減したことだけを記しておこう。

これら二つの調査と重複し、さらにそれを引き継いだのが東京府の水産試験場の調査で、昭和八（一九三三）年十二月から十一年三月まで、品川湾内の六か浦（葛西、深川、品川、大井、大森、羽田）の沖側、中間、陸側の三地点、計十八地点および羽田燈台と江戸川河口を結んだ線上の三地点の上中下層九地点、総計二十七地点で調査を実施した。

なお、ここで観測された数値の意味や変化については、次の第五期でグラフとともに見ていくことにする。

第五期

数値でみる戦後の江戸前の海

青潮で逃げまどう魚類
千葉県市川市の新浜湖　加納光樹氏（茨城大学）提供

高度経済成長期と江戸前の海

高度経済成長期

第二次世界大戦後の疲弊した日本は、戦後復興にまい進し、朝鮮戦争〈昭和二十五〈一九五〇〉年〜二十八年〉の特需景気に沸いた。その後、昭和三十（一九五五）年から四十八（一九七三）年にかけて、経済成長率が年平均十パーセントを超える、世界でも類を見ないほどの経済成長を果たしたが、この期間を高度経済成長期という。

この間には、神武景気や岩戸景気、いざなぎ景気といった好景気の呼び名もつけられ、私たちの生活でも所得倍増計画や白黒テレビ、洗濯機、冷蔵庫の三種の神器、さらにはカラーテレビ、自家用車、クーラーの新三種の神器が「３Ｃ」としてもてはやされた。昭和三十九（一九六四）年には東京オリンピックも開催された。

その一方で、水俣病、富山県イタイイタイ病、新潟水俣病、および四日市ぜんそくの四大公害病に代表されるような公害が発生したのもこの時期である。都会では人口の集中によって住宅問題や交通渋滞、騒音、ごみなどの問題がおき、地方では過疎化がすすむなど、負の遺産も生じた。

経済成長と環境行政

昭和三十一（一九五六）年度の経済白書の結語には「もはや「戦後」ではない」と記され、敗戦からの回復を通じた成長から近代化による成長へ変化する時であることが謳われた。しかし急速な経済成長の裏では、大気汚染だけではなく、水質汚濁や自然破壊、騒音、振動などのいわゆる公害が発生し、私たちの健康を害するだけではなく、社会のあり様にまで影響がおよんだ。

私たちの江戸前の海でも昭和三十三（一九五八）年に、東京都江戸川区にあった本州製紙江戸川工場から流された排水によって葛西沖から千葉県の浦安沿岸にかけて海水が黒く濁り、魚貝類の大量斃死《へいし》がおこった。監督官庁からの中止勧告を無視して排水を続ける工場に漁民が乱入し、待機していた機動隊と衝突し、けが人や逮捕者がでてしまった。黒い水事件とよばれる乱闘事件である。これがきっかけになって「旧水質二法」とよばれる公共用水域の水質の保全に関する法律と工場排水等の規制に関する法律が同年に制定された。

昭和三十年代に顕在化した各地の公害に対する国民の関心が高まる中、昭和四十二（一九六七）年には、公害対策を総合的・計画的に推進することを目的にして、公害対策基本法が成立した。これを受けて昭和四十五（一九七〇）年の第六十四回国会は、公害関係法制の抜本的整備や公害に関する集中的な審議がおこなわれたことから、公害国会とよばれている。旧水質二法も廃止され、新たに「水質汚濁防止法」が制定された。さらに、公害に関係する施策を一元的かつ総合的に実施する体制を強化するために公害対策本部が設置され、それを発展させる形で昭和四十六（一九七一）年には環境庁が設置された。公害対策基本法にもとづいて公表されてきた『公害白書』は、環境庁の設置とともに『環境白書』と改められた。

高度経済成長期以降の江戸前の海

江戸前の海も、もちろん高度経済成長による荒波を受けた。黒い水事件もその一つであるが、昭和三十年代から五十年代にかけては、高度経済成長にともなう埋立ての増加と水質の悪化による漁獲量の低下をまねき、さらには漁業権の放棄までおこなわれた。その一方で、昭和五十年代になると埋立地に公園が造成され、人工的な海辺の環境が創出されるようになる。

この間に多くの問題がおこり、多くの報道がなされ、多くの研究がおこなわれた。しかし、これらのすべてをここで紹介することはできない。そこでここでは、埋立て面積や水質の変化、漁獲量の増減などを数値で示し、いくつかの出来事を紹介することにしよう。

怒涛の埋立て地造成

東京湾二億坪の埋立て

今、手元に昭和三十四（一九五九）年発行の『産業計画会議の第7次レコメンデーション　東京湾2億坪埋立についての勧告』（産業計画会議編、ダイヤモンド社発行）という本がある。産業計画会議というのは、昭和三十一（一九五六）年に「電力の鬼」と称された松永安左ヱ門が各界の学識経験者を集めて設立した民間機関である。戦後、政府の発表する経済計画はいつも実績を下回り、国民の経済活動を刺激・誘引する力を欠いていた。そこで産業計画会議は、国民経済の理想的形態を把握して、産業の長期見透しを確立することを目的として設立された。十二年間に、北海道開発や高速道路、国鉄、水資源、エネルギー政策などに関する十六の提言をおこなっている。東京湾関係では、埋立てのほか、川崎—木更津間の堤防建設や新東京国際空港、海上安全に関する勧告をしている。

そこで埋立ての勧告である。人口九百万人に達して世界一の都市となった東京では、アジア経済の中心として発展すべき日本の工業の支柱になる臨海性大工場用の敷地と広大な住宅用の敷地、それと交通網などが求められているが、東京の土地には限界がある。しかし東京には、十億平方メートル三億坪の海域があり、調査では六億六千万平方メートル二億坪の埋立地が経済的に造成できる。

この勧告は絵空事ではなく、マスタープランも策定している。全体計画として埋立て、港湾、交通、利水ならびに排水などがあり、それに対応した地区区分に応じて土地利用計画や交通計画、通信網、公園緑地計画なども立てられている。さらに必要な措置として、実施機関の設立や関係法令の整理、さらには漁業補償などの立法措置まで考えている。

埋立ての目標は、東京湾沿岸の陸地に近接した部分をおおむね馬蹄型に約四億平方メートル（一億二千万坪）を埋め立て、次に湾内中央部の約二億平方メートル（六千万坪）を埋め立てるとしている。ただし、この計画には技術的に未解決の問題もあるので、まずは十五年を目標とした前期計画で、技術的・経済的に実施できる沿岸部および中央部四億平方メートル（一億二千万坪）を埋め立てることとしている。

付属資料として「ネオ・トウキョウ・プランのできるまで」と「東京湾問題委員会報告」を示すことで、勧告にいたった過程を明らかにしている。さらに、同会議の東京湾問題委員会の委員長で住宅公団総裁であった加納久朗の「東京湾埋立についての加納構想」および「東京湾埋立計画公表の前奏曲」、「反響」を載せている。

「加納構想」では、千葉県の鹿野山と鋸山を崩して埋立てにすること、さらに鋸山の場合には従来の爆破方法ではなく、核爆発を使って山全体をゆるませて岩石を採り、それを埋立てに使うということが記されている。新しい首都の名称としても「ヤマト」を提唱している。ちょっとびっくりするような内容であるが、それに対して世の中は敏感に反応したようである。「前奏曲」と「反響」では、すでに公表の前から世間の一部に知られた本計画の新聞や雑誌の記事、あるいは漫才のネタまでも収載している。中には朝日新聞の天声人語に対する反論も載せている。

埋立て面積をみてみよう

東京湾の二億坪が埋め立てられることはなかったのは、私たちの知るところである。しかし実際にはどのくらいが埋め立てられたのであろう。少し数字でみてみよう。

すでに述べたように、江戸時代には江戸周辺で二千七百ヘクタールほどが、神奈川で千ヘクタールほどが埋め立てられた。さらに明治から戦前にかけては、東京（主に港湾整備）と神奈川（主に工場や倉庫用地の確保）、千葉で三千七百ヘクタールほどが埋め立てられ、戦前までに総計で七千五百ヘクタールほどが埋め立てられた。

国土交通省の横浜港湾空港技術調査事務所が管理している『東京湾環境情報センター』では、平成二十五（二〇一三）年までの埋立て面積の変遷の図が示され、さらに年代別の埋立て状況を地図上で見ることができる。埋立て面積の数値は竣工した年にもとづいていることも記されている。ただ、最近の埋立て面積の数値は示されていない。そこで図5-1では、数値のある平成八（一九九六）年八月までのデータを示した。

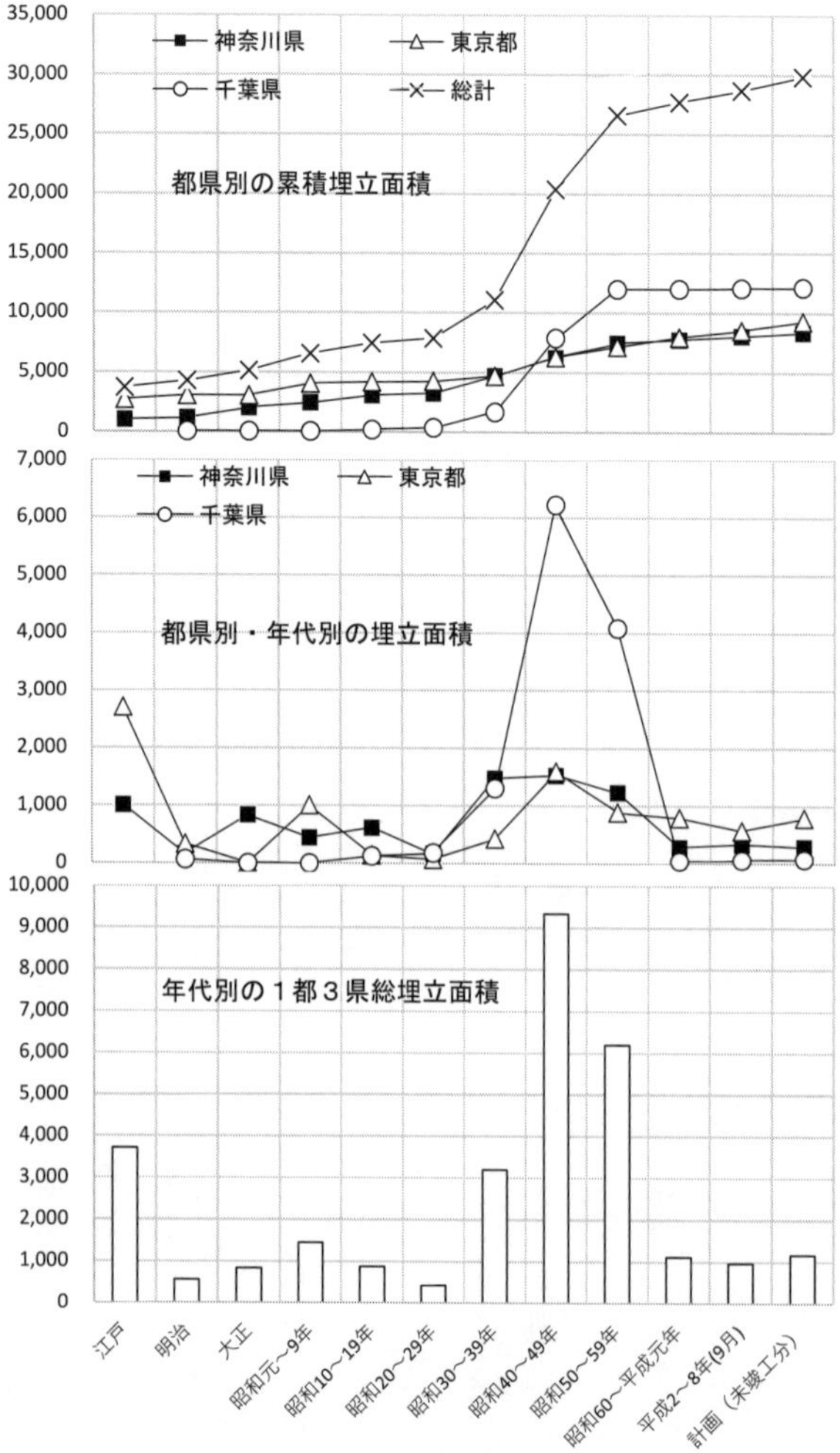

図 5-1　江戸前の海の埋立て面積の変遷
「東京湾環境情報センター」のデータなどをもとに作成

昭和二十年代の埋立て面積は、一都二県で四百二十ヘクタールと少ない。しかし、高度経済成長がはじまる昭和三十年代からは急増し、昭和三十年代に三千百九十五ヘクタール、四十年代にピークを迎えて九千三百三十七ヘクタール、五十年代に六千二百ヘクタール、六十年から平成八年までで二千八十三ヘクタールを記録している。戦後から平成八（一九九六）年までに二万一千ヘクタールほどが埋め立てられた。これは東京湾内湾の面積の二割以上に相当する。

干潟の減少

干潟は、一日のうちに潮の干満で二回、干上がったり水没したりする潮間帯にある平らな砂泥底の場所である。干潮の時には干上がらないものの、干潟からなだらかに続く水深一メートルほどの場所もふくめて干潟域とする場合もある。また、水深五メートルくらいまでを浅場とよぶ。

こうした干潟域や浅場は、チッソやリンなどの栄養塩を吸収するだけではなく、そこに生息するバクテリアや貝類などによって栄養塩や有機物が除去されることで水質浄化作用がある。また浅い場所には水生生物の仔稚魚や幼生が逃げ場としてやってきたり、餌場として利用したりしている。もちろん私たちにも、いろいろな生態系サービスを提供してくれている。

その干潟は、江戸前の海には、昭和二十（一九四五）年には九千四百四十九ヘクタールがあったとされている。それが埋立てのピークを記録した昭和五十三（一九七八）年から五十四年には千十六ヘクタールになった。なんと干潟の面積の九割が消失したのである。その後、平成二

（一九九〇）年から三年にかけては千六百四十ヘクタール、平成八（一九九六）年から九年にかけては千七百三十四ヘクタールの干潟が記録されている。

以下では、図5-1をみながら、都県別に埋立ての概要をみてみよう。

東京の埋立て

東京の港や航路となる澪筋では、戦争中に被爆して沈没した船舶や河川からの堆積物などによって、船舶の航行がほとんど不可能な状態になっていた。戦後すぐの昭和二十年代には、東京港の応急整備工事や修築工事がおこなわれたが、埋立て面積は六十八ヘクタールであった。

昭和二十五（一九五〇）年には「港湾法」が制定され、東京港も翌年には京浜港として特定重要港湾に指定された。それを受け、昭和三十一（一九五六）年には「東京港港湾計画」が策定され、現在の「東京港第八次改訂港湾計画」（平成二十七〈二〇一五〉年からおおむね十年）に続いている。昭和三十年代には、品川ふ頭の一部や豊洲ふ頭などが埋め立てられ、埋立て面積は四百二十四ヘクタールであった。

昭和四十年代になると、港湾計画の目的に現代的都市港湾の建設や、国際貿易港の機能の一部を担うこと、都市交通の緩和や後背地への輸送力強化などが掲げられ、埋立て面積も明治以来最大の千五百九十三ヘクタールを記録した。とくに西側の大井ふ頭から平和島、昭和島、京浜島など、現在の海岸線に近い形に成形された埋立地が出現した。さらに北側の江東区の夢の島や潮見、青海、新木場などが埋め立てられた。

昭和五十年代にも八百八十七ヘクタールが埋め立てられている。羽田空港北の城南島や湾奥の江東区辰巳や新木場などである。昭和六十（一九八五）年以降でもっとも広く埋め立てられたのは羽田空港であり、さらにごみ埋立処分場である中央防波堤や、最近では羽田空港のD滑走路が埋め立てられた。昭和六十年以降にはおよそ二千ヘクタールが埋め立てられている。

千葉の埋立て

戦前の千葉の海岸線は、明治時代に市川市や船橋市で新田がわずかに開発されただけで、そのほとんどが自然の地形からなっていた。千葉の海岸線の埋立ては、昭和十五（一九四〇）年に内務省と千葉県が策定した「東京湾臨海工業地帯造成計画」によって始まり、戦前には千葉市の蘇我地先が埋め立てられ、そこには戦時中は日立航空機が、戦後は川崎製鉄が進出した。

戦後、昭和三十年代から四十年代、五十年代にかけて、江戸前の海の中でも埋立て面積がとくに多いのは千葉である。昭和三十年代には千葉県（千三百一ヘクタール）よりも神奈川県（千四百七十ヘクタール）の方が少し多いが、昭和四十年代になると千葉県（六千二百二十ヘクタール）が東京都（千五百九十三ヘクタール）と神奈川県（千五百二十四ヘクタール）を大きく引きはなし、江戸前の海全体の埋立て面積の三分の二を占める。昭和五十年代には千葉県の埋立て面積も四千八十四ヘクタールに減少するが、それでもまだ全体（六千二百ヘクタール）の三分の二を占めている。

千葉の埋立て面積は、この三十年間（一万一千六百五ヘクタール）で明治以降の埋立て面積（一万二千十五ヘクタール）の九十六・六パーセントを占める。こうした埋立て面積の急激な増加は、ほとんどが京葉工業地帯の造成による。

神奈川の埋立て

江戸時代には、多摩川河口の北側と同じように、南側の現在の川崎地先には遠浅の海が広がっていた。そのため新田開発が盛んにおこなわれ、江戸時代の埋立て総面積は八百ヘクタールにもおよんだという。また、横浜の方でも、寛文七（一六六七）年の吉田新田を始めとして、二百七ヘクタールが埋め立てられたという。神奈川としては、江戸時代にほぼ千ヘクタールが埋め立てられたことになり、これは平成元年までの神奈川の総埋立て面積の一割強に相当する。

明治から戦前までは、横浜では主に横浜港に関連する埋立てが多いが、川崎寄りの横浜から川崎にかけては、浅野総一郎をはじめとした民間や昭和に入ってからの公営による埋立てがすすめられた。その結果、明治時代（一八六八〜）から昭和十九（一九四四）年までに神奈川で二千ヘクタールあまりが埋め立てられている。大正十二（一九二三）年の関東大震災には壊滅的な被害を受けたが、その一方で復興事業として、瓦礫などを埋め立てた山下公園などが造られた。また、昭和のはじめまでに埋め立てられた川崎から横浜にかけての海岸線沿いの埋立地は、京浜工業地帯の根幹をなしている。

神奈川では、江戸時代をふくめた戦前までに、およそ三千ヘクタール、総埋立て面積の四割が埋め立てられている。戦後、昭和二十年代には埋立て面積は百七十ヘクタールと少ない。しかし昭和三十年代から五十年代には千二百二十九から千五百二十四ヘクタール、総計で四千二百二十三ヘクタールが埋め立てられた。

科学的に明らかにされた江戸前の海の状態

海洋汚染と江戸前の海

海洋汚染は、ある汚染源から汚染物質が海洋に流入し、海の中で拡散・希釈されるとともに海流や潮流などによって移動し、私たちの生活に影響を与えることである。江戸前の海では、岸辺に人が住みはじめた縄文時代から江戸時代の前にかけては、人の影響もほとんど無視できたかもしれない。しかし、江戸時代に入ってからの埋立てや人口の急増はある程度の影響を与え始め、明治になって産業が興り浚渫や埋立てがすすめられるとその影響は大きくなった。そして戦後の高度経済成長期になると、産業廃水や生活排水は垂れ流され、魚貝類は息絶え、近寄りがたい海は私たちの健康までをも脅かすような存在になった。さらに干潟域から浅瀬にかけての沿岸は埋め立てられ、おまけに海岸線は人工構造物で囲まれて近づくことさえできなくなった。それはつい六、七十年前から三、四十年前までのことである。

汚染源と汚染物質――農林畜産業と生活排水

海洋汚染の主な汚染源は、鉱工業や農林畜産業などの産業廃水と私たちの生活排水で、そのうち農林畜産業や私たちの生活排水による汚染物質のほとんどは、微生物によって分解される有機物である。もともと農業には下肥《しもごえ》や堆肥《たいひ》などの自給肥料を使っていた。これらの肥料は微生物などに分解される有機物で、分解されて無機物になった後、光合成によって植物に吸収されて生長や増殖に利用される。こうした肥料は畑などにまかれるが、雨が降ったりすると河川を通って海に流れ込んでしまう。私たちの生活排水のほとんども有機物で、下水道や浄水施設が整備されていない時代には、直接河川から海へと垂れ流されていた。

こうした汚染物質の中には、有機物であっても微生物によって分解されない物質、たとえば可塑剤や塗料として広く用いられたＰＣＢ（ポリ塩化ビフェニル）や殺虫剤のＤＤＴなどがあり、海に流入して問題を引き起こしたことはよく知られている。容易に分解されないプラスチック類も、かつては漁業や工場の取水口の邪魔になる程度の影響であったが、最近ではマイクロプラスチックが大きな環境問題となり、令和二（二〇二〇）年七月からプラスチック製のレジ袋が有料になるなどの対応策がとられている。

汚染源と汚染物質――鉱工業

一方、鉱工業からの産業廃水による汚染物質のほとんどは、分解されない物質でいわゆる金属類が多い。鉛や水銀、カドミウム、ヒ素などである。

こうした汚染物質は、重い物質はすぐに沈降して海底に蓄積されるが、軽いものは希釈されたり潮流や海流によって移送されたりする。しかし海洋生物は、汚染物質や放射性物質、あるいは天然に存在する微量な元素を体内に蓄積することが知られている。しかも食物連鎖をとおして体内に取り込むため、食物連鎖で高次の生物はその餌生物によって生物濃縮されたものをさらに取り込んで蓄積することになる。残念なことに、そうして汚染された魚介類を食べて発症したのが四大公害病の水俣病と新潟水俣病で、汚染物質はメチル水銀であった。

江戸前の海の状態を調べる

私たちはこうした江戸前の海の状態を、主な目的は水産振興であったものの、明治時代から科学的に調査してきた。すでに述べたように、流れの方向や速さ、水温や塩分、溶存酸素量、化学的酸素要求量、溶け込んでいるチッソやリンの量などである。さらに現在では、油分や金属類などの汚染物質の観測、あるいは魚介類の水銀やＰＣＢ、ダイオキシンなどの汚染実態調査も地方自治体でおこなわれている。

ここではまず、微生物によって分解されない汚染物質の例として、水銀の経年変化をみていこう。次に、微生物によって分解される有機物が江戸前の海に入ってどうなるのかをみていこう。とくに有機物は私たちの生活排水が主な汚染源なので、汚染物質の入り口と赤潮や青潮といった出口との間のカラクリを少し丁寧にみていこう。さらに、その有機物の量の指標となる化学的酸素要求量（ＣＯＤ）の明治以来の変化をみていくことで、私たちの江戸前の海の状態を調べてみよう。また、最近の不安定な海の状態を象徴している溶存酸素の量（DO）についても少しふれる。

分解されない汚染物質（水銀）の経年変化

海底に溜まった堆積物を柱状にサンプリングをおこなって、海底からのそれぞれの深さの年代測定をおこなうと、各年代に堆積した汚染物質や堆積の速度などを知ることができる。ここでは、多摩川河口沖の水銀についての変化を見てみよう（図5-2）。水銀は明治三十三（一九〇〇）年過ぎから蓄積し始めている。日本の公害の原点とされる足尾銅山鉱毒事件が表面化したのは明治二十三（一八九〇）年であり、鉱毒が流された渡良瀬川では漁業被害が、また農作物にも農業被害が発生した。渡良瀬川は利根川の支流とされるが、当時はもっと多くの水量が江戸前の海にも流れ込んでいた。その後、水銀の量は戦後の昭和二十五（一九五〇）年ごろから急激に増加し、昭和四十五（一九七〇）年にピークに達するが、これはまさしく高度経済成長期にあたる。

海底堆積物の柱状サンプルをとらなくても、長期間にわたって海底の表層の土を採取して分析をおこなうことでも、汚染物質の蓄積の様子を知ることができる。こうした調査は公害が顕在化しはじめた昭和四十五（一九七〇）年ごろから始められた。ここでは、多摩川河口沖から少し北東のやや浅い調査地点の水銀の量を図5-2に加えてみた。水銀の濃度は昭和五十五（一九八〇）年くらいまではやや高い値も記録しているが、その後急激に減少し、平成二（一九九〇）年以降は安定している。

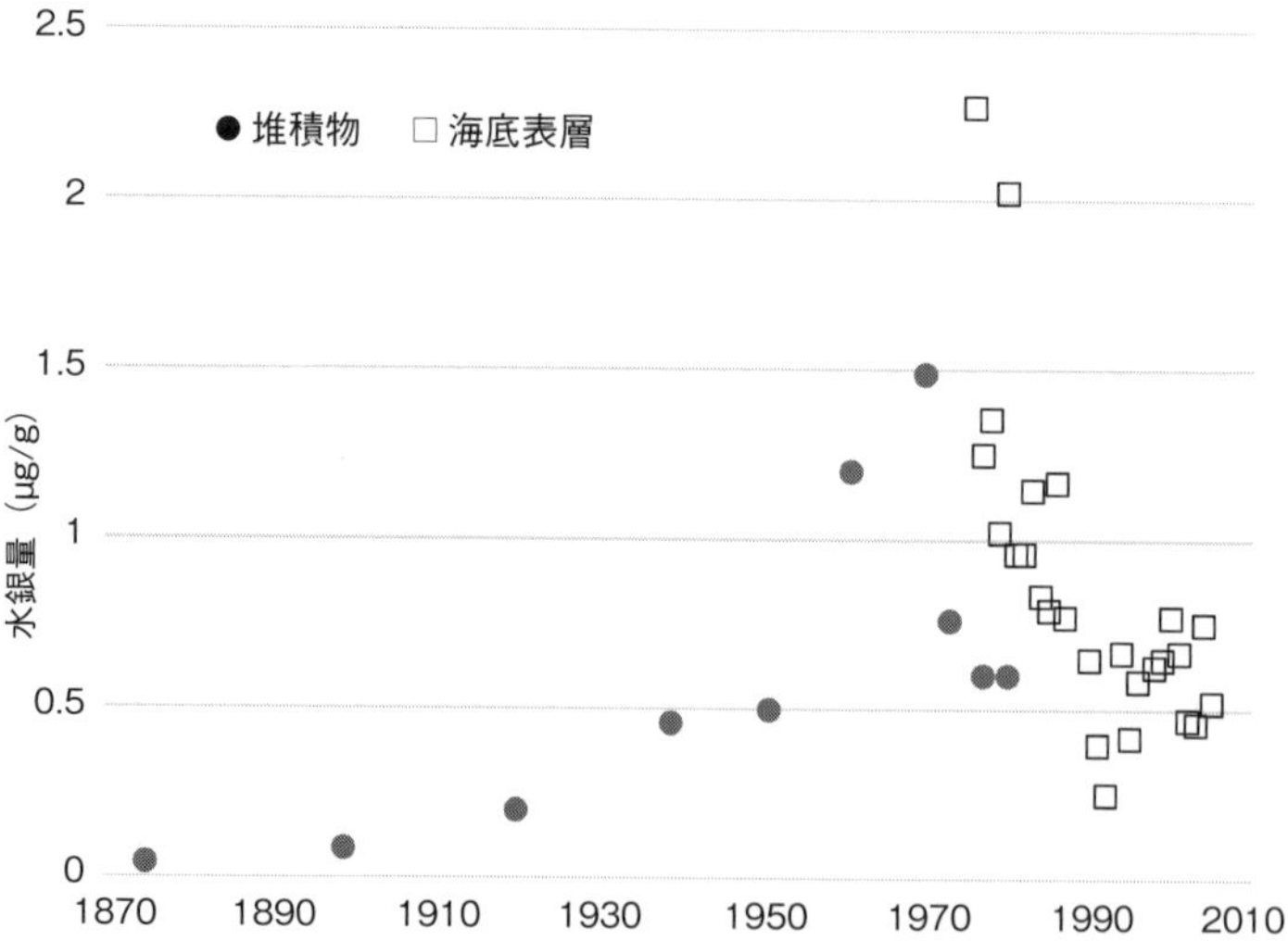

図 5-2　多摩川河口域の海底堆積物にふくまれる水銀の量
松本ほか（1983：海底の堆積物）と清水ほか（2008：海底の表層）のデータをもとに作成

こうした汚染物質の濃度の低下は、昭和四十六（一九七一）年に施行された「水質汚濁防止法」などの効果であると評価されている。また、平成五（一九九三）年に制定された「環境基本法」の「人の健康の保護に関する環境基準」では、水銀や鉛、ＰＣＢ、カドミウムなどの二十五項目の汚染物質の海水中の基準値が決められている。さらに東京都では、東京湾産だけではなく中央卸売市場に入荷する魚介類および市販されている各種食品について、水銀やＰＣＢ、ＴＢＴＯ（ビストリブチルスズオキシド）などの化学物質汚染実態調査を毎年実施し、公表している。

バケツの中のケーキ

私がここ十数年おこなってきた「私たちの江戸前の海」の講座の「水質」の導入部では、汚染物質である有機物が海中で分解されて変化していく例えとして「バケツに放り込んだケーキ」の話をする。

図5-3の左上にケーキ（有機物）があり、水を満たしたバケツの中にこのケーキを入れる。とくに夏の暑い日を想像してもらって、バケツの中で何がおきるのかを、1から7に語句を入れることでみんなに考えてもらう。答えは、1微生物（バクテリアという答えも多い）、2分解、3腐敗、4無機物、5チッソ、6リン、7栄養塩である。

この過程を、河口域を想定して簡単に図示したのが図5-3の下の図である。海に流れこんだ有機物（バケツに放り込まれたケーキ）は微生物によって分解されて無機物になる。微生物はその時、酸素を消費するとともに腐敗臭や二酸化炭素、水をだす。一方、無機物の中でも、とくに海洋の植物である海藻や植物プランクトンの栄養素として必要なチッソとリンを栄養塩とよぶ。植物に必要なカリウムは海水中に大量にあるので、栄養塩とはよばない。さらにここには、ケーキの量（有機物）の目安となるCOD（化学的酸素要求量）と、微生物が分解する時に消費する酸素が水中にどのくらい溶け込んでいるのかを示すDO（溶存酸素量）も示している。

下に少し書き足しているのは、導入からさらに発展したストーリーである。それは、海の中で

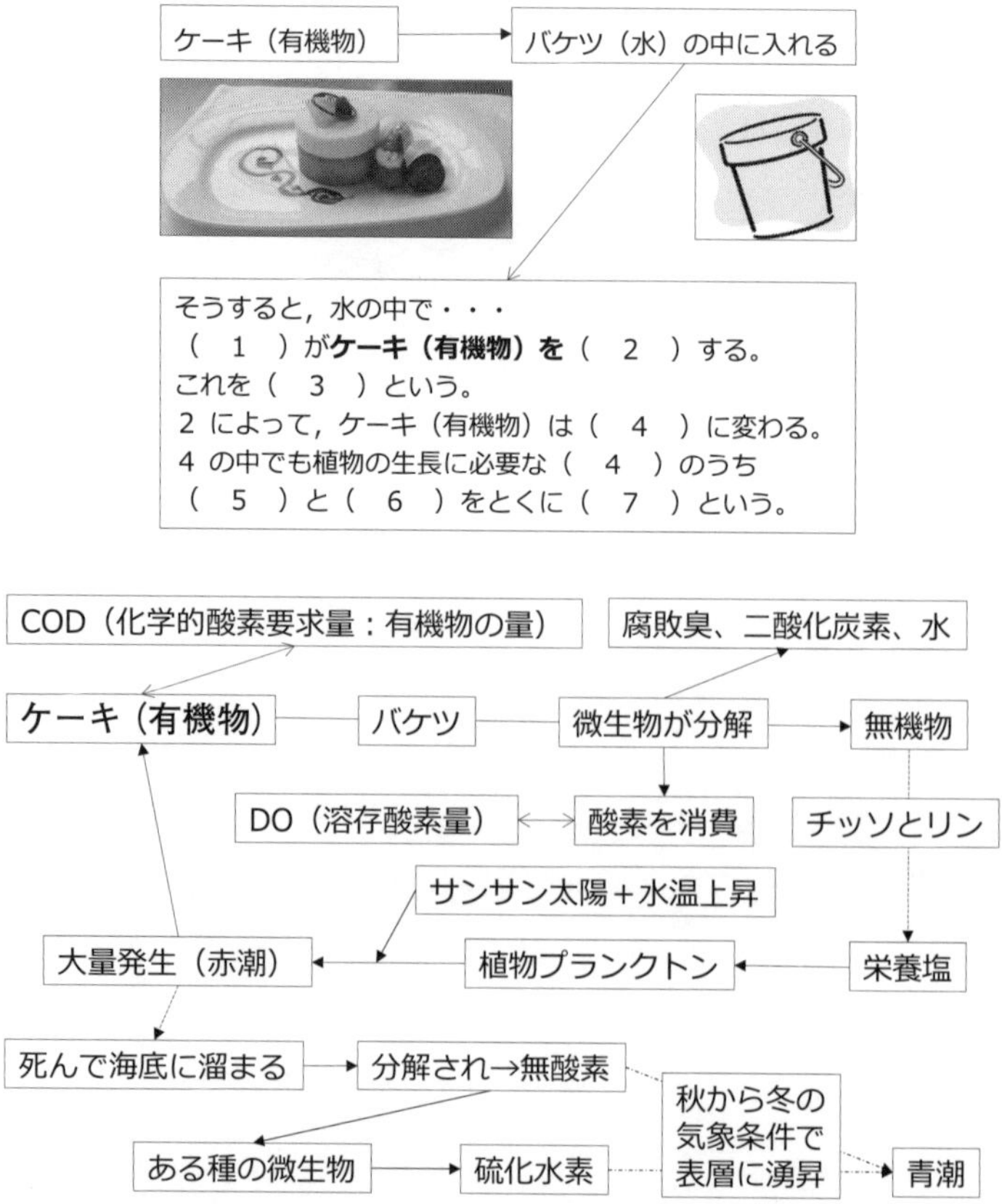

図 5-3　バケツにケーキの図

栄養塩を利用して植物プランクトンが生長し増殖するが、栄養塩がたっぷりとあり太陽がさんさんと降り注いで水温が上昇すると、植物プランクトンの光合成が活発になって大量発生することを示している。赤潮（図5-4）である。赤潮自体も魚類などの斃死《へいし》を招いたり貝毒を発生させたりするが、さらに面倒なのはその死骸である。植物プランクトンが死んでしまうと有機物として、バケツの中のケーキと同じ役回りになる。実際の河口域では、大量に発生した植物プランクトンの死骸がゆっくりと沈降して海底に溜まる。それが微生物に分解され、大量の酸素が使われて、海底の水は無酸素状態になる。そうすると無酸素でも分解をおこなうような微生物によってさらに分解されるが、その時に硫化水素などの有害物質が産出され、海底に溜まる。つまり、酸素がほとんどなく有害物質の溜まった海水が海底でじっとしているのである。

表層水の水温が高く底層水が冷たい状態だと、いわゆる成層化していて上下方向の水の混合がおこらない。しかし秋から冬に、表層の水温が下がったり台風がきたりして成層化が弱まっている時に、東京湾などで北風が吹くと、底に溜まっていた無酸素で硫化水素をたっぷり含んだ海水が船橋あたりの北岸沿いに上昇する。硫化水素は酸素と反応すると硫黄のごく小さな粒子を発生し、青

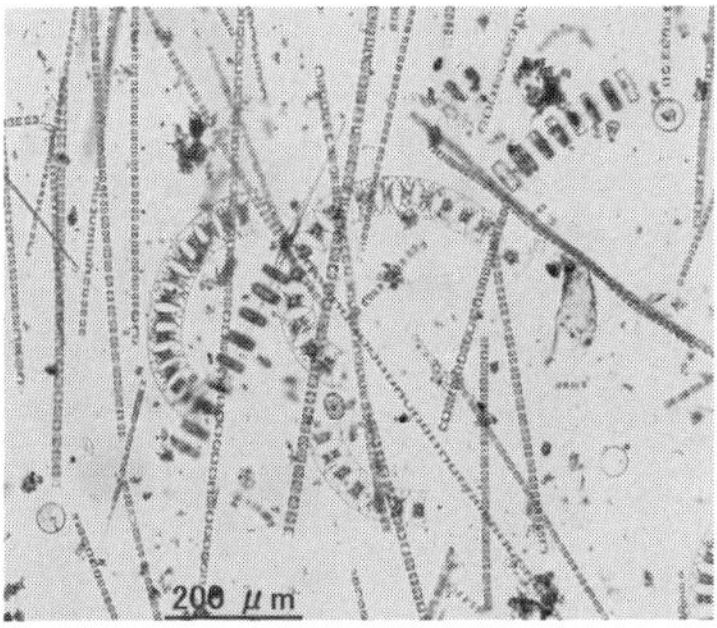

図5-4　江戸前の海で赤潮を引き起こす植物プランクトン
立花愛子氏（東京海洋大学）提供

白くみえる。いわゆる青潮である。青潮は毒性がある上に無酸素状態でもあるので、東京湾の北部の海岸では貝類が死んだり魚類が逃げまわったりということがおきる。

環境基本法の環境基準

「バケツにケーキ」の例によって参加者に期待しているのは、①水が汚いとかキレイとかの指標として有機物の量を示す化学的酸素要求量CODが使えること、②有機物の分解には酸素が使われるので溶存酸素量DOも重要なデータであること、③さらに栄養塩のチッソやリンの量

項目／類型	利用目的の適応性	COD	DO	底層のDO	全チッソ	全リン
A	水産１級、水浴、 自然環境保全	2mg/L 以下	7.5mg/L 以上			
B	水産２級 工業用水	3mg/L 以下	5mg/L 以上			
C	環境保全	8mg/L 以下	2mg/L 以上			
生物１	貧酸素耐性の低い水生生物が再生産も生息もできる水域			4.0mg/L 以上		
生物２	貧酸素耐性の低い水生生物を除いて生息や再生産ができる水域			3.0mg/L 以上		
生物３	貧酸素耐性の高い水生生物が生息も再生産もできる水域			2.0mg/L 以上		
Ⅰ	自然環境保全				0.2mg/L 以下	0.02mg/L 以下
Ⅱ	水産１種、水浴				0.3mg/L 以下	0.03mg/L 以下
Ⅲ	水産２種				0.6mg/L 以下	0.05mg/L 以下
Ⅳ	水産３種、 工業用水、 生物生息環境保全				1mg/L 以下	0.09mg/L 以下

表 5-1　環境基本法の表
環境省ホームページの「環境基本法」の「水質汚濁に係る環境基準」の「生活環境の保全に関する環境基準」の「海域」を抜粋

も分かれば汚濁の目安になるかもしれないこと、などを理解してもらうことである。

実際にこれらの数値をあげて水質汚濁の基準としているのが、平成五（一九九三）年に制定された「環境基本法」の中の「水質汚濁に係る環境基準」の「生活環境の保全に関する環境基準」の「海域」である（表5-1）。たとえば、マダイやブリ、ワカメなどの水産生物用として利用でき（水産一級）、水浴ができ、かつ自然探勝等ができる環境（自然環境保全）は、CODが一リットルあたり二ミリグラム以下でDOは七・五ミリグラム以上なのに対し、やや汚れた海水でも耐えられるボラやノリなどの水産生物用（水産二級）や工業用水として利用できるのはCODで三ミリグラム以下、DOで五ミリグラム以上、さらに私たちが日常生活で沿岸の遊歩などで不快感を生じない限度（環境保全）がCODで八ミリグラム以下、DOで二ミリグラム以上となっている。

汚れを測るCOD——データと観測点、戦前の変化

私たちにとって、すぐに感じることのできる海水の汚れは濁りと臭いだろうか。海水の濁りや臭

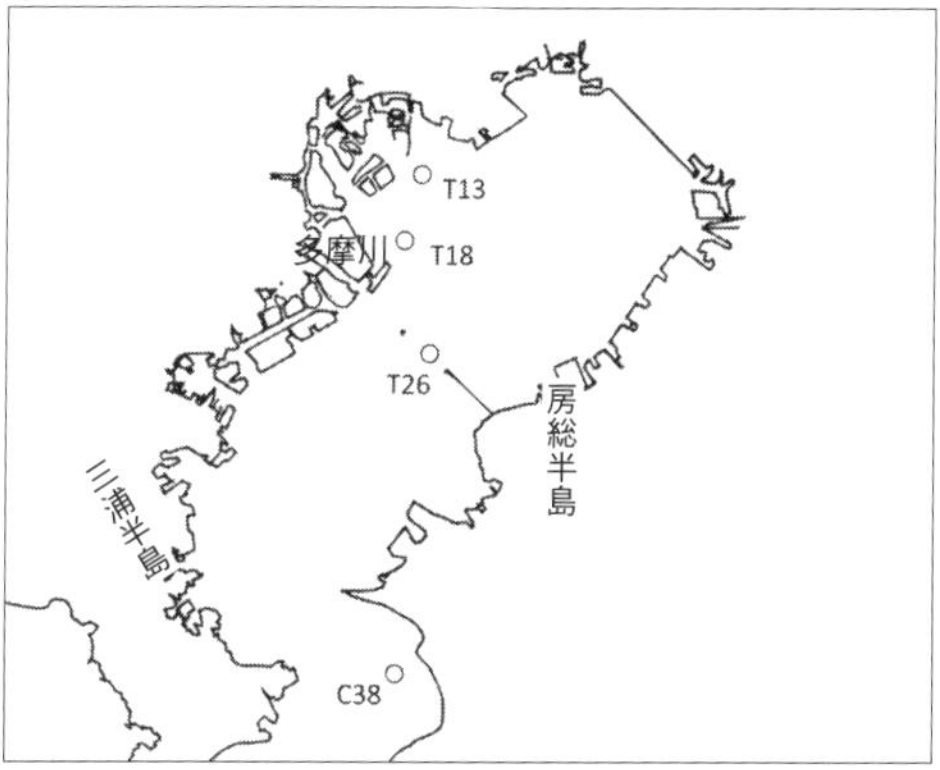

図5-5　江戸前の海の観測点
環境省ホームページの「水環境総合サイト」をもとに作成

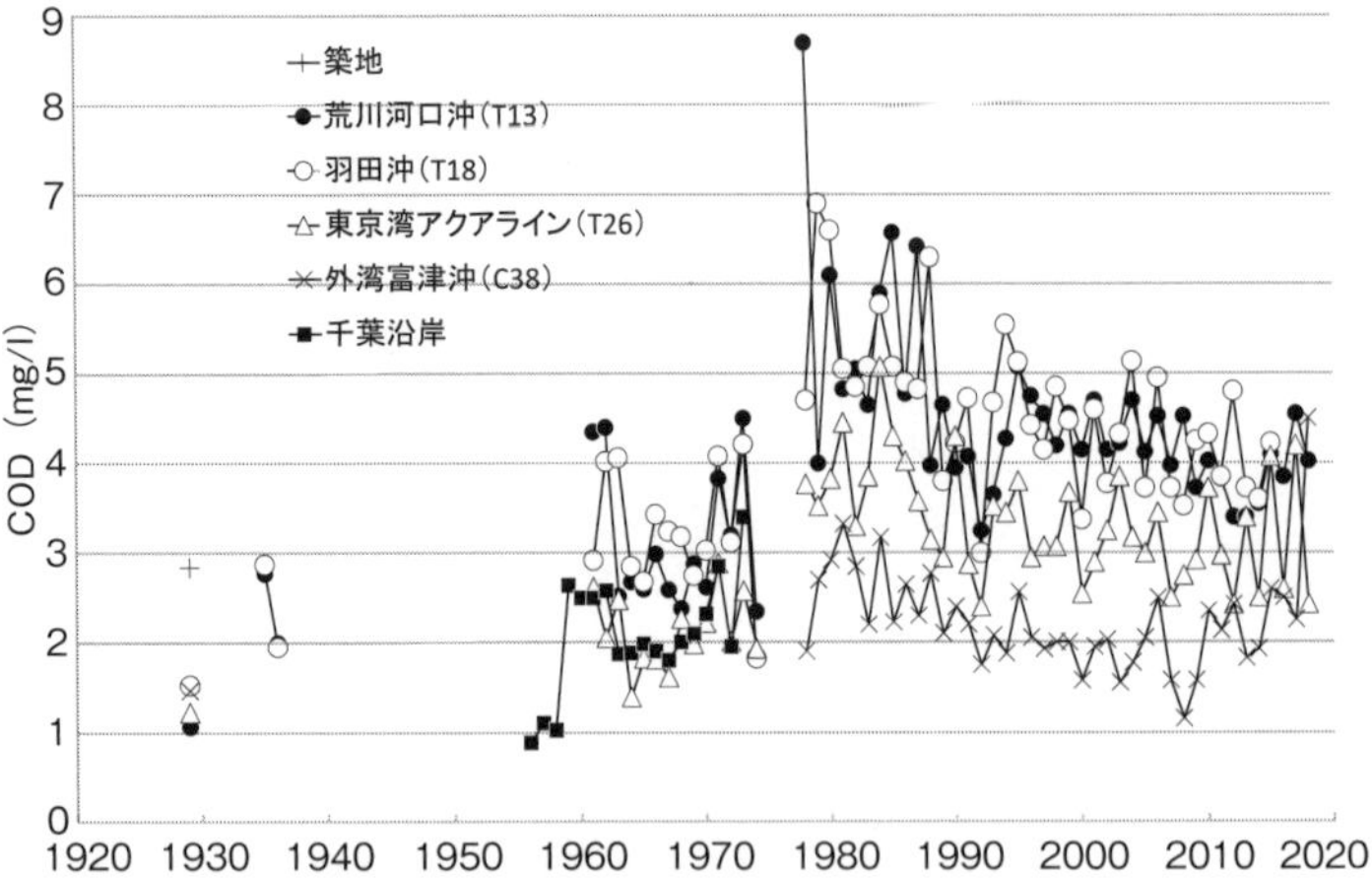

図 5-6　江戸前の海の COD の経年変化
環境省ホームページの「水環境総合サイト」などをもとに作成

いの元はほとんどが有機物であり、その有機物の量の指標となっているのがCODである。日本で最初に海水中のCODが計測されたのは昭和四（一九二九）年の春風丸の海洋調査とされている。それ以来、江戸前の海でもいろいろな機関がいろいろな場所で観測をおこなっている。

ここで比較する観測点は、荒川河口沖の東京13（T13）、羽田沖の東京18（T18）、東京湾アクアラインのほぼ中央にあたる東京26（T26）、および東京湾外湾の富津市の沖合にあたる千葉38（C38）である（図5-5）。これらは環境省の「水環境総合サイト」で示されている。もちろん、すべての調査がこれらの観測点で実施されているわけではないので、観測点についてはそれぞれの調査のところで説明する。ここでは春風丸以降のCODの観測値を年平均にして図にしたので、それをみながら変化をみてみよう（図5-6）。

少しおさらいになるが、まずは戦前である。春風丸の海洋観測では、錨地であった築地（図中の＋）の干潮時には少し高い値を示して一リットルあたり二・八四ミリグラムであるが、他の地点（T13〈●〉と18〈○〉、26〈△〉、およびC38〈×〉に相当する）では二ミリグラム以下である。さらに、昭和九（一九三四）年から十一年にかけての東京府水産試験場による品川湾の湾口部の調査では、観測点のT13とT18に相当する場所でほぼ二から三ミリグラムで、春風丸よりも少し高かった。

このように戦前の江戸前の海では、CODの値は高くても一リットルあたり三ミリグラム、ふつうは概ね二ミリグラムくらいで、環境基準でいけばマダイやブリなどを飼育することができるほどのキレイな海水であった。

汚れを測るCOD――昭和四十九（一九七四）年までの戦後の変化

戦後すぐのデータでよく引用されるのが千葉県の昭和三十一（一九五六）年から四十八（一九七三）年までの沿岸と沖合のCODの図である。ただしこのデータは、千葉県水産試験場内湾分場が昭和二十二（一九四七）年からイワシ資源調査の一環としてとり始めたとされているが、具体的な数値データを探しあてることはできなかった。そこでここでは、海老原（一九七二）と伊藤ほか（一九七四）の図から数値を読み取って、新たに図を作成した（図では千葉沿岸〈■〉

だけを示す）。それによると、昭和三十三（一九五八）年までは一ppm（parts per million で百万分の一なので、ここでは一リットルあたり一ミリグラムに相当するとしよう）前後だったものが、昭和三十四（一九五九）年に急に増加し、それ以降は二〜三ミリグラムで推移している。

一方、同じ時期の宇野木・岸野（一九七七）の論文も有名で、よく引用されている。東京湾の内外を百五十一海区（そのうち東京湾は六十数海区）に分け、海洋資料をできる限り収集し、統計処理をおこなったものである。しかしこちらも具体的な数値データは昭和三十六（一九六一）年から四九（一九七四）年の表だけで、よく引用されている図の具体的な数値は示されていない。ここでは、この表の数値にもとづいて、荒川河口沖のT13と羽田沖のT18、東京湾アクアラインのT26に相当する観測点のデータを図にした。これによると、まずT26では、ほかの二観測点よりも数値が低く、一リットルあたり一・五〜二・五ミリグラムで、千葉県の沿岸や沖合と類似していることがわかる。それに比べてT13と18では数値が高く、二・五〜四ミリグラムを示している。

これらの結果から、昭和三十年代から昭和四十年代にかけては、江戸前の海のど真ん中の東京湾アクアラインあたりから東側の千葉県にかけてのCODは一リットルあたりほぼ三ミリグラム以下で、西側の荒川から羽田までの東京都の海域では多いときで四ミリグラムくらいであることが分かった。

これらのCODの数値は、マダイやブリを飼育するとまではいかないものの、そんなに汚れてはいない海水であることを示している。しかしそれは、微生物によって分解される有機物の量についてである。高度経済成長期まっただ中のこの時代、昭和三十（一九五五）年からの二十年ほどは、水銀の例でみたように産業廃水による分解されない汚染物質が江戸前の海に大量に流れ込んでいろいろな問題を引き起こした時代であった。

汚れを測るＣＯＤ――昭和五十三（一九七八）年以降の変化

ちょうど昭和五十（一九七五）年から五十二年のデータがないが、昭和五十三（一九七八）年以降のデータは「水環境総合サイト」から抽出できるので、これをみてみよう（図5-6）。ただし、調査回数は昭和五十五（一九八〇）年までは年に一回、それより後は年に四回である。

まず、ＣＯＤの値が最も低いのは外湾のＣ38（図中の×）で、一リットルあたり二〜三ミリグラムを維持している。Ｃ38は富津岬をまわりこんだ東京湾外湾のへこんだ湾の沖合で、ここまでくるとさすがに有機物は少なく、昭和五十（一九七五）年ごろまでの千葉県や東京湾アクアライン付近のＴ26の値を維持している。これはどうにかマダイやブリあるいはボラやノリを飼育できる状態である。

一方、東京湾アクアライン付近のＴ26（△）では、昭和五十（一九七五）年から五十二年の間に二〜三ミリグラムが三ミリグラム以上に一段階上昇し、とくに昭和五十三（一九七八）年から平成二（一九九〇）年くらいまでは四ミリグラムを超えることもあった。しかしそれ以降は、三〜四ミリグラムで推移している。それに対して、もっと湾奥の荒川河口沖のＴ13（●）と羽田沖のT18(〇)では、昭和五十(一九七五)年をはさんで、二〜四ミリグラムが四〜六ミリグラムあるいはそれ以上に上昇し、昭和五十三(一九七八)年(八・七ミリグラム、T13)と五十四年(六・九ミリグラム、T18)には最高値を記録している。それ以降、平成にかわる一九九〇年ごろまでは五ミリグラム以上を記録しているが、その後は四〜五ミリグラムの値で横ばい状態である。

こうした、アクアラインよりも湾奥のT26やT13、T18のCODの値は、私たちが沿岸で日常生活を送る分には不快だとは感じない一リットルあたり八ミリグラムよりも少なかった。しかしこの値は年に一回あるいは四回の調査の結果である。実際には、昭和五十(一九七五)年前後の湾奥の沿岸域では、時季や時間によって、かなり腐敗臭がしていた記憶がある。しかも、これら三つの観測点すべてで言えることであるが、この三十年ほどは横ばいの状態が続いているが、戦後から昭和五十(一九七五)年よりも前の値にまでは下がっていない「高止まりの状態」になっている。

ふたたび「バケツにケーキ」

ここでふたたび「バケツにケーキ」の話にもどろう。

ケーキ(汚染物質)が江戸前の海に放り込まれるのは、そもそも河川を通してであった。私たちの生活排水は、戦前にはそのまま河川に流され、糞尿は近郊の農地に運ばれて肥料として使われていた。戦後になると下水道が普及し始めたが、普及率は東京都区部でも昭和二十五(一九五〇)

年におよそ一割で、昭和四十五（一九七〇）年までは五割に満たなかった。つまり昭和三十（一九五五）年からのほぼ二十年間の高度経済成長期の間は、私たちの生活排水の大半は無処理のまま河川に流されていたことになる。当時の映画や写真などを見ると、泡立った水が河川を覆い尽くしていたり、ゴミが河口域で溜っていたりする様子を見ることができる。

昭和四十五（一九七〇）年に汚染物質の濃度を、昭和五十四（一九七九）年に総量を規制することによって、江戸前の海に入り込むＣＯＤの量を規制した。下水道普及率も昭和四十五年から五年ごとに一割ずつ増えて、平成二（一九九〇）年には九割になっている。『東京都統計年鑑』にはいろいろな河川に架かる橋で計測したＣＯＤがでている。たとえば隅田川の両国橋と多摩川の大師橋の昭和四十二（一九六七）年からのＣＯＤの変化では、昭和四十三年（なんと大師橋で一リットルあたり四十二・一ミリグラム、両国橋で三十四・五ミリグラムという驚愕的な値）をピークにして、大師橋では昭和四十八（一九七三）年に、両国橋では昭和五十（一九七五）年に十ミリグラムをきっている。平成十二（二〇〇〇）年ごろから後は、ほぼ五ミリグラム前後で横ばいの状態である。バケツに放り込むケーキ（有機物）の量が大幅に減ったのである。

しかしその割には、先にみたように、江戸前の海でＣＯＤの値が高止まりしているのはなぜだろう。ヒントはやはりバケツにケーキの図である。大量発生した赤潮が死滅して、ケーキと同じく有機物としての役回りを果たしているためと考えられている。つまり、最初はケーキが直接放り込まれていたものの、ケーキの量が減った代わりに、豊富な栄養塩によって増加したプランクトンが有機物の量を押し上げているのである。豊富な栄養塩は、生活排水が処理される水再生センターからも排出されている。ここでは、チッソやリンを除去する高度処理をしないと、有機物は除去されるが栄養塩はそのまま放出される。なお、平成十三（二〇〇一）年からは水質総量規制制度によってチッソとリンの量の規制をおこなっている。

ケーキのようにバケツの外から入り込んだ有機物（これを外来性有機物という）による汚染は一次汚濁型といわれ、植物プランクトンのように内部（バケツの中）で生産された有機物（内地性有機物）による汚染は二次汚濁型といわれる。一次汚濁型から二次汚濁型への転換は、昭和四十五（一九七〇）年ごろから昭和五十五年ごろにかけての十年ほどの間に、徐々に起こったと考えられている。

溶存酸素量（DO）と不安定な海

バケツにケーキの図の海水中の溶存酸素量（DO）についても少しふれておこう（図5-7）。図には示していないが、すでに昭和四（一九二九）年の春風丸の調査で、表層では一リットルあたり六ミリリットル（ccと表記されている―これは一リットルあたり八・五七ミリグラムに相当する）以上であるのに対し、とくに川崎沖の底層では二・八cc（四ミリグラム）よりも低く、低酸素状態であったことが指摘されている。なお、DOはCODとちがって、値が高いほど環境がよい。

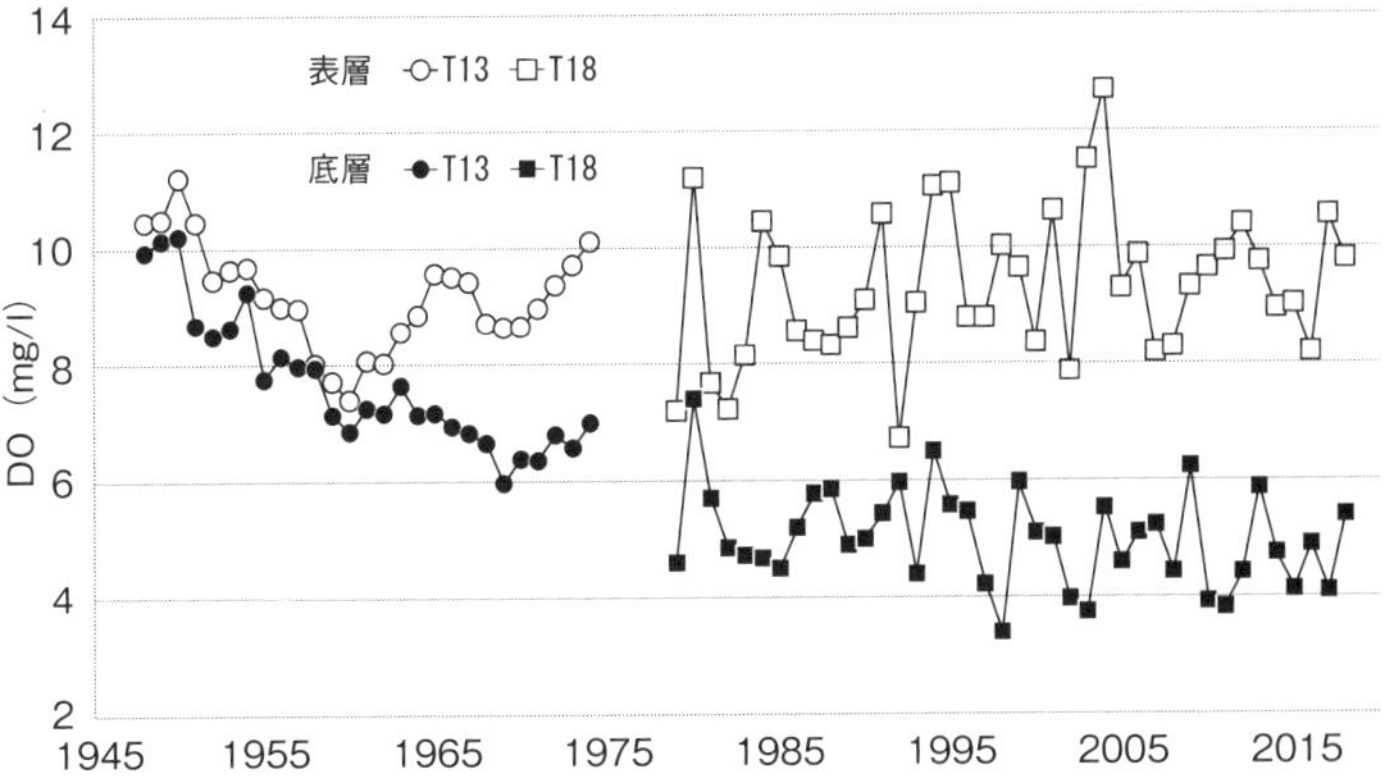

図 5-7　江戸前の海の DO の経年変化
宇野木・岸野（1977）と環境省ホームページの「水環境総合サイト」をもとに作成

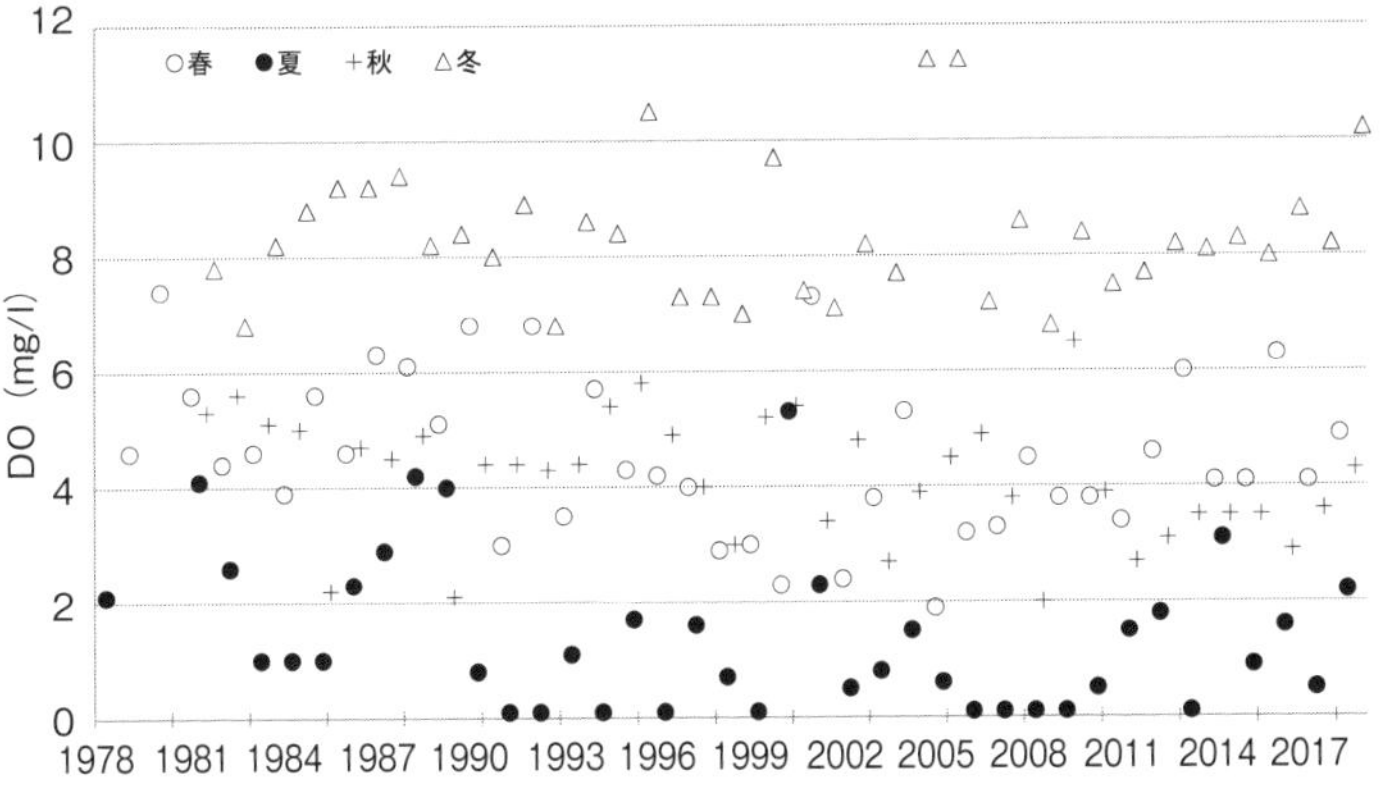

図 5-8　羽田沖の T18 観測点での底層 DO の季節変化
環境省ホームページの「水環境総合サイト」からデータを抽出し作成

荒川沖T13をふくむ海域での表層のDO（図中の○—宇野木・岸野〈一九七七〉の論文から）は、昭和二十五（一九五〇）年の十一・二ミリグラムをピークにして昭和三十五（一九六〇）年の七・四ミリグラムまで急減している。その後、上昇傾向を示し、昭和四十九（一九七四）年には十・一ミリグラムを記録している。しかし底層の方（●）は昭和三十五（一九六〇）年（六・九ミリグラム）以降も減少傾向で、昭和四十九（一九七四）年には七ミリグラムであった。ブランク後の昭和五十三（一九七八）年以降の羽田沖のT18では、表層（□）では八〜十ミリグラムと十分な酸素があるのに対して、底層（■）では四〜六ミリグラムと低い値にとどまっている。

さらにDOは季節によって大きく変化する。ここでは「水環境総合サイト」からT18の底層の昭和五十三（一九七八）年からのDOの変化を季節別に抽出した（図5-8）。DOが低いのは夏（図中の●）で、平成二（一九九〇）年以降は一リットルあたりほぼ二ミリグラム以下である。春（○）と秋（＋）には二から六ミリグラムで変動し、冬（×）には六ミリグラム以上となっている。

私たちは、ふつう一リットルあたり三ミリグラム以下のDOを貧酸素水という。また『水産用水基準』では、底生生物の生存可能な最低濃度は二・八六ミリグラムあるいは底生魚類の致死濃度は二・一四ミリグラムとされている。つまり、高度経済成長が終わって四十年近くがすでに経っているが、今でも夏になると江戸前の海の海底では、生物も生息できないほどの不安定な海が広がっていることになる。

壊滅的な江戸前の海の漁業

衰退する江戸前の海の漁業

戦後すぐの昭和二十年から三十年にかけての私たちの江戸前の海は、戦禍を被ったものの、「青い海」とよばれる時代があった。その結果「昭和二十五（一九五〇）年当時は未だ内湾全域にわたって漁業が活発に行われていた」（鈴木順『東京都内湾漁業の実態』）という。しかし昭和三十年代から五十年代にかけては、江戸前の海では埋立てがピークをむかえ、汚染物質も垂れ流された。

ここでは、漁業衰退の様子を漁獲量でみてみよう。

一都二県の漁獲量の推移

まず、最もふつうに見かける東京湾に面する一都二県の漁獲量の推移をみてみよう。『東京湾環境情報センター』に掲載されている昭和三十（一九五五）年から平成十五（二〇〇三）年までの貝類と藻類、魚類の漁獲量である（図5-9）。同センターの最新版では平成二十八（二〇一六）年までの図が示されているが、具体的な数値はでていないため、ここでは数値がわかっている平成十五年までとした。なお、最新の図によると、平成十八（二〇〇六）年から貝類の漁獲量がさ

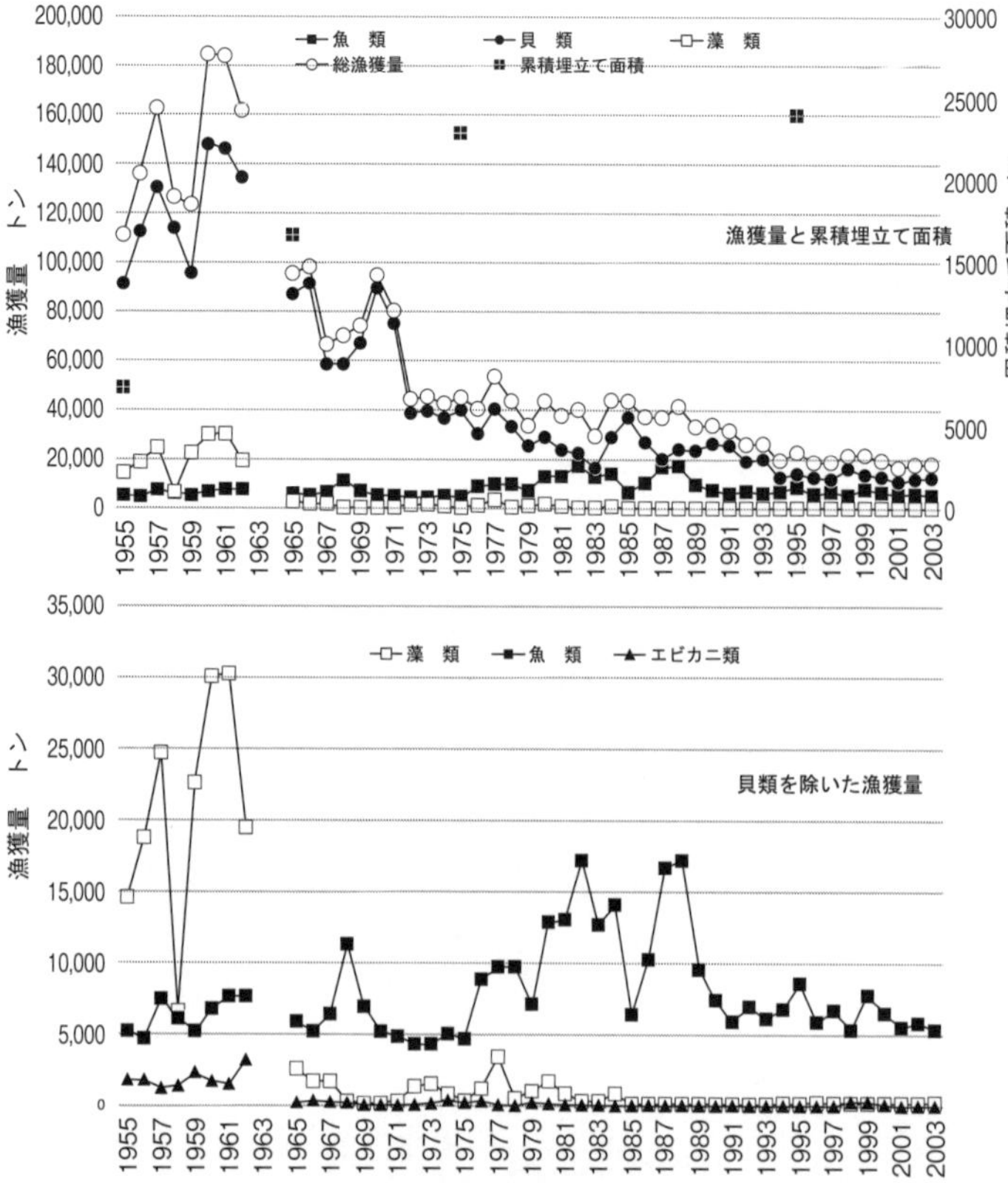

図 5-9　東京湾（1 都 2 県）の戦後の漁獲量の推移
「東京湾環境情報センター」のデータなどをもとに作成

らに減少している様子がうかがえる。

総漁獲量（図中の○）をみてみると、昭和三十年代は漁獲量が増加し、昭和三十五年には最大の十八万四千六百九十六トンを記録している。この図はエビ・カニ類とその他の水産動物という項目を除外しているので、これらを合わせると十八万七千九百万トン余りになる。しかしその後、漁獲量のほぼ九割を占めていた貝類（●）が激減することで、総漁獲量も急減し、昭和四十七（一九七二）年には総漁獲量は約四万四千トン、貝類も三万八千トンになった。その後も漁獲量は徐々に減少し、一九九〇年前後の平成になるころにはほぼ二万トンで推移している。

戦後すぐの貝類の増加は、とくに荒川河口の三枚洲と多摩川河口の羽田洲に広大な「苗区」を設けて稚貝を育てたことによる。しかし昭和三十年代になると河川の汚濁をもろに受けとめる形で打撃を受けた。また、貝類の生息場である干潟や浅瀬は埋立てによって直接壊滅状態になった。その減少過程は、図に示したように、累積の埋立て面積（■）の急上昇とほぼ一致している。

図5-9には貝類を除いた漁獲量の変遷も示した。藻類（□—ほとんどは海苔）は、昭和三十六（一九六一）年に最大の三万二百六十一トンを記録したが、翌年には二万トン弱となり、さらにその後は急減した。元々天候などに左右されやすい「運草」であることはすでに述べたが、戦後すぐの復興過程で、船舶から漏れ出した油類によって直接的な被害を被ったのも海苔である。それにしても昭和三十六年から後の激減ぶりはものすごいが、これは漁業権の放棄によるところも大きい。「昭和三十七（一九六二）年十二月二十四日には、全面的に漁場を放棄することになっ

たのである」(西坂忠雄『昭和時代における内湾漁業の発達』)。さらにその前の「昭和三十六～三十七年は、生産数量的には極度に増大しているが、これはまさに瀕死のあがきの様相とも云えるのではなかったかと思われるのである」と書き記されている。現在でも千葉県の富津市などでは盛んに海苔養殖がおこなわれている。しかし、昭和四十(一九六五)年以降は時々千トンを超えるような時もあったが、昭和五十五(一九八〇)年以降は百～二百トンぐらいで推移している。

エビ・カニ類(▲)も昭和三十七(一九六二)年までは千トンを超える量が漁獲されていたが、それ以降は百トン前後で推移している。なお、図には示していないが、その他の水産動物もばらつきはあるものの数百トンが漁獲されている。

意外にコンスタントに漁獲されているのが魚類(■)である。昭和四十五年代までは一万トン以下だった漁獲量は、昭和五十五年代からの十年ほどの間には一万五千トン前後に増えている。平成以降の一九九〇年代からは五千から一万トンくらいが漁獲されている。

戦後の漁獲対象種

漁業権を放棄した昭和三十七(一九六二)年当時に東京都の内湾に来遊していた魚類として、次の八種類があげられている(『東京都内湾漁業の実態』)。ウナギ、コノシロ、マルタ、ボラ、スズキ、クロダイ、イシガレイ、ホシガレイ。このうちイシガレイとホシガレイは、今では東京湾の内湾ではほとんど見なくなった。ただしイシガレイの稚魚は沿岸域の地曳網でかなり多く採集されるし、内湾の湾口部では漁獲もされている。（ニホン）ウナギも激減したが、少ない量ながらも漁獲はされている。マルタは、漁業としては見られないが、沿岸域で小さな若魚が群れをなしている姿を見ることができる。今も漁業がおこなわれているのはコノシロとスズキであるが、ボラとクロダイも江戸前の海ではかなりふつうにみることができ、釣りの対象種となっている。

さらに昭和三十（一九五五）年よりも前の漁業上重要な貝類として、アサリ、ハマグリ、シオフキ、カキ、サルボウ、アカガイ、バカガイ、トリガイ、タイラギ、シジミの十種類があげられている。このうちハマグリは、昭和四十五年代に激減しほぼ枯渇したといわれているが、最近では稚貝の放流をおこなっている。現在でも漁獲の対象となっているのはアサリとバカガイ、トリガイ、それとヤマトシジミで、シオフキとカキ（マガキ）、サルボウ、アカガイ、タイラギも生息はしているものの大量に漁獲されることはほとんどない。さらに、ウナギ延縄の餌としてのイソシジミや、ノリとカキ養殖に悪影響を与えたムラサキイガイ（昭和七〈一九三二〉年に日本に入ってきたとされる外来種）、貝類養殖場の害敵としてのホトトギスガイ、遊漁用としてのマテガイ、オオノガイがあげられ、これらの貝類は今も江戸前の海でみることができる。

シラウオとアオギス

江戸前の海から完全に姿を消した漁獲対象魚は二種類だけ、シラウオとアオギスである。

シラウオは北海道から九州までの大きな河川の河口や汽水の湖に分布する。江戸時代には、シラウオもシラウオを獲る人も、特別な扱いをされていたことはすでに述べた。そのシラウオが消えてしまったということは、それだけ江戸前の海に注ぎ込む河川河口部の環境が悪化したということである。環境の悪化というのは、水質の汚濁だけではなく、沿岸域が直立護岸に囲まれて干潟域や浅瀬が消失し生息する場所が奪われたこともふくまれる。漁業としてのシラウオ漁は、昭和三十（一九五五）年には東京都の漁獲統計対象種からなくなり、さらに昭和三十二年の五十五貫（約〇・二一トン）が最後の記録であるとされている。現存する標本では、昭和三十八（一九六三）年に千葉県松戸市地先の江戸川で採集された個体が国立科学博物館に保管されている。

アオギスには河口に広がる広大な干潟域が必要とされている。江戸前の海では、やはり埋立てと汚染によって、生息する場所がなくなってしまった。もともとアオギスは東京湾や伊勢湾、紀伊半島西側と四国の東側、瀬戸内海の西部海域、それと鹿児島の吹上浜などに局所的に分布していたが、現在では瀬戸内海西部の周防灘と鹿児島の吹上浜に限られるようだ。警戒心の強いアオギスに対して江戸前の海では脚立の

図 5-10　脚立釣り
（「東京各大区内　品川沖蒸気船鉄道遠望」）東京海洋大学附属図書館所蔵

上で釣りをする「脚立釣り」が昭和三十（一九五五）年ごろまでの夏の風物詩であったらしい（図5-10）。釣り針を魚の口に掛ける〝合わせ〟の難しさと、いったん掛かれば引きが強烈なことが魅力であったという。すでに紹介したように、江戸時代の明和年間一七〇〇年代の中ごろにすでに神奈川浦でアオギスの漁獲記録がある。脚立釣りも昭和三十年代までは湾の奥から千葉県の富津岬くらいまで見られたそうである。しかし昭和五十一（一九七六）年の千葉市稲毛浜での記録を最後に、アオギスは江戸前の海から姿を消してしまった。

戦後に漁獲されなくなった魚介類

シラウオやアオギスのように、江戸前の海から完全に姿を消したのではなく、戦前から戦後にかけてまとまった漁獲がなくなり漁業として成り立たなくなった魚類も結構多い。ここでは『東京都内湾漁業の実態』にもとづいてみてみよう。

まず、東京都の海域外で漁獲対象となっていたものにカツオとマダイがあげられ、それぞれ昭和初期までと昭和七（一九三二）年以降は漁業が成立しなくなった。戦前にすでに漁業がなくなったものとしては、カマス（大正十二〈一九二三〉年）とサワラ、イナダ（ブリ）、シイラ（昭和初期）、サバ（昭和十〈一九三五〉年）、マアジ（昭和十五〈一九四〇〉年）があげられている。戦後になって、昭和二十二（一九四七）年にはヒラメ、昭和二十四（一九四九）年にはメナダとイワシ、昭和二十六（一九五一）年にはサヨリとダツ、昭和二十八（一九五三）年にはアイナメやサッパ、キス、ヌメリゴチなどの漁業がなくなった。高度経済成長期にはいった昭和三十年代になると、イシモチやマアナゴ、ツバクロエイ、アカエイなどの漁業が成り立たなくなったという。

漁業権の放棄

戦前から戦後にかけては「豊饒の海」であり「青い海」であった江戸前の海が「開発の海」となり「死の海」となってしまったのは、漁業と港湾との共存が破られた結果で、その要因は「大規模な埋立を伴う港湾の修築と、都市の発展に伴う公害である」(多田稔『大東京港建設計画と漁業開発計画との対立』)とされている。さらに「この二つの要因がからみ合って複雑な漁業補償問題へと発展してゆく」ことになる。ここでは、その複雑な漁業補償については立ち入らないが、それまでにおこなわれていた東京都での漁業形態と江戸前の海での漁業権放棄の概略だけを述べておこう。

まず漁業権漁業には区画漁業権と共同漁業権、定置漁業権があるが、戦後の東京都では前二者の漁業権が設定されていた。区画漁業権はノリ養殖に使われる区域であるが、江戸前の海の場合、広大な干潟や浅瀬があったので、かなりの面積を占めていた。また、貝類の養殖場もふくまれるが、これはほとんどがノリ養殖場と重複し、その面積はおよそ二百六十六万坪であった。共同漁業権は、貝類や藻類、水産動物を漁獲する目的のためのいわば排他的水域であるが、航路を除いた水深十メートル以浅の海域をすべてふくんでいたため、貝類の区画のほぼ十倍の二千五百万坪であったという。

こうした漁業権に対する補償交渉の結果、その他の漁業をふくめて次の二十一種類の漁業に対して漁業収益補償がなされ、漁業権が放棄された。ノリ養殖漁業、貝捲《かいまき》漁業、カキ挟漁業、簀建漁業、樫木張網漁業、エムシ漁業、小型機船底曳網漁業、繰網漁業、ウナギ竹筒漁業、ウナギ鎌漁業、漬柴漁業、旋網漁業、つぼ網漁業、狩刺網漁業、鵜縄漁業、一本釣漁業、投網漁業、刺網漁業、延縄漁業、ノリ桁網漁業、その他の漁業。

東京都の場合は漁業権の全面的な放棄である。千葉県と神奈川県でも、埋立てにともなって昭和三十年代の終わりから昭和四十年代の終わりにかけて、開発と漁業との間で猛烈な軋轢が生じた。しかし両県の場合には全面的な放棄にはいたらず、東京湾内湾でも横浜市から横須賀市にかけての沿岸海域と、湾奥の三番瀬周辺や袖ヶ浦市から木更津市にかけての盤洲干潟周辺、および富津市地先には、漁業権のある漁場が残っている。これらの地域では、現在でもノリ養殖や貝類漁業がおこなわれている。

おわりに

私たちの江戸前の海を持続させるために

ふるはまでの採集風景

様変わりした埋立地

今、私たちの江戸前の海の埋立地では、多くの人たちが大小多様な公園で遊んだりスポーツ施設や釣りの施設、あるいはいろいろな集客施設で楽しんだりしている。これは、沿岸域が埋立によって臨海工業地帯に変貌した後に公害が顕在化し、それに対する揺り戻しとして沿岸域の環境整備がおこなわれた結果である。当初は緑地や広場の整備であったが、昭和五十五年代から六十五年代には自然環境を回復させるために干潟を保全したり人工の干潟域を造成したりするようになり、さらにその後は集客施設の整備がおこなわれた。

こうした変化は、高度経済成長期からオイルショックを経て低成長期やバブルとその崩壊期、成熟期といった日本の経済期とも関連している。さらに国際的にも、高度経済成長期終盤の昭和四十七（一九七二）年の「人間環境宣言」の採択＠ストックホルムをはじめ、環境保全を考慮した節度ある開発が重要であるという「持続可能な開発」（Sustainable Development）の概念の提示（昭和六十二〈一九八七〉年の国連の「環境と開発に関する委員会」の報告）や、いわゆる地球サミットの開催＠リオデジャネイロ（平成三〈一九九一〉年）などがあった。最近よく目にするエス＝ディー＝ジーズ（SDGs：Sustainable Development Goals「持続可能な開発目標」）は、平成二十七（二〇一五）年の「国連持続可能な開発サミット」＠ニューヨーク国連本部で採択された二〇三〇年までに持続可能でよりよい世界を目指す十七の国際目標（Goals）である。

少し話がそれたが、埋立地の利用である。たとえば昭和二十一（一九四六）年から策定されている東京港の港湾計画をみれば、埋立地の性格が変化していることがわかる。まずは巨大都市東京の物資供給体制を整え、さらに国際貿易港としての機能を整備することに力がそそがれている。それが昭和五十一（一九七六）年からの第三次改訂では「都民の楽しめる水際線」や「ウォーターフロントの創出」などが打ち出され、最新の第八次改訂（平成二十六〈二〇一四〉年から概ね十年）では「世界をリードする環境先進港湾」が謳われて「良質な環境形成に向けた緑地整備・自然環境再生の推進」や「人とみなと・海とのつながりの充実」が掲げられている。

青い豊饒の海から開発の死の海、そして……

その江戸前の海の状態は、戦前は「豊饒の海」とよばれて多彩な漁獲物を江戸～東京に供給し、戦後すぐにも「青い海」とよばれた。しかしそれが高度経済成長期に突入すると、江戸前の海は「開発の海」となり、その結果「死の海」とまでよばれるようになってしまった。

明治時代からすでに汚染物質が流れ込んで海底に蓄積されていたが、やはり工場などからの汚染物質が大量に流れ込んだのは高度経済成長期の初期、昭和三十（一九五五）年から四十五年ごろにかけてである。生活排水の方も、江戸の終わりから戦後すぐの昭和二十五（一九五〇）年前後にかけて流入量が少しずつ増えていったが、やはりそのピークは昭和四十五年代で、一次汚濁型の汚染といわれている。もちろん公害が顕在化してからは、いろいろな法的措置や環境施策がとられ、汚染源が厳しく規制された。昭和五十五年代になると二次汚濁型の汚染が進行し、さらに平成に改元された後の一九九〇年代には栄養塩の放出と海底への堆積、さらに貧酸素水塊の出現によって、有機物による汚染のプロセスがより複雑化した。

今、私たちの江戸前の海は、ケーキを直接放り込んでいないのでキレイである。沿岸域もウォーターフロントも、環境整備が整えられた。しかし江戸前の海の中では、堆積した汚染物質がじっと鳴りを潜め、時々起こる赤潮によって大量に死んだプランクトンが海底で分解されて無酸素で硫化物などの毒性をもった水がよどんでいる。秋になるとこうした水が海面に出て青潮となり、水生生物に害を与える。今の江戸前の海は「死の海」ではないが、やはり「不安定な海」である。その上で、今後この海をどのようにしていくのか、果たして「癒しの海」や「再生の海」となるのか……、それを決めるのは私たちである。

漁業生産の場としての江戸前の海

東京都では全面的に漁業権が放棄されたが、千葉県と神奈川県では一部が残っていることはすでに述べた。湾奥の市川市と船橋市の地先や木更津市、富津市、あるいは横浜市と横須賀市の地先である。漁業権には共同漁業権と区画漁業権があり、現在でも前者ではアサリとバカガイを中心にした貝類漁業が、後者ではノリ養殖漁業が主におこなわれている。さらに漁業には、大臣や知事などが許可を与える許可（承認）漁業と、漁業者であれば営める自由漁業もある。東京都では自由漁業で貝まき漁業（主にアサリ）や刺網漁業（スズキやカレイ類）、マアナゴの筒漁業などがおこなわれているだけであるが、千葉県や神奈川県ではさらに許可漁業でまき網漁業（スズキやコノシロ）や小型機船底びき網漁業（カレイ類）などもおこなわれている。

戦前から戦後にかけて漁獲がほとんどなくなってしまった種類についてはすでに述べたが、ここ数十年から数年にかけても漁獲対象種に変化がみられる。

高度経済成長期に漁業がなくなったとされたマアナゴは、量的には少ないが、筒漁業によって復活している。アカエイも釣りの対象種として復活しているし、よく見かけるようになった。逆にほとんど漁獲されなくなったのはシャコである。横浜市の柴漁港のシャコが有名であったが、平成十七（二〇〇五）年以降激減し、資源が回復しない状態が続いている。千葉県でのノリの生産も少し不安定で、この二十年ほどは栄養塩の濃度の低下（貧栄養化）によって色落ちがしたり、あるいはここ数年は増えたクロダイによる食害が報告されていたりする。さらに不安定な海の状態を象徴しているのが、アサリである。埋立てとともに激減したが、共同漁業権の存続した水域や自由漁業としての採貝漁業でも漁獲量は好調であった。しかしここ十数年は、とくに湾奥で、青潮によって全滅するといった状態が頻繁におこっている。その青潮のもたらす貧酸素状態を逆手にとって分布を広げたのが、貧酸素環境に強い北アメリカ原産のホンビノスガイである。江戸前の海では平成十（一九九八）年に発見、二〇〇〇年代には定着したことが確認され、さらに本格的な漁獲も始まったとされる。元々クラムチャウダーの食材で、千葉県では「三番瀬ホンビノス貝」として千葉ブランド水産物認定品にしている。湾奥の船橋市では、平成二十七（二〇一五）年から五年間のアサリの漁獲量が〇から三百三十八トンだったのに対して、ホンビノスガイは七百七十二トンから千六百七十六トンを記録している。

このように、少し不安定で対象とする種類には変化があるものの、江戸前の海は漁業を営むだけの生産の場をどうにか提供しているということができる。

環境保全と環境保護

「世界をリードする環境先進港湾」を謳って「良質な環境形成に向けた緑地整備・自然環境再生」を推進し、「人とみなと・海とのつながり」を充実させる（『東京港第八次改訂港湾計画』）ために、たとえば東京港の埋立地には五十六の公園が整備されている。地図を眺めていても、千葉県富津岬の富津公園から…公園、…海浜公園、…臨海公園、…ふ頭公園、さらには神奈川県観音崎には観音崎公園まで、江戸前の海にいろいろな公園施設が点々と散らばっているのがわかる。とくに昭和五十五年代から一九九〇年代には人工の干潟域が造成された。東京都江戸川区の海沿いにある葛西海浜公園と後背地の葛西臨海公園、葛西臨海水族園（平成元〈一九八九〉年に開園）、東京都港区のお台場海浜公園（昭和五十〈一九七五〉年開園、平成八〈一九九六〉年に今の形にリニューアルされた）と台場公園（昭和三〈一九二八〉年開園）、神奈川県横浜市の海の公園（昭和六十三〈一九八八〉年に整備）と八景島（平成五〈一九九三〉年竣工）などが代表的な大規模公園である。しかしこれらの公園は、港湾管理者による環境保全の考えによって整備されている。つまり、私たちのための環境の整備である。

もう一つの重要な視点は、自然環境の保護である。昭和四十二（一九六七）年に千葉県市川市行徳の埋立てに反対する「新浜を守る会」が、また昭和四十六（一九七一）年に「千葉の干潟を守る会」が結成され、さらに多くの自然保護団体や市民団体によってさまざまな活動が活発に繰り広げられた。そうした取組みの結果、現在の行徳鳥獣保護区（新浜湖とその周辺）とラムサール条約湿地の谷津干潟が埋立地に取り残される形で保護されている。これらの間にある広大な干潟域である三番瀬についても大規模な埋立てが計画されていたが、千葉の干潟を守る会などの運動によって、埋立て計画はいったん休止している状態である。

明治に入ってからや戦後になってから、さらにもっと過去には江戸時代に江戸の街を建設する時点から、江戸前の海は埋め立てられてきた。埋め立てるということは、自然環境を直接破壊することである。その埋立てによって拡張してきた港湾計画では、自然環境の保護ではなく環境の保全となるのは当然である。『東京港第八次改訂港湾計画』でも、整備するのは自然「的」環境であり、自然環境については「保全再生」し、さらに「水域環境の保全・再生を図るとともに、水生生物をはじめとした多様な生物の生息環境を創出する」としている。環境の保全と自然環境の保護、それと人工的な環境創出を江戸前の海でどのように展開していくのかが、今後の課題ではないだろうか。

漁業の研究と自然誌の研究

（ヒトのための）環境保全と（シゼンのための）環境保護との関係に似ているのが、漁獲対象種としての水生生物の資源生物学的研究と自然物としての水生生物の自然史的研究である。

漁業の対象となる魚介類研究の最終的な目標は、資源量を推定し、最大限に漁獲できる量を定め、さらに資源量の変動を予測することである。そのためには、それぞれの対象種が産まれてから死ぬまでの全生活史のいろいろな生物学的特徴を知ることが必要であり、産卵や初期の生残、食性、成長、漁業などによる死亡率などが研究されている。江戸前の海でも、明治時代以降には科学的な、かなり多くの研究がおこなわれてきたことはすでに述べたとおりである。もちろん今でも、江戸前の海の漁獲対象種の資源生物学的研究は、盛んにおこなわれている。漁業資源は再生産の可能な資源で、獲りすぎたり生息環境を悪化させたりしない限り、持続的に利用が可能な資源である。

一方、自然史的な視点で江戸前の海の魚貝類が本格的に研究され始めたのは、少なくとも魚類に関しては昭和四十五年代になってからである。昭和四十八（一九七三）年から横浜市が、東京都水産試験場も昭和四十八年から、さらに昭和五十二（一九七七）年からは清水誠先生（東京大学名誉教授）たちが、昭和五十五（一九八〇）年からは東京都の環境局が自然史的な研究を始めた。つまり、江戸前の海が埋立てや汚染物質によって痛めつけられ、青い豊饒の海から開発された死の海にいたった時には、そこで生活する水生生物の自然史的研究はほとんどおこなわれていなかったことになる。その結果、「かつての江戸前の海に何種類くらいの雑魚がいて、どのような生活を送っていたのかについては、もはや誰も明示できない状況にある」（河野博・加納光樹『東京湾の魚類研究史』）といったことになってしまった。

人工的な環境と魚との関係で考えること

私の研究室（東京海洋大学魚類学研究室）でも、平成五（一九九三）年から江戸前の海の魚類についての自然史的な研究を始めた。その基本的な目的は「江戸前の海が魚類にどのような場を与えているのか」を知ることである。調査地としては、船による稚魚ネット調査に加えて、横浜市の海の公園から羽田空港周辺の多摩川河口や京浜島、葛西海浜公園の西なぎさ、新浜湖、小櫃川の河口域、それと富津の海岸などである。これらのうち、自然の干潟が残っているのは多摩川と小櫃川の河口域、富津海岸くらいである。そこで必然的に、私たちの研究は「人工的に創出された環境は魚類にどのような場を提供しているのか」といった研究になってしまう。そうした結果はすでに三冊の本（『東京湾魚の自然誌』、『東京湾の魚類』、『江戸前の環境学』）を刊行しているので、ここではふれないことにしよう。

ここ数年は、造成された砂浜海岸と干潟、その間にある浅瀬、あるいは岩場や直立護岸といった人工的ではあるが多様な環境が創出されている大田区のふるさとの浜辺公園（略してふるはま―

平成十二〈二〇〇〇〉年着工、十九〈二〇〇七〉年開園）で集中的に研究をすすめている。多様な環境で多彩な採集道具を使っているため、どのような魚がどのようにふるはまの海を利用しているのかがかなりわかってきた。たとえばドロメというハゼの仲間は、まずは砂浜海岸や干潟で浮遊生活をおくり、少し大きくなると船着き場でもある直立護岸で生活し、さらに岩場で産卵しているらしいということがわかってきた。また、水温の上昇とともに分布を広げて江戸前の海でも見られるようになったウロハゼとヒナハゼも、ふるはまで産卵していることを確認した。研究の場としてはかなり自由に使えるので、干潮と満潮で網を曳いたり、造成したタイドプールに澪筋を設けて魚の移動をみたり、直立護岸の表層と底層にネットを入れた籠を設置して魚類の利用様式を観察したりと、かなり多面的な研究をおこなっている。

なるべく早いうちに四冊目の本として刊行したいところであるが、今言えることは、江戸前の海の沿岸域のほとんどの場所に人の手が入り、自然環境の保護はほとんど無理であるということである。自然環境の保護ができるのは、今残されている三番瀬や新浜湖（干潟はかなり造成されているが）、谷津干潟、盤洲干潟、富津海岸などに限られている。そこで私たちは次のようなことを考える必要がある。まず、残っている自然環境をどうするのか。開発するのか保護するのか、開発する場合には代替の環境を考慮するのかしないのか、保護する場合にはまったく手を入れなくてもいいのか手を入れるのか、手を入れる場合はどの程度どのように手を入れるのか。さらに開発されている場所ではどうしよう。このままでいいのか新しい環境を創造するのか。新しい環境を創造する場合、どのような環境をどのような方法でどのような規模でおこなうのか。

いずれにしても大事なのは、こうした開発や保護を実施した場合に、生物がその場所をどのように利用するのかを予測することである。そのために私たちは、漁獲対象種であろうとなかろうと、水生生物の生活史を研究しているのである。

江戸前の海は学びの場

江戸前の海の魚類を科学的に研究するとともに、江戸前の海を舞台にした「学びの環」をつくるという活動も平成十八（二〇〇六）年からおこなっている。最終的な目標は「江戸前の海の恵みを持続的に享受する」ことである。そのために、「江戸前の海でおきている事がらを科学的に解明し、それを関心のある地域の人たちと共有する」ことができるような、一連のしくみを構築しようとした。それが「学びの環」である。地域の方々や学生を対象とした「江戸前ＥＳＤ（Education for Sustainable Development）リーダーの育成」も目的の一つである。いろいろな分野から多くの方々のご協力をえて、もう八年前の平成二十四（二〇一二）年にその成果を記した『江戸前の環境学』を出版した。その本の最後で、「学びの環はできたのか？」という自問に対して「現在進行中」ではあるが、「江戸前の海は学び合いの場です」と自答した。

その後も、「ちりめんモンスターを探せ」や「透明骨格標本を使った学び」などをいろいろな地域の小中学生や先生方を対象にして開催したり、地域住民の人たちを対象にした「江戸前みなと塾」やいろいろな体験型学習を取り入れた「葛西臨海たんけん隊」、あるいは大田区の大森海苔のふるさと館などでの「江戸前の海をどうするのかワークショップ」などを開いたりしてきた。

こうした活動についてはまとまった本は作成していないが、やはり「私たちの江戸前の海は学び合いの場」として最適であると考えている。

「ちりめんモンスターをさがせ」活動の様子

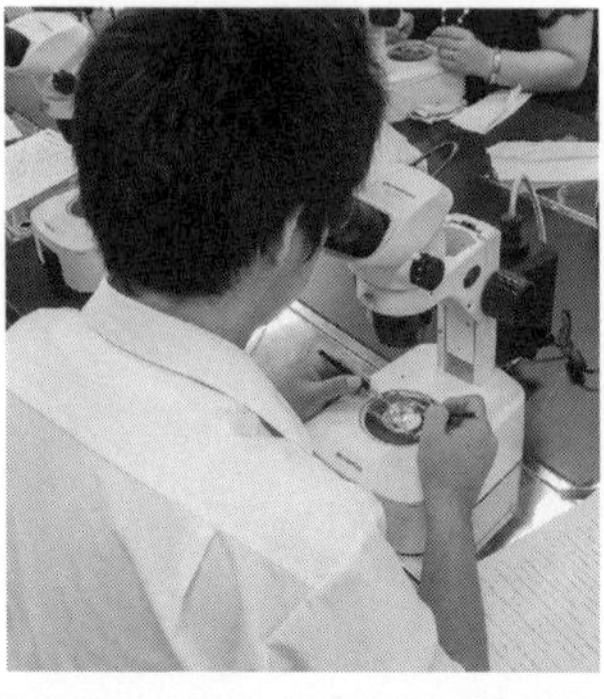

「港区教員研修大学講座」活動の様子

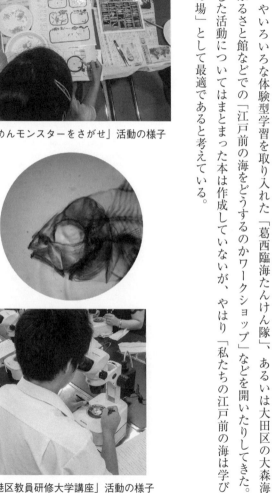

参考文献

■はじめに
貝塚爽平　二〇一一　『東京の自然史』講談社学術文庫二〇二八、講談社
品川区遺跡調査会編　一九九四　『大森貝塚平成五年度範囲確認発掘調査概報』品川区埋蔵文化財調査報告書第十六集

■第一期
遠藤邦彦・小杉正人・松下まり子・宮地直道・菱田量・高野司　一九八九　「千葉県古流山湾周辺域における完新世の環境変遷史とその意義」『第四紀研究』二十八-二、六十一〜七十七
貝塚爽平・成瀬洋・太田陽子・小池一之　一九九五　『日本の平野と海岸』（新版日本の自然、四）岩波書店
鬼頭宏　二〇〇七　『［図説］人口で見る日本史――縄文時代から近未来社会まで』ＰＨＰ研究所
久保純子　一九八九　「東京低地における縄文海進以降の地形の変遷」『学術研究』地理学・歴史学・社会科学編三十八、早稲田大学教育学部、七十五〜九十二
小山修三　一九八四　『縄文時代――コンピュータ考古学による復元』中公新書七三三、中央公論社
酒井清治　二〇〇〇　「伊興遺跡出土の朝鮮半島系土器と渡来人」足立区立郷土博物館編『平成十二年度足立区立郷土博物館特別展〈展示図録〉古代伊興遺跡の世界』
杉原重夫・横山秀司　一八八一　「エドムンド・ナウマン著〝江戸平原論〟について」『地学雑誌』九十-一、二十五〜三十七
杉原荘介・佐藤吉彦　一九三八　「下總鬼高遺跡調査概報――杭上住居の疑ある遺跡」『人類学雑誌』五十三-十一、五三二〜五四八
富士見市教育委員会編　一九九五　『水子貝塚――史跡整備事業に伴う発掘調査報告書』富士見市文化財報告第四十六集
樋泉岳二・西野雅人　一九九九　「縄文後期の都川・村田川流域貝塚群」『千葉県文化財センター研究紀要』十九、一五一〜一七一
樋泉岳二　二〇〇八　「漁撈活動の変遷」西本豊弘編『人と動物の日本史一』（動物の考古学）吉川弘文館

東京都北区教育委員会編　二〇〇〇　『中里貝塚』北区埋蔵文化財調査報告第二十六集
松島義章　二〇一〇　『貝が語る縄文海進――南関東、＋2℃の世界』（増補版）有隣新書六十四、有隣堂
港区伊皿子貝塚遺跡調査団編　一九八一　『伊皿子貝塚遺跡』（本文編）日本電信電話公社・港区伊皿子貝塚遺跡調査会

■第二期
青木生子・井手至・伊藤博・清水克彦・橋本四郎校注　一九八二・八四　『萬葉集』四・五（新潮日本古典集成）新潮社
浅草寺ホームページ　http://www.senso-ji.jp（二〇二一年六月二十一日閲覧）
網野善彦・石井進編　一九九四　『都市鎌倉と坂東の海に暮らす』（中世の風景を読む、二）新人物往来社
葛飾区総務部総務課編　二〇一七　「第二章葛飾の成り立ち（古代～近世）」『葛飾区史』　葛飾区
木下良　二〇〇九　『事典日本古代の道と駅』吉川弘文館
黒板勝美編　一九二九　『国史大系　新訂増補　徳川実紀』一、吉川弘文館
源順撰　『倭名類聚鈔』二十・三、国立国会図書館所蔵
谷口榮　二〇一四　「『吾妻鏡』に記された水産資源を探る」『季刊考古学』一二八、八十九～九十二
谷口榮　二〇一六　『江戸東京の下町と考古学――地域考古学のすすめ』雄山閣
奈良女子大学学術情報センター　「伊勢物語の世界」http://www.nara-wu.ac.jp/aic/gdb/nwugdb/ise/iseindex.html（二〇二一年六月二十一日閲覧）
農商務省水産局編　一九〇〇　『日本水産史』　農商務省水産局
羽原又吉　一九五四　『日本漁業經濟史』中巻二、岩波書店
福島好和　一九七一　「古代諸国貢納水産物の分布について」『人文地理』二十三・五、四九五～五二五
横浜開港資料館編　一九九〇　『江戸湾の歴史――中世・近世の湊と人びと』横浜開港資料館普及協会
吉井勇・竹久夢二　一九一七　『新譯繪入伊勢物語』阿蘭陀書房、奈良女子大学学術情報センター所蔵
綿貫友子　一九八九　「『武蔵国品河湊船帳』をめぐって――中世関東における隔地間取引の一側面」『史艸』三十、一～二十七
『類聚三代格』早稲田大学図書館所蔵

■第三期
岩崎常正　一八二四　『武江産物志』国立国会図書館所蔵

石川昌隆著、埼玉県立図書館編　一九六八『石川正西聞見集』埼玉県史料集第一集
遠藤毅　二〇〇四「東京都臨海域における埋立地造成の歴史」『地学雑誌』一一三-六、七八五〜八〇一
大石学　二〇〇二『首都江戸の誕生――大江戸はいかにして造られたのか』角川選書三四六、角川書店
大井町編　一九三二『大井町史』大井町
岡村金太郎　一九〇九『浅草海苔』博文館
岡本信男・木戸憲成　一九八五『日本橋魚市場の歴史』水産社
片田實　一九八九『浅草海苔盛衰記――海苔の五〇〇年』成山堂書店
菊岡沾涼編　一七三二『江戸砂子』一〜六、早稲田大学古典籍総合データベース
菊岡沾涼編　一七三五『續江戸砂子温故名跡志巻之二』早稲田大学古典籍総合データベース
黒住耐二・樋泉岳二・山根洋子・西野雅人・鶴岡英一　二〇〇七「港区芝の雑魚場跡鹿島神社境内地点から得られた動物遺体」『港区立港郷土資料館研究紀要』九、十一〜二十六
江東区編　一九九三『江東区年表』江東区
斎藤月岑　一八三八『東都歳事記』一〜四、早稲田大学古典籍総合データベース
斉藤司　二〇〇四「神奈川猟師町の御菜御肴上納――「御菜八ヶ浦」の成立をめぐって」『立正史学』九十五、五十五〜七十
JT中南米学術調査プロジェクト編　一九九三『日本見聞記――ロドリゴ・デ・ビベロ1609年』たばこと塩の博物館
菅原健二　二〇一二『川の地図辞典』（江戸・東京／23区編三訂版）之潮
鈴木理生　二〇〇〇『江戸はこうして造られた』ちくま学芸文庫、筑摩書房
大道寺友山『落穂集』前・後編、早稲田大学古典籍総合データベース
大道寺友山『岩淵夜話集』一〜十、愛知県図書館貴重和本ライブラリー所蔵
髙山慶子　二〇〇七『江戸深川猟師町の成立と展開』名著刊行会
中央防災会議災害教訓の継承に関する専門調査会編　二〇〇四『一六五七明暦の江戸大火 報告書災害教訓の継承に関する専門調査会報告書』内閣府 http://www.bousai.go.jp/kyoiku/kyokun/kyoukunnokeishou/rep/1657_meireki_edotaika/index.html（二〇二一年六月二十一日閲覧）
出口宏幸　二〇一一『江戸内海猟師町と役負担』（近世史研究叢書、二十八）岩田書院
東京都港区教育委員会編　一九九五『魚影を追って――東京湾内湾漁業の世界』港区立港郷土資料館
浜崎礼三　一九九四『漁業の発展と漁村・漁協の形成――江戸時代から昭和前期まで』財団法人協同組合経営研究所

原暉三編著　一九七七『東京内湾漁業史料』国書刊行会
人見必大著、島田勇雄訳注『本朝食鑑』一、平凡社
富津水産捕採史編集委員会編　一九九五『富津水産捕採史』ぎょうせい
松下幸子・吉川誠次　一九七五「古典料理の研究（一）」『千葉大学教育学部研究紀要』二十四-二、一八〇～一四二
松下幸子・山下光雄・冨成邦彦・吉川誠次　一九八二「古典料理の研究（八）——寛永十三年「料理物語」について」『千葉大学教育学部研究紀要』三十一-二、一八一～二二四
松下幸子・吉川誠次・山下光雄　一九八八「古典料理の研究（十三）——『黒白精味集』について」『千葉大学教育学部研究紀要』三十六-二、三〇七～三四六
三浦浄心著、中丸和伯校注　一九六九『慶長見聞集』（江戸史料叢書）新人物往来社
「新板江戸大絵図」国立国会図書館所蔵
「慶長江戸絵図」東京都立中央図書館特別文庫室所蔵
『武州豊嶋郡江戸庄図（寛永江戸図）』国立国会図書館所蔵

■第四期

浅井良亮　二〇一一「嘉永六年の江戸湾巡見」『佛教大学大学院紀要文学研究科篇』三十九、七十一～八十三
阿部竹之助　一九三五「品川灣口に於ける海水化學成分の季節的變化に就て」『海洋時報』八-一、一三七～一五三
金田帰逸・熊木治平　一八九八「東京灣漁場調査報告前編」農商務省水産局編『水産調査報告』七-二
金田帰逸・熊木治平　一九〇〇「東京灣漁場調査報告後編ノ一」農商務省水産局編『水産調査報告』八-二
金田帰逸・熊木治平　一九〇一「東京灣漁場調査報告後編ノ二」農商務省水産局編『水産調査報告』九
小松正之・有薗眞琴　二〇一七『実例でわかる漁業法と漁業権の課題』成山堂書店
須田晥次・日高孝次・川崎英男・松平康雄・水内松一・久保時夫・高畠勉　一九三一「東京海灣海洋観測調査報告」『海洋時報』三-一、一～一一九
東京都港湾局ほか編　一九九四『東京港史』通史、東京都港湾局
東京都内湾漁業興亡史刊行会編　一九七一『東京都内湾漁業興亡史』東京都内湾漁業興亡史刊行会
東京府水産會編　一九四〇『東京府内灣漁具圖集』東京府水産會
東京府水産試驗場編　一九三七『東京府内灣（品川灣）水産調査報告第一次』

中部よし子　一九六七『近世都市の成立と構造』新生社
二野瓶徳夫　一九九九『日本漁業近代史』平凡社選書一八八、平凡社
農商務省水産局編　一九〇三『水産調査報告』十一-三
松井秀三郎　一九一六「海水ノ化學的研究第一報（大正二年四月）東京灣ニ於ケル淺草海苔場ノ海水ノ窒素及ビ其他ノ成分ニ就キテ」『水産講習所研究報告』十二-三、二十九～三十六
松江吉行　一九三六「品川灣淺草海苔養殖場の海洋化學的性状」『水産学会報』七、三十五～六十二
柳原秀澄編　一八八二『東京捕魚採藻圖録』東京都勧業局
東京府統計所編　『東京府統計書』東京府
「Gulf and Bay of Yedo」東京海洋大学附属図書館所蔵（https://lib.s.kaiyodai.ac.jp/library/archive/bay_of_edo_htmls/bay_of_yedo.htm）（二〇二一年六月二十一日閲覧）

■第五期

伊藤康夫・海老原天生・村田靖彦　一九七四「東京湾における漁場の環境変化――文部省特定研究・人間の生存と自然環境」『内湾生物と汚濁』六十七～七十二
宇野木早苗・岸野元彰　一九七七『東京湾の平均的海況と海水交流』（Technical Report No.1）理化学研究所海洋物理研究室
海老原天生　一九七二「最近の東京内湾千葉県沿岸部における水質について」『水産海洋研究』二十、二十～三十八
環境省「白書」https://warp.da.ndl.go.jp/info:ndljp/pid/11561714/www.env.go.jp/policy/hakusyo/index.html（二〇二一年六月二十一日閲覧）
環境省「水質汚濁に係る環境基準　別表二の二『海域』」https://www.env.go.jp/kijun/mizu.html（二〇二一年六月二十一日閲覧）
環境省　水環境総合サイト　https://water-pub.env.go.jp/water-pub/mizu-site/（二〇二一年六月二十一日閲覧）
小荒井衛・中埜貴元　二〇一三「面積調でみる東京湾の埋め立ての変遷と埋立地の問題点」『国土地理院時報』一二四、一〇五～一一五
産業計画会議編　一九五九『産業計画会議の第7次レコメンデーション　東京湾2億坪埋立についての勧告』ダイヤモンド社
清水誠　一九七二『海洋の汚染――生態学と地球化学の視点から』築地書館
清水潤子・野口賢一・三浦幸広・友久武司　二〇〇八「主要湾域の海底堆積物中における有害汚染物質濃度の経年変化の傾向」『海洋情報部研究報告』四十四、五十七～六十六

鈴木順　一九七一「第十章東京都内湾漁業の実態」東京都内湾漁業興亡史刊行会編『東京都内湾漁業興亡史』一七三〜二六八
多田稔　一九七一「第十一章大東京港建設計画と漁業開発計画との対立」東京都内湾漁業興亡史刊行会編『東京都内湾漁業興亡史』二七一〜三〇六
東京都総務局統計部「十九医療・衛生・環境」『東京都統計年鑑』https://www.toukei.metro.tokyo.lg.jp/tnenkan/tn-index.htm（二〇二一年六月二十一日閲覧）
東京湾環境情報センター「東京湾を取り巻く環境　国土交通省関東地方整備局横浜港湾空港技術調査事務所」https://www.tbeic.go.jp/（二〇二〇年十二月時点）
内閣府「昭和三十一年度（一九五六）年次経済報告（経済白書）」https://www5.cao.go.jp/keizai3/keizaiwp/wp-je56/wp-je56-0000i1.html（二〇二一年六月二十一日閲覧）
西坂忠雄　一九七一「第九章昭和時代における内湾漁業の発達」東京都内湾漁業興亡史刊行会編『東京都内湾漁業興亡史』一五一〜一七二
松本英二・加藤甲壬・松永勝彦　一九八三「東京湾における水銀の地球化学」『地球化学』十七、四十八〜五十二
若林敬子　二〇〇〇『東京湾の環境問題史』有斐閣

■おわりに

川辺みどり・河野博編著　二〇一二『江戸前の環境学——海を楽しむ・考える・学びあう12章』東京大学出版会
河野博・加納光樹　二〇〇六「東京湾の魚類研究史」河野博監修『東京湾魚の自然誌』平凡社
河野博監修、加納光樹・横尾俊博編　二〇一一『東京湾の魚類』平凡社
河野博監修　二〇〇六『東京湾魚の自然誌』平凡社
髙荷久昌　二〇〇二「東京湾の港湾における環境施設の形成過程と地域特性」『季刊地理学』五十四-二、七十三〜九十一
東京都港湾局　二〇一四「東京港第8次改訂港湾計画」https://www.kouwan.metro.tokyo.lg.jp/jigyo/plan/8/index.html（二〇二一年六月二十一日閲覧）
濱崎瑠菜・工藤貴史　二〇一八「ホンビノスガイ漁業の発展過程から考える東京湾における人と生物と水の関係」『水産振興』六〇四、一〜四十九
船橋市「船橋の漁業」https://www.city.funabashi.lg.jp/jigyou/nousuisan/001/p001278.html（二〇二一年六月二十一日閲覧）

あとがき

　まずは魚の研究と私について述べよう。私が上京した昭和四十八（一九七三）年前後は東京湾沿岸の大気汚染や海洋汚染がピークを迎える時代であった。毎日ニュースにでてくる今のお洒落な品川駅ではなく、薄暗く汚い地下通路でホームと港南口とが結ばれていた小さな品川駅の港南口を出て、大学の手前にある御楯橋《みたてばし》の上にさしかかると、あまりの悪臭に鼻をつまんで小走りにわたっていた。橋の下の高浜運河では黒くよどんだ水に泡がポコポコと音を立ててはじけていた。そういった状況にあったので、私も水質汚染と魚の研究をしたいと考え、安田富士郎先生の魚類学研究室の門をたたいた。しかし何の因果か、イタリアのクロマグロの研究をすることになった。イタリアでの卒業論文と修士論文を終え、さらにマグロ類の研究で博士号を取り、そのあとも主に東南アジア各国で魚の研究に没頭した。縁あって東京水産大学に助手として帰国した後も、一年のうち半分以上を海外で研究をするといった生活を送っていた。そのついでに、といった形で東京湾の魚の研究をはじめたのは、平成五（一九九三）年である。

　そこで本書のきっかけである。平成八（一九九六）年に体調を崩してからはあまり海外に行かなくなり、世紀の変わり目には研究の場を東京湾に求めるようになった。研究の場としてあるいは教育の場として東京湾にでていくうちに、やはりついでにといった形で東京湾そのものに興味を持つようになった。ちょうどそのころ、平成十八（二〇〇六）年に東京海洋大学江戸前ESD協議会の活動を始めるようになった。その中でも、とくに港区の図書館での普及活動として「私たちの江戸前の海」の講座を続けるようになったことが、本書を書くきっかけである。

こうした活動は一人でできるものではない。大学の同僚の教職員や学生さんたち、あるいは関連するそれぞれの分野の専門家の方々、それにいろいろな講座や体験学習、ワークショップなどに参加してくださった方々の協力でどうにか活動を続けることができた。ここでは一人ひとりのお名前をあげることはしないけれども、深く感謝していることをお伝えしたい。それに何より驚いたのは、東京湾の勉強をすればするほど、数多くの研究者の方々がそれぞれの専門分野で東京湾の研究をされていることである。こうした専門家の方々には敬意を表するとともにエールを送りたい。しかしもちろん、本書で書かれたことの責任はすべて私にあることは当然である。私の勘違いや誤解、思い違いなどを指摘していただければ幸いである。

最後になりましたが、本書の出版に関して叱咤激励をしてくださった原書房の成瀬雅人さんと、余田葵さんにお礼申しあげます。

河野博（こうの・ひろし）東京海洋大学名誉教授
1955年愛媛県生まれ。東京水産大学（現東京海洋大学）水産学部卒業、東京大学大学院農学系研究科博士課程修了。農学博士。学部と修士課程の3年間は、地中海のクロマグロの生態を研究するため、イタリアを拠点に活動。博士課程を経て、東南アジアで7年間の研究生活を過ごし、91年に東京水産大学魚類学研究室の助手となり、93年から東京湾の魚類を研究。助教授、教授を経て2021年名誉教授。共同代表をつとめる東京海洋大学江戸前ESD協議会では「江戸前の海　学びの環づくり」を目指した普及活動をしている。専門は魚類学。主な著書に『東京湾魚の自然誌』（平凡社）『マグロの大研究』（監修、PHP研究所）など多数。

江戸前《えどまえ》の海《うみ》の物語《ものがたり》
魚類学者《ぎょるいがくしゃ》が語《かた》る東京湾《とうきょうわん》の歴史《れきし》と未来《みらい》

●

2022年1月20日　第1刷

著者…………河野博《こうのひろし》

装丁…………川島進

発行者…………成瀬雅人
発行所…………株式会社原書房

〒160-0022　東京都新宿区新宿1-25-13
電話・代表03（3354）0685
http://www.harashobo.co.jp
振替・00150-6-151594

印刷・製本…………株式会社明光社印刷所

ISBN978-4-562-05993-5, Printed in Japan